____________________님

진로(進路)는 산길과 같습니다. 정답(正答)보다는 해답(解答)을 선택할 수 있는 현명함이 필요합니다. 이 책을 통해 아이의 진로결정 역량이 향상되기를 바랍니다.

____

더 생각
인문학
시리즈

스스로 생각하고 만드는 내 삶을 위한 실천
인문학의 존재 이유는 나를 둘러싼 세상에 질문을 던지고 내 삶과 존재하는 모든 삶의 의미를 확인하며 더 깊이 이해하는 데 있습니다. '더 생각 인문학 시리즈'는 일상의 삶에 중심을 두고 자발적인 개인을 성장시키며 사람의 가치를 고민하고 가치 있는 삶의 조건을 생각하는 기회로 다가가고자 합니다.

꿈을 이루기 위해 뭘 하면 될까요?

삶의 무기가 되는 진로

초판 1쇄 발행 2024년 8월 31일

지은이. 홍재기, 장미진, 황연정, 이지연, 임태은, 조재숙, 장윤정, 유승이
펴낸이. 김태영

씽크스마트 책 짓는 집
경기도 고양시 덕양구 청초로66
덕은리버워크 지식산업센터 B-1403호
전화. 02-323-5609

홈페이지. www.tsbook.co.kr
블로그. blog.naver.com/ts0651
페이스북. @official.thinksmart
인스타그램. @thinksmart.official
이메일. thinksmart@kakao.com

ISBN 978-89-6529-417-7 (13320)

* **씽크스마트** 더 큰 생각으로 통하는 길
'더 큰 생각으로 통하는 길' 위에서 삶의 지혜를 모아 '인문교양, 자기계발, 자녀교육, 어린이 교양·학습, 정치사회, 취미생활' 등 다양한 분야의 도서를 출간합니다. 바람직한 교육관을 세우고 나다움의 힘을 기르며, 세상에서 소외된 부분을 바라봅니다. 첫 원고부터 책의 완성까지 늘 시대를 읽는 기획으로 책을 만들어, 넓고 깊은 생각으로 세상을 살아갈 수 있는 힘을 드리고자 합니다.

* **도서출판 큐** 더 쓸모 있는 책을 만나다
도서출판 큐는 울퉁불퉁한 현실에서 만나는 다양한 질문과 고민에 답하고자 만든 실용교양 임프린트입니다. 새로운 작가와 독자를 개척하며, 변화하는 세상 속에서 책의 쓸모를 키워갑니다. 홍겹게 춤추듯 시대의 변화에 맞는 '더 쓸모 있는 책'을 만들겠습니다.

자신만의 생각이나 이야기를 펼치고 싶은 당신.
책으로 사람들에게 전하고 싶은 아이디어나 원고를 메일(thinksmart@kakao.com)로 보내주세요.
씽크스마트는 당신의 소중한 원고를 기다리고 있습니다.

삶의 무기가 되는 진로

꿈을 이루기 위해 뭘 하면 될까요?

PROLOGUE

행복성장 모티베이터 **홍재기**

진·영·수·국·과·사?!

진로 서적 몇 권 읽는다고, 진로가 명확해지지 않습니다.

어쩌면 오히려 더 혼란스러울 수도 있지요. 진로 전문가들의 조언이 잘 와 닿지 않고, 당장 진학을 위해서는 성적에 집중하는 게 현실적이기 때문이겠죠.

그럼에도 우리 사회는 진로의 중요성을 강조하고 있습니다. 진로 연계 교육, 고교학점제, 수시전형 그리고 미래 인재상 등…

확실한 것은 진로가 중요하다는 겁니다. 우리 아이가 뭘 좋아하는지, 뭘 잘하는지, 그래서 꿈은 무엇인지 등 청소년기에 확정할 수 없다 해도, 그 중요함을 알고 생각해봐야 한다는 것이죠. 자신의 미래에 대해 주도적으로 생각하고 판단할 수 있어야 하며, 그 결과에 대해 책임질 수 있어야 합니다. 이게 바로 진로결정 역량이며, 진로 서적을 읽는 이유이기도 합니다.

입시를 위한 교과목 공부는 분명 중요한 요소입니다. 그러나 그보다 먼저 학생들이 자신이 진정으로 하고 싶은 일, 잘할 수 있는 일을 찾고자 노력했으면 좋겠습니다. 진로 공부는 단순히 직업을 선택하는 것이 아니라, 자신의 삶을 주도적으로 설계하고 목표를 설정하는 데 필수적인 과정입니다. 진로 교육을 통해 학생들은 자신의 강점과 약점을 파악하고, 이를 바탕으로 현실적인 목표를 설정하며, 그 목표를 달성하기 위한 계획을 세울 수 있습니다.

그래서 진·영·수·국·과·사, 영어·수학·국어·과학·사회 교과목보다 먼저 진로를 생각했으면 합니다. 명확한 꿈이 있는 아이가 능동적으로 공부할 수 있고, 장애물에 막혔을 때 주저앉지 않고 극복할 수 있으니까요.

진로 교육의
7가지 중요한 의미

우리 아이들이 자라면서 정말 많은 선택을 하게 될 겁니다. 전공, 대학, 취업 등등 매 순간 선택의 연속이며, 그에 따라 삶의 방향은 달라질 수 있습니다.

그렇다면, 현명한 결정을 하기 위해서 필요한 건 뭘까요?

자신의 상황을 이해하고, 관련 정보를 파악 후 문제 해결을 위해 합리적인 결정을 할 수 있는 능력이 필요할 겁니다. 그렇기 때문에 진로교육의 의미는 더욱 중요해지는데요.
왜 그러한지, 아래에 나와 있는 7가지 중요한 의미를 살펴보면 이해가 되실 겁니다.

1. **자기이해 증진** 진로 교육은 학생들이 자신의 흥미, 적성, 가치관 등을 깊이 있게 이해할 수 있도록 돕습니다. 이는 자신의 길을 찾는 데 중요한 첫걸음입니다.

2. **목표 설정 능력 향상** 학생들이 자신의 목표를 명확히 설정하고, 이를 이루기 위한 계획을 세우는 능력을 키웁니

다. 목표 설정은 성공적인 진로 설계의 핵심입니다.

3. **정보 탐색 능력 강화** 다양한 직업 세계와 관련된 정보를 수집하고 분석하는 능력을 배양합니다. 이는 학생들이 올바른 선택을 할 수 있도록 돕습니다.

4. **문제 해결 능력 향상** 진로 선택 과정에서 발생하는 다양한 문제들을 해결할 수 있는 능력을 기릅니다. 이는 문제의 본질을 파악하는데 매우 중요한 역량입니다.

5. **결정 능력 배양** 다양한 선택지 중에서 자신에게 맞는 최적의 진로를 결정하는 능력을 개발합니다. 이는 인생의 중요한 순간마다 유용하게 쓰일 것입니다.

6. **직업 세계 이해** 현재와 미래의 직업 세계에 대한 이해를 돕고, 이를 바탕으로 자신에게 맞는 직업을 탐색합니다. 직업 세계에 대한 이해는 성공적인 진로 선택의 바탕이 됩니다.

7. **미래 대비** 변화하는 사회와 기술에 대비하여 자신의 진로를 유연하게 설정하고 수정할 수 있는 능력을 기릅니다.

이는 특히 빠르게 변화하는 현대 사회에서 중요한 역량입니다.

진짜 전문가들이 전하는 메시지

진로 관련 이론을 많이 안다고 해서, 혹은 현장 경험이 많다고 해서 전문가라 할 수 없을 겁니다. 아이들이 스스로 자신의 미래를 결정하는데 도움이 되는 이론을 잘 이해하고, 현장에서 적용해보며 자신만의 노하우를 가지고 있을 때 진짜 전문가라 할 수 있을 겁니다. 앎과 함이 반복되며, 자신만의 주름을 만들어온 사람들을 말하는 것이겠죠.

여기 8명의 작가는 진짜 진로의 이야기를 할 수 있는 전문가라 할 수 있을 겁니다. 오랜 시간 교육 현장에서 활동하며, 해답(解答)을 찾아가는데 도움을 주고 있으니까요. 이번 생에 많은 것들을 처음 경험하는 학부모와 학생들을 위한 이야기를 총 4개의 파트를 통해 전달하고자 합니다.

파트1에서는 진로의 진정한 의미가 무엇인지에 대해 담았습니다. 성인들도 진로에 대해 잘 모르는 경우가 많습니다. 진로에 대해 제대로 알려준 사람이 없었으니까요. 우리 아이들에게 무조건 진로 공부를 강요하기 이전에 제대로 이해하는 것이 필요할 겁니다. 진로와 직업의 차이가 무엇인지, 진로를 왜 알아야 하는지 등에 대해 이해하는데 도움이 될 수 있을 겁니다.

파트2에서는 자기이해에 대해 이야기하였습니다. 꿈과 목표를 정하기 위해서는 자신을 이해해야 합니다. 그런데 나를 안다는 것은 생각보다 쉽지 않습니다. 아니 평생을 걸쳐 알아가야 합니다. 그래서 최소한 우리 아이의 적성, 흥미, 성향, 강점, 가치관 등을 함께 살펴보고, 이를 통해 미래를 준비하는데 도움되는 내용을 담았습니다.

파트3에서는 세상에 대한 탐색 방법을 제시하였습니다. 아이를 둘러싼 환경을 알아야 함은 매우 중요한 일입니다. 어떤 대학과 전공이 있는지, 우리 아이가 살아갈 세상은 어떻게 변화할 것인지, 또 어떤 직업이 유망한지 등 알아야 할 정보들이 많습니다. 아무리 능력이 뛰어나도 세상이 원하지 않으면 아무 소용이 없겠죠. 따라서 정보를 탐색하거나 직접 경험하며 자신의 길을 찾아갈 수 있어야 합니다. 이를 위해 우리 어른들은 어떤 역할을 해야 하는지에 대해 인식할 수 있을 겁니다.

파트4에서는 꿈을 실현하는 방법에 대해 다루었습니다. 자신을 이해하고 세상을 알아봤다면, 이제는 자신과 세상을 올바르게 연결해야 합니다. 이를 위해서는 진로계획을 세우고, 의사결정을 할 수 있어야 하는 것이죠. 10대 시기에 완벽한 결정을 하는 것은 불가능에 가깝습니다. 하지만 현명한 결정을 할 수 있는 역량을 키울 수는 있습니다. 행복과 불행이 공존하는 세상에서 어떻게 살아야 하는지에 대해 도움이 될 수 있을 겁니다.

인공지능과 함께 살아가야 할 아이들과 부모님께…

세상은 빠르게 변하고 있습니다. 오늘날의 청소년들은 우리가 상상하지 못할 직업과 기술들을 마주하게 될 것입니다. 특히 미래는 인공지능(AI)과 함께하는 시대입니다. AI와 공존하기 위해서는 기술적 능력뿐만 아니라, 창의적 사고와 문제 해결 능력, 협업 능력과 윤리적 가치관 그리고 적응 능력 등이 필요합니다. 이러한 능력은 어릴 적부터 자신의 삶에 대해 깊이 있게 고민한 학생들이라면 자연스럽게 익힐 수 있습니다. 남들이 떠 먹여주는 수동적인 공부가 아닌, 스스로 선택하고 추진하는 능동적인 공부를 했기 때문이죠.

하지만 진로공부를 제대로 접하지 못했던 20세기 어른들에게는 참 낯섭니다. 21세기의 아이들을 이해하는 것도 힘든데, 그런 자녀들의 미래를 함께 고민하고 지켜봐야 하니까요. 그래서 진로공부는 부모님이 먼저 해야 합니다. 부모가 1%만 변해도 아이들은 99% 달라진다는 말이 있듯이, 부모가 솔선수범할 때 자녀는 그 모습을 따라하게 됩니다.

이 책 '삶의 무기가 되는 진로'는 청소년들이 자기 자신을 이해하고, 다양한 진로를 탐색하며, 미래를 준비하는데 필요한 종합적인 가이드를 제공합니다. 이 책을 자녀와 함께 읽으면서, 생각과 행동의 변화를 먼저 보여주셨으면 합니다. 부모와 함께 한 진로공부를 통해 삶을 진지하게 바라보며, 어쩔 수 없이 하는 공부가 아닌 스스로 찾아서 하는 공부로 변화될 겁니다.

이 책을 통해 아이들은 자신의 꿈을 찾고,

그 꿈을 이루기 위해 필요한 역량을 기르며,

인공지능 시대를 선도하는 리더로 성장하기를 바랍니다.

차 례

PART Ⅰ. 진로가 뭐예요?

PART Ⅱ. 나는 어떤 사람이죠?

PART Ⅲ. 앞으로 세상은 어떻게 변할까요?

PART Ⅳ. 꿈을 이루기 위해 뭘 하면 될까요?

PART I

진로가 뭐예요?

인생은 산길을 걷는 것과 같습니다.

목적지로 가는 길은
여러 갈래가 있으며,
생각지도 못한 장애물을
곳곳에서 만나게 됩니다.

간혹 우연이라는 옷을 입고
행운이 찾아오기도 하고요.

불확실성과 예상치 못한 상황이
가득한 삶에서 중요한 것은
자기주도성과 비판적 사고력입니다.

자신을 알아가는 것은 평생의 여정입니다.

진로는 인생이다.

"선생님, 진로가 뭐예요?"

"음… 진로는 네가 앞으로 살아갈 모든 시간을 의미하는 거야."

"그래요? 그럼 진짜 중요한 거네요."

"그렇지, 그래서 뭘 좋아하고, 뭘 잘하는지 알아보는 거지. 그래야 네가 나중에 어른이 되었을 때, 원하는 일을 할 수 있으니까."

"아… 그런데 선생님, 저는 제 자신을 잘 모르겠어요. 그리고 이런 중요한 걸, 제 나이에 결정할 수 있을까요?"

"쉽지 않은 일이지. 우리 어른들도 10대 때 미래를 결정한 사람은 많지 않았거든. 그래서 진로란 평생 살펴봐야 하는 일이라고 생각해."

"평생요? 그럼 학생 때는 뭘 해야 하나요?"

"네 미래에 대해 비교적 현명하게 결정할 수 있는 역량을 키우는 것, 선생님 생각에는 이런 진로결정 역량을 키우는 것이 가장 중요할 것 같아."

"어렵네요. 왜 고민해야 하는 지 잘 이해가 되지 않아요."
"당연히 어렵지. 선생님도 그랬거든. 그런데 생각해보면, 내 인생이니까 어려운 걸 고민하는 것 같아. 아무도 대신 인생을 살아주지 않으니까. 그러니, 그냥 공부하지 말고 왜 공부하는지, 어떤 모습으로 살아가고 싶은지, 뭘 할 때 즐거운 지를 생각해봐."
"네, 노력해볼게요."

오늘날 급변하는 사회·경제·교육적 환경에서 학생들은 영·수·국·과·사 등 교과목 지식뿐만 아니라 진로결정 역량을 갖추는 것이 중요합니다. 진학과 직업을 성공적으로 탐색하기 위해 필요한 것이죠. 하지만 위 대화를 통해 알 수 있듯이, 진로에 대한 인식부터 무엇을 준비해야 하는지 잘 모르는 학생들이 있다는 겁니다. 최근 진로교육이 활성화되면서 많은 학생들과 학부모들께서 관심을 가지고 있지만, 여전히 부족한 부분들을 현장에서 확인할 수 있습니다. 특히 어린 학생들이 자신의 미래를 결정한다는 것은 참으로 쉽지 않은 일이죠.

그렇다면 우리는 왜 진로(進路)에 대해 고민해야 하는 걸까요?

아마도 행복한 삶을 살아가기 위해서가 아닐까란 생각을 해봅니다.

행복? 행복에 대한 정의는 분명 주관적일 겁니다. 그래서 쉽게 정의하기 어렵습니다. 그럼 질문을 조금 바꿔보겠습니다. "대한민국은 행복한 삶을 살기에 어떤가요?" tvN 프로그램 <알아두면 쓸데없는 신비한 잡학사전2>에서 이런 말이 나왔습니다. "가진 것이 없는 사회적 약자, 청소년, 아직 사회에 활동하지 못하면서 돈을 벌지 못하는 사람, 땅이나 집이 없는 사람에게는 너무 살기 힘든 나라다." 사회적 약자가 살기에는 각박한 현실이라는 것을 부정할 수는 없을 겁니다. 그렇다고 사회 구조만 탓해야 할까요? 위에서 언급한 TV 프로그램의 출연진들은 사회 탓만 할 것이 아니라, 변화시킬 수 있는 자기 자신에 대한 중요성을 언급합니다. 즉, 외부 문제에 대한 인식과 더불어 마음가짐의 변화가 필요하다는 겁니다. 사람마다 가지고 있는 행복 기준이 다르기에 남과 비교하는 삶이 아닌, 온전히 자신이 바라는 것이 무엇인지 찾고 좋아하는 것을 하며 살 수 있어야 한다는 것이죠.

우리는 어쩌면 너무나도 많은 것들을 타인과 비교하며 살고 있는 줄도 모르겠습니다. 또는 '이렇게 살아야 행복한 삶이야'라는 획일화 된 기준에 익숙해 있을 지도 모릅니다.

> 학교는 여러분에게 꼭 필요한 것들을 가르치기도 하지만, 동시에 나쁜 습관이나 생각을 가르치기도 해요.
>
> _알랭 드 보통, 『뭐가 되고 싶냐는 어른들의 질문에 대답하는 법』 중

저 또한 학창시절 어른들로부터 "공부 잘해서 좋은 대학에 들어가고 좋은 회사에 다니는 게 행복한 삶이야."라는 얘기를 참 많이 듣고 자랐습니다. 물론 틀린 얘기는 아닙니다. 다만 정답은 아니라는 것이죠. 저마다 가지고 있는 강점도 다르고 원하는 삶의 목표도 다를 것인데, 반드시 같은 길로만 갈 필요는 없는 겁니다. 진짜 자신이 가고자 하는 길을 갈 때, 행복을 더 많이 느낄 수 있지 않을까요? "행복한 삶이란 마음이 편안해지는 나의 사람들과 그럭저럭 잘 지내는 거예요."라는 오은영 박사의 말처럼 자신이 원하는 길 위에서 좋아하는 사람들과 함께하는 것이 행복한 삶이 아닐까란 생각을 해봅니다.

우리는 때때로 어쩔 수 없이 억지로 누군가와 함께할 때가 있습니다. 몸은 그 곳에 있지만 마음은 다른 곳에 있는 것이죠. 어서 빨리 자리를 벗어나고 싶은 생각뿐일 겁니다. 그래서 행복이란 불편한 자리에 있는 것이 아니라, 진

정 좋아하는 사람들과 함께 할 때를 말하는 것이 아닐까요? 몸과 마음이 함께 있다는 것은 공부하는 학생에게도 필요한 사항입니다. 몸은 책상에 앉아 있는데 마음이 다른 곳에 있다면, 아무리 오래 공부해도 효율성은 떨어질 수밖에 없습니다. 집중력이 낮아지면 결국 원하는 성적을 기대하기란 어려운 일이 되는 것이죠. 그래서 공부는 몸만큼 마음도 중요합니다. 공부가 잘 안 되는 날에는 왜 그런지 자신의 마음을 돌볼 줄 알아야 합니다. 계속해서 공부하는 이유를 구체화시키고자 노력해야 합니다. 그래야 놀고 싶은 충동이 생길 때, 흐트러진 마음을 잡고 자리에 앉아 공부에 집중할 수 있습니다. 자기 자신을 잘 알아야 지치지 않고 공부할 수 있으며, 진로도 보이기 시작하는 겁니다.

그럼 자신이 무엇을 원하는지 안다면 늘 행복할까요? 꼭 그런 것만은 아닙니다. 그래서 '그럭저럭 잘 지내는 것이 행복하다'라고 하는 건데요. 하지만 고통의 순간에도 행복의 빈도를 많이 늘릴 수 있는 방법은 있습니다. 바로 긍정적·적극적·능동적인 마음가짐입니다. 우리 삶은 늘 행복한 할 수 없습니다. 어쩌면 불행한 순간이 더 많다고 할 수 있겠죠. 하지만 다행인 것은 어떠한 상황에서도 나의 감정과 생각 그리고 행동은 자신이 조절할 수 있다는 겁니다. 외부 자극에 대한 해석을 어떻게 하느냐에 따라 얼마든지 상황은 달라질 수 있다는 겁니다. 고난과 역경이 찾아올 때 문제를 풀어가는 방식에서 그 차이를 쉽게 찾아볼 수 있습니다.

성공한 사람들은 몇 가지 공통적인 해석시스템을 가지고 있는데요. 특히 다음 3가지는 반드시 기억했으면 좋겠습니다. 첫째, '나일 수도 있지(Why not me)'라고 생각할 수 있어야 합니다. 불행한 순간이 찾아오면, '왜 하필 나야?(Why me?)'라고 하기보다는 '나일 수도 있지(Why not me)'라고 생각해 보는 겁니다. 그럼 고통의 시간을 현명하게 극복할 수 있다는 것이죠. 둘째, '그럼에도 불구하고' 계속 추진할 수 있어야 합니다. 진정 자신이 원하는 길이라면, 절망이 찾아올 때 어쩔 수 없이 멈추는 것이 아니라, 그럼에도 불구하고 나아가는 것이죠. 셋째, '덕분에'라는 생각을 갖는 겁니다. 자신에게 불리한 여건을 걸림돌로 생각하고 늘 말버릇처럼 "~때문에"라고 하지 않고, "~덕분에"라는 디딤돌로 여기는 겁니다. "가난한 집안 사정 덕분에 일찍 경제 공부를 할 수 있었습니다.", "코로나 덕분에 온라인 매출을 만들 수 있었습니다."와 같이요.

우리를 둘러싼 외부 환경을 변화시키기는 어렵지만, 외부 반응에 대한 해석시스템은 얼마든지 원하는 대로 세팅할 수 있습니다. 우리 아이들이 이런 마음가짐을 가질 수 있다면 얼마나 좋을까요? 그러기 위해서는 무엇보다 부모가 긍정적·적극적·능동적인 마음과 생각 그리고 행동을 보여줘야 합니다. 부모의 마음이 우울하면 아이가 그대로 전달 받습니다. 부모의 생각이 부정적이면 아이도 그렇게 생각합니다. 부모가 나쁜 행동을 보인다면 그 또한 대물림 될 가능성이 높습니다. 부모는 자녀의 거울이니까요.

그렇다면 우리 삶에 있어, 행복한 순간은 언제 어디서 많이 가질 수 있을까요? 일, 가정, 여가 등 여러 요인이 있을 겁니다. 이 중에서 하루 24시간 중 많은 부분을 할애하고 있는 '일'에서의 행복은 무엇보다 중요하다고 할 수 있을 겁니다.

> "나에게 일이란 라이프다. 여기서 힘을 얻고 즐거운 것을 실행할 수 있는 바탕이 되는 것. 좋아하고 나를 잘 나타낼 수 있는 일을 찾아서 하고 싶다."
>
> _우아한 형제들(배달의민족), 〈이게 무슨 일이야〉 컨퍼런스 중

많은 사람들은 일에서 행복을 찾습니다. 하지만 월요일 아침 직장에 출근할 때 즐거운 마음으로 콧소리를 흥얼거리며, 어서 빨리 회사에 가서 일하려고 하는 사람들은 몇 명이나 될까요? 아마도 많지 않을 거라 대답하실 겁니다.

왜냐하면 우리는 즐겁게 일하면서 돈도 많이 벌 수 있는 직업을 갖고 싶어 하지만, 현실은 그렇지 않기 때문입니다. 일이 즐겁지 않다는 것이고, 근본적으로 자신이 무엇을 하고 싶어 하는지 잘 모를 수도 있다는 겁니다.

카페에 가서 무슨 메뉴를 고를 지조차도 고민이 되는데, 마음에 드는 직업을 찾는 건 너무나도 어려운 질문이라는 겁니다. 그러니 뭘 해야 할지 모르는 것에 대해 자책하지 않으셔도 됩니다. 자기 자신을 잘 안다는 것은 평생 짊어질 과제와 같습니다. 또한 처음 선택한 직업이 천직이 될 가능성은 낮을 수 있습니다. 그러니 진로에 대해 어려워하거나 걱정하진 마세요. 한 번의 선택이 평생을 좌우하지 않으니까요.

저는 가끔 '청소년기로 돌아가서, 직업을 다시 선택할 수 있다면 어떤 결정을 내렸을까?'란 질문을 해봅니다. 아마도 자기 탐색 시간을 더 가져보려고 했을 겁니다. 적성, 흥미, 성격, 가치관, 강점 등 제 자신에 대해 자세히 알아보려고 했을 것이고, 저와 잘 맞는 학과와 직업을 탐색하여 시행착오를 줄이려고 노력했을 겁니다. 그리고 가능하다면 전문가를 통해 객관적인 정보를 얻으려고 할 겁니다.

그런데 여전히 의문이 생깁니다. '정말 좋아하고 잘하는 일을 찾았을까?', '가슴 설레는 것이 무엇인지 알게 되었을까?' 쉽지 않았을 겁니다. 성인이 되어서도 자신이 어떤 사람인지, 정말 미친 듯이 좋아하는 것이 무엇인지에 대해 명확하게 모르는 사람이 많은데, 10대 때, 과연 제대로 알기란 어려울 겁니다. 자기 탐색의 시간을 일찍 시작하는 것은 분명 유익한 일입니다. 또한 그런 시간을 통해 보다 나은 선택을 할 수도 있습니다. 하지만 한 번의 선택이 완벽한 결과를 만들 수 있다는 생각은 버려야 할 겁니다. 사람은 선천적 특성과 더불어 후천적 환경에 의해 영향을 받기 때문에, 삶을 바라보는 관점이 달라 질 수 있습니다. 따라서 끊임없이 질문하고 답변할 수 있도록 노력해야 합니다. 내 삶의 운전대를 자신이 잡고 있지 않으면, 타인에 의해 엉뚱한 방향으로 갈 수 있으니까요. 그래서 우리는 "일은 왜 하는가?"란 질문에 대해 고민해볼 필요가 있습니다.

> "무슨 일을 하세요?"라는 질문을 받았을 때 활기찬 표정으로 대답할 수 있어야 한다. 시간낭비에 불과하고 입안에 쓴 맛만을 남기는 직업이 아니라, 진정으로 의미 있는 일을 하면서 살고 있다고 느끼게 해주는 답변 말이다.
>
> _로먼 크르느나릭, 『인생학교-일』 중

일하는 이유가 무엇인지 알아보기 위해 다음 질문에 대해 생각나는 대로 작성해보는 겁니다. "무엇이든 원하는 직업을 할 수 있다면, 어떤 일을 하고 싶은지 직업 3개를 선택하고 그 이유를 작성하세요."

제가 선택한 직업 3개는 연구와 강의 시간이 자유로운 겸임 교수, 산책과 명상을 여유 있게 할 수 있는 작가, 타인의 성장을 도와주는 교육 회사 대표입니다. 현재 제가 하고 있는 일과 많이 유사합니다. 이 직업들의 공통점을 찾아보면 타인에게 존경 받고, 사회에 기여할 수 있으며, 비교적 시간이 자유로운 일이라는 겁니다. 무엇보다 '나'라는 사람에게 가장 잘 맞는 일이죠. 시간 가는 줄 모르고 몰입할 수 있고, 일 자체에서 뿌듯함을 느낄 수 있으며 그로인해 성취감과 행복함을 느낄 수 있기 때문입니다. 물론 돈이라는 경제적 이득 또한 중요합니다. 큰돈은 아니더라도 충분히 생활한 만한 수준의 수익은 만들 수 있습니다. 이와 같이 자신이 원하는 직업과 그 이유를 적다보면, 공통적인 것들을 찾을 수 있습니다.

직업을 선택할 때는 그 일을 통해 어떠한 성취감을 얻을 것인지에 대한 '일의 가치'를 보다 구체적으로 정의할 필요가 있습니다. '그 일을 왜 하는가?'라는 질문을 수시로 자신에게 물어봐야 합니다. 일을 하는 이유와 그 일을 통해 얻고자 하는 가치에 대한 자신의 생각을 명확하게 정리할 필요가 있습니다. 주변에서 얘기하는 돈 많이 버는 직업을 선택하기보다 그 일을 통해 어떤 가치를 만들 수 있느냐가 중요하다는 겁니다.

> "그 열심히 살라고 하는 건 좋은데, 우리 못나게 살진 맙시다. 사람이 무엇 때문에 사는지 그거 알고는 살아야 하지 않겠어요?"
>
> _SBS, 〈낭만닥터 김사부 시즌1〉 중

우리가 무엇 때문에 사는지에 대한 대답은 외부에 있지 않고, 자기 자신에게서 찾을 수 있을 겁니다. 내 삶은 타인에 의해 결정되는 것이 아니라, 온전한 내가 주도적으로 결정하는 길이라는 것이죠. 또한 재미와 경제적 가치 모두 얻고자 한다면, 세상에 대해 알고 있어야 합니다. 아무도 요구하지 않는 일을 한다면 돈을 벌수는 없으니까요. 그리고 마지막으로 자신과 세상을 연결할 수 있는 지혜도 갖춰야 합니다. 즉, 나다운 삶을 살기 위해서는 '자기 탐색', '세상 탐색', '나와 세상 연결'이라는 3가지에 대한 준비가 필요하며, 이것을 해결해주는 공부가 바로 진로교육입니다.

인생은 산길을 걷는 것이라고 할 수 있습니다. 목적지로 가는 길은 여러 갈래가 있으며, 생각지도 못한 장애물을 곳곳에서 만나게 됩니다. 간혹 우연이라는 옷을 입고 행운이 찾아오기도 하고요. 불확실성과 예상치 못한 상황이 가득한 삶에서 중요한 것은 자기주도성과 비판적 사고력입니다. 자신을 알아가는 것은 평생의 여정입니다. 또한 천직은 발견하는 것이 아니라 만들어 가는 것이기 때문에 스스로에게 질문을 던지고 답할 수 있어야 합니다.

"나는 이 일을 왜 하려고 하는 것인가?"
"시간 가는 줄 모르고 몰입하는 일은 무엇인가?"
"매일매일 주어진 일에 최선을 다하고 있는가?"
"나의 길을 가기 위해 다양한 경험을 하고 있는가?"
"한번뿐인 인생 미치도록 하고 싶은 것은 무엇인가?"

위 질문에 대한 답을 외부가 아닌 자신 안에서 끄집어 낼 수 있기를 바랍니다.

한 번의 선택으로 자신의 미래를 결정짓기 보다는 더 좋은 선택을 하기 위해 필요한 역량을 갖추세요.

ONE POINT LESSON

진로에 대한 고민은 학창시절에만 하는 것이 아닙니다.

성인이 되어서도 천직을 모를 수 있습니다. 그러니 자신이 진정 원하는 일이 무엇인지에 대해 꾸준히 찾아야 합니다. 질문을 멈추지 마세요. 그래야 본연의 모습을 끄집어 낼 수 있습니다.

아래 질문에 대해 학생과 학부모 각각 작성해보세요.

학부모는 자녀 입장에서 생각하고 작성합니다.

1. '나에게 공부란?' 무엇인지, 생각나는 대로 작성해보세요.

2. 원하는 전공 3개를 작성해보세요. 그리고 그 3개의 전공이 가진 공통점이 무엇인지 작성해보세요.

3. 좋아하는 직업을 찾기 위해 무엇을 해야 할까요?

너의 삶을 살아라!

죽을 때 우리는 무엇을 후회하게 될까요?

오스트레일리아 한 요양원에서 죽음을 앞둔 말기 환자들을 돌보던 간병인 브로니 웨어가 쓴 『내가 원하는 삶을 살았더라면-죽을 때 가장 후회하는 5가지』라는 책이 있습니다. 제목 그대로 이 책에는 죽음을 앞둔 사람이 가장 후회하는 5가지가 나옵니다. 5가지 중 처음 나오는 후회가 '내가 원하는 삶이 아니라, 타인이 기대하는 삶을 산 것'이라고 합니다.

내가 원하는 삶을 찾아 나선 아이

"만약 오늘이 인생의 마지막 날이라면, 오늘 하려고 했던 일을 할 것인가? '아니'라고 대답하는 날이 며칠이고 계속 되면 변화의 시점이 찾아왔다는 걸 깨닫습니다."

_애플 창업자 스티브 잡스

승준이는 사람들이 부러워하는 길을 걸어왔습니다. 교육 특구인 대치동에서 초등학교, 중학교를 졸업했고, 공부 잘하는 아이들만 갈 수 있는 특목고를 거쳐 아이비리그 명문대를 졸업했습니다. 대학 졸업 후 승준이가 갈 길은 정해져 있는 듯 보였어요. 모두가 그토록 원하는 돈과 명예, 성공이 보장된 길로 갈 거라고 확신했어요. 가끔 한국에 오면 연락을 해오던 승준이에게 오랫동안 연락이 없었어요. 졸업 후 미국 어딘가 직장을 다니며 바쁘게 일하느라 연락할 겨를이 없을 거라고 생각했었죠. 그러던 어느 날 아주 오랜만에 승준이에게 연락이 왔어요. "선생님 저 지금 한국에 있어요. 보고 싶은데 어디로 가면 뵐 수 있어요?" 지금 한국에 있다는 승준이와 바로 점심 약속을 잡았습니다.

"세상에, 승준아 이게 얼마만이야? 너무 보고 싶었어. 한국에는 언제 온 거야?"

"선생님, 저 한국에 온 지 꽤 되었는데 연락을 못 드렸어요. 그동안 많은 변화가 있었어요. 저 지금 승려 되려고 대학에서 다시 공부하고 있어요."

"아 정말? 어떻게 갑자기 진로를 바꾼 거야?"

"갑자기는 아니고 오랫동안 생각했어요. 넓은 세상으로 나가서 다양한 사람들을 만났어요. 그 사람들의 삶을 보면서 어떻게 사는 게 가치 있고 행복할까 고민을 많이 했어요. 사람들이 부러워하는 엘리트 코스를 따라 정신없이 걸어왔는데 정작 행복하다는 생각이 들지 않았어요. 무엇을 위해서 사는 건지, 누굴 위해서 사는 건지 생각해 보니 모르겠더라고요. 앞으로도 계속 이렇게 살 거냐고 나에게 물었더니 이렇게 살고 싶지 않다는 거예요. 하지만 그런 생각이 들어도 다 버리고 원점에서 시작할 용기는 나지 않았어요. 부모님이 그동안 지원해 주신 게 얼마나 많은데, 사람들이 나에게 기대하는 게 있을 텐데, 그리고 다시 시작한다고 그 길이 행복하다는 보장이 있을까? 그런 생각이 드니까 선뜻 용기가 나지 않았어요. 공부하느라 바빠서 경험해 보지 못한 것도 너무 많고, 무엇보다 제가 어떤 사람인지, 어떤 삶을 살고 싶은지 삶에 대한 가치관이 없더라고요. 잠시 쉬면서 저를 들여다보고 그동안 못해본 것들을 경험하고, 삶에 대해 깊게 고민하는 시간을 만들었어요. 그런 시간을 지나고 나서 마음이 이끄는 곳이 여기였어요."

"잘했다. 승준아. 살면서 그런 시간 꼭 필요해. 내 마음을 자세히 들여다보는 시간…"
"저는 공부를 좋아하고 적성에 맞는다고 생각했어요. 그런데 생각해 보면 공부 말고 딱히 잘하는 게 없으니 그냥 공부로 인정받고 싶었던 것 같아요. 다행히 운이 좋아서 노력한 만큼 결과도 따라줬으니 그래도 감사하죠. 선생님이 중학교 때 저에게 뭐가 되고 싶냐고, 어떻게 살고 싶냐고 물으셨던 기억이 나요. 그때 제가 '공부 잘하면 뭐라도 되고 성공하고 행복한 삶을 살지 않을까요?' 그랬더니 선생님이 뭐라고 말씀하셨는지 기억하세요?"

"아주 정확히 기억나지는 않지만 지금도 아이들에게 뭐가 되고 싶은지, 어떻게 살고 싶은지 자주 물어보고 해주는 이야기가 있어. 성공과 행복의 기준은 사람마다 달라서 다른 사람들이 말하는 성공과 행복 말고, 네가 생각하는 성공과 행복이 뭔지 아는 게 중요해. 그러니 네가 좋아하는 게 뭔지, 원하는 게 뭔지, 언제 진짜 행복을 느끼는지 그걸 생각해 봐. 이런 말을 해주지 않았을까?"
"와! 선생님 맞아요. 저에게 딱 그렇게 말씀해주셨어요. 시험 때마다 제가 불안해하고 예민해져서 울면 선생님이 너무 시험 결과에 연연하지 말고 과정이 행복한 공부를 하라고 말씀하셨어요. 저를 고통스럽게 만드는 공부는 하지 말라고 하셨는데… 제가 욕심이 많아서 학원도 다 다니고 자기주도학습도 다 하겠다고 했었죠. 선생님은 학원이 너무 많다고 정리 좀 하자고 하셨는데 선생님 말씀 안 듣고 제가 불안해서 끊지 못했어요. 100점 안 나오면 학원을 더 다녀야겠다고 고집을 부렸죠. 그게 아니라는 걸 고등학교 가서 알았어요. 그래도 선생님 덕분에 중학교 1학년 때부터 3년 동안 스스로 계획 세우고 공부하는 방법을 배워서 고등학교, 대학교 때 정말 잘 써먹었어요. 고등학교 가니까 무조건 자율학습을 해야 해서 학원 다닐 시간도 없고 스스로 공부할 줄 알아야 성적이 나오더라고요. 진로 질문이랑 상담도 많이 해주셨는데 제가 공부 핑계로 피했어요. 진로보다는 그냥 입시 실적이 좋은 학교를 먼저 생각했던 것 같아요. 외국 대학으로 지원한 것도 마찬가지고요. 지금은 알겠는데 그때는 왜 몰랐을까요?"

"살아보니 모든 건 알맞은 때가 있어. 승준이에게 지금이 알맞은 때인 것 같은데? 그런 경험을 해봤으니 지금의 길을 찾을 수 있었다고 생각해. 넌 늘 너의 진로에 대해 최선을 다해서 고민하고 선택하며 걸어왔어. 지금도 너의 진로에 대해 계속 고민하며 앞으로 나아가는 중이야. 살아있는 동안 진로 고민은 아마 평생 계속 될 거야. 승준이뿐만 아니라 선생님 포함 살아있는 우리 모두! 그러니 길을 찾아서 빨리 앞으로 가려고 애쓰지 말고 그 길에 어떤 꽃이 피었는지 보면서 걷자."

"네 선생님, 요즘 맨발로 걷기도 하고 자전거 타고 전국 일주도 하면서 안보이던 것들이 보이기 시작했어요. 다음 달에는 제주도에 가서 자전거 일주도 하고 서핑도 해보려고 해요. 지금 너무 좋고 행복해요."

"네가 행복하면 된 거야. 선생님은 늘 너의 선택을 믿어."

어른도 진로가 고민입니다.

"자신이 원하는 삶을 선택하는 용기가 바로 우리가 진정한 주인공이 되는 순간이다."

_방송인 오프라 윈프리

2017년 가을, 마흔셋 나이에 13년간 몸담았던 교육회사를 퇴사했습니다. 직영점 원장으로, 본부장으로 인정받으며 일해 온 회사였어요. 하지만 퇴사하기 3년 전부터 내가 좋아하고 잘하는 일이라 여겼던 일이 무의미하고 행복하지 않았어요. 문득문득 '나는 무엇을 위해 살고 있지?', '이렇게 사는 게 맞는 건가?', '지금 나는 행복한가?' 이런 생각이 들었어요. 한 번씩 이런 생각에 빠지면 우울한 마음이 들어서 억지로 생각을 바꾸려고 갖은 노력을 했어요.

'누구나 다 이렇게 살아. 분명히 내가 좋아하는 일이고 충분히 인정받고 있는데 남들이 보면 행복에 겨워서 배부른 고민을 한다고 생각할 거야. 내 나이쯤 되면 이런 생각 한 번씩은 할 테니 이 시기만 지나면 다시 괜찮아질 거야.' 그렇게 스스로 위로하고 다짐하며 3년쯤 더 버틴 것 같아요. 하지만 삶은 참 신기하죠. 아무리 애를 쓰고 다짐해도 내 마음이 진짜 원하는 길이 아니면 걸음은 멈춥니다.

회사를 그만두고 얼마 동안 우울감과 무기력에 빠졌어요. 본부장, 원장이라는 타이틀을 내려놓고 이름 석 자만 덩그러니 남았는데 그게 너무 보잘것없고 초라하더라고요. 일이 곧 삶의 이유고 내 존재를 인정받는 길이라고 믿었는데, 그 일을 멈추니 나라는 존재도 사라지고 삶이 멈춘 느낌이었죠. 길이 보이지 않았어요. 이 나이에 길을 못 찾아 헤매는 현실이 당황스러웠죠. 아이들의 진로를 찾아주던 내가 정작 내 진로를 찾지 못하다니 한심하다는 생각도 들었어요.

불안감이 찾아왔고 마음 한편에서 빨리 다시 일을 시작하라는 재촉의 목소리가 들려왔어요. 하지만 불안하다고 서두르면 분명 다시 후회하게 될 것 같았어요. 삶에서 일도 중요하지만 일 외의 삶도 중요한데 그걸 찾아야겠다는 생각이 들었어요. 일 빼고 내가 뭘 좋아하는지, 뭘 잘하는지, 뭘 할 때 가장 많이 웃고 행복한지 하나도 모르고 있었어요. 내 마음이 어디로 가고 싶은지 나에게 묻지 않고 그저 나에게 주어진 책임감에 떠밀려 일을 한 게 원인이었어요. 일단 책임져야 할 일을 선택하고 그다음은 그 일이 내가 원하는 일이라고, 최선을 다해 일하다 보면 끝은 분명히 행복일 거라고 스스로에게 '가스라이팅'을 한 거죠.

아이들에게 했던 것처럼 내 마음을 천천히 그리고 깊게 들여다보기로 했어요. 조급함을 내려놓고 마음이 진짜 원하는 걸 찾을 때까지 기다려주기로 했죠. 낯선 곳으로 혼자 여행도 가고, 꽃꽂이, 등산, 마라톤처럼 안해보던 취미와 경험을 쌓고, 매일 산책하고 사색하며 바쁘다는 핑계로 무심했던 마음을 돌보기 시작했어요. 그리고 매일 마음에게 물었어요.

'너는 앞으로 어떤 삶을 살고 싶은 거야?'
'어떻게 살면 행복할 것 같아?'
'남들에게 보여지는 삶 말고, 책임져야 하는 삶 말고, 진짜 살고 싶은 삶이 뭐야?'

6개월 남짓 매일 같은 질문을 한 끝에 내린 답은 '나는 아이들을 가르치고 아이들의 삶에 긍정적인 영향력을 주고 싶어. 원장, 본부장 그런 직책 내려놓고 아이들 가장 가까이에서 아이가 스스로 진로를 고민하고 선택할 수 있도록 도와주고 기다려주는 존재가 되어 싶어. 그게 내가 원하는 삶이고 내가 하고 싶은 일이야.'

그렇게 다시 아이들 곁으로 왔어요. 같은 일을 하고 있는데 뭐가 달라졌을까요? 오래전 아이들을 가르치는 일을 선택할 때 저는 진로가 아닌 직업을 선택했어요. 직업은 어른이라면 누구나 밥벌이를 해야 하는 생계수단의 의미가 크죠. 물론 직업 안에서 성취와 성장을 경험했지만 그게 우선이라는 생각은 하지 못했어요. 다시 일을 선택할 땐 직업이 아닌 진로를 선택했어요. 내 삶에 가장 우선이 되는 가치관에 따라 진짜 하고 싶은 일을 선택한 거죠. 이 일을 할 때 내가 가장 행복하고 건강이 허락되는 한 아이들 가까이 계속 함께하고 싶다는 확신의 선택이었어요.

아이뿐만 아니라 어른도 늘 진로가 고민입니다. 진로 고민이 단지 직업이나 커리어 고민은 아닙니다. 진로는 직업을 넘어 삶 전체 여정을 의미하니까요. 그러니 살아있는 한 우리는 삶에 대한 진로 고민을 계속할 수밖에 없어요. 한 살 한 살 나이를 먹어가며 숫자가 바뀔 때마다 '어떻게 하면

남은 삶을 더 가치 있게 살 수 있을까' 고민은 더 깊어집니다. 고민이라는 단어가 주는 뉘앙스가 다소 부정적인 느낌이 들지만, 진로 고민은 성찰과 성장의 의미로 이해해야 합니다. 진로 고민이 거듭될수록 우리는 자신을 더 깊게 이해하고 더 가치 있는 삶을 살기 위해 노력하게 될 테니까요.

우리가 살아가는 삶의 길에는 일도 있고, 사람도 있고, 사랑도 있어요. 꽃길도 있고, 돌길도 있고, 오르막도 있고, 내리막도 있어요. 그러니 진로를 생각할 때 '어떤 직업을 선택해야 안정적인 길만 걸을 수 있을까'에 머물지 마세요. '어떤 삶을 살고 싶은지'에 대한 삶의 가치관을 먼저 생각해 보고 그 가치관에 따라 '어느 길로 가고 싶은지' 생각하세요. 내가 어떤 삶을 살고 싶은지 모른다면 그것부터 생각할 충분한 시간이 필요합니다. 누군가는 먹고사는 일이 급한데 그런 생각 할 겨를이 어디 있냐고 물을 수도 있어요. 하지만 먹고사는 일을 해결하기 위해 내가 원하는 삶과 다른 길을 선택하면 언젠가는 걸음을 멈추게 됩니다.

진로 선택을 위한 첫걸음 '자기 결정권'

부모가 그랬던 것처럼 아이의 진로를 결정할 때도 똑같은 시행착오를 겪는 경우가 많습니다. 대부분의 부모는 자식이 안정적인 직업을 선택하도록 돕는 게 최선이라 생각하죠. 몇 해 전 높은 시청률을 기록했던 드라마 〈SKY 캐슬〉 기억하세요? 시청률 20%를 넘으며 무수히 많은 명장면과 명대사를 남긴 드라마입니다. 드라마 〈SKY 캐슬〉은 대한민국 상위 0.1%가 모여 사는 'SKY 캐슬' 안에서 일어나는 이야기로 'SKY 캐슬' 엄마들은 남편과 자식의 성공을 위해서라면 물불 가리지 않습니다. 서울대 의대만 보낼 수 있다면 무슨 일이든 하겠다는 부모의 욕망이 적나라하게 드러나죠. 많은 장면이 떠오르지만 인상 깊게 남은 장면과 대사가 있어요. 지금까지 어머니가 시키는 대로 삶을 살아온 아들(정준호 배우)이 어머니 앞에서 울부짖으며 이런 말을 합니다.

> "어머니는 항상 이런 식이죠. 네 좋아요. 그럼 해법 좀 알려주세요. 저 이제 어떻게 할까요? 어머니가 공부 열심히 하라고 해서 학력고사 전국 1등까지 했고, 어머님이 의대 가라고 해서 의사 됐고, 어머님이 병원장 되라고 해서 그거 해보려고 기를 쓰다가 내 새끼인 줄도 모르고 내가 죽였잖아요. 저 이제 어떻게 하냐고요! 날 이렇게 만든 건 어머니라고요! 낼 모레 쉰이 되도록 어떻게 살아야 할지 모르는 놈으로 만들어놨잖아요! 어머니가…"
>
> -JTBC, 〈SKY 캐슬〉 중

우리 아이가 쉰 살이 되었을 때, 이런 말을 듣게 된다면 부모로서 마음이 어떨까요?

자식 하나 잘되길 바라는 마음으로 많은 걸 희생하며 최선을 다해 키웠는데, 이런 원망을 듣는다면 삶이 무너지는 심정일 거예요. 세상 모든 부모는 자식의 행복을 바랍니다. 자식의 행복을 최우선에 두고 모든 것을 결정하죠. 아직 세상을 모르고 경험이 적은 아이를 위해 부모가 대부분을 결정합니다. 하지만 아이가 결정할 수 있는 나이가 되어도 결정권을 주지 못하는 부모가 많습니다. 학원을 선택하는 것도 학교를 선택하는 것도 직업을 선택하는 것도 심지어 친구를 사귀는 것도 부모가 대신해주는 경우가 많아요. 요즘 사람들은 결혼할 때도 "엄마 나 누구랑 결혼해?"라고 묻는다고 하죠. 우스갯소리 같지만 현실에 있을 법한 이야기입니다.

아이들과 상담 할 때 아이의 생각을 자주 물어봅니다. 자신의 생각을 묻는 질문에 많은 아이들이 "모르겠어요. 엄마한테 물어보세요.", "모르겠어요. 엄마한테 물어볼게요."라고 대답합니다. "엄마 생각이 아니라 너의 생각을 묻는 거야. 한 번 생각해 볼래?"

"아이의 생각과 결정이 중요합니다. 그러니 아이에게 생각하고 결정할 기회를 주세요."

이 말의 의미를 정확히 이해하고 공감하는 부모님도 있지만, "아직 어린 아이가 뭘 알겠어요. 시간도 없고 제가 빨리 결정하는 편이 나아요. 아이는 설득하면 됩니다."라고 말씀하시는 부모님도 있습니다. 적정한 시기에 아이에게 자기 결정권을 주지 못하고 모든 걸 부모가 결정하게 되면 아이는 몇 년이 지나도 성장하지 못하고 그 자리에 멈춰있게 됩니다. 고등학생이 되었는데 어느 것 하나 스스로 판단하고 선택하지 못하는 아이가 스무 살이 되면 달라질까요? 아마 여전히 자신의 문제를 누군가가 대신 해결해 주길 바라는 어른이 되어있을 거예요.

진로에서 가장 중요한 것은 '자기 결정권'입니다. '자기 결정권'이란 스스로 설계한 삶을 옳다고 믿는 방식으로 살아가려는 의지이며 권리입니다. 사람은 자신의 삶을 자기 방식대로 살아갈 때 행복을 느낍니다. 자기 결정권이라는 자유 의지를 잃은 사람은 자기 삶의 존엄성도 잃게 되고, 스스로 선택하고 설계한 삶이 아니기에 행복할 수 없습니다. 부모가 아이의 삶을 대신 설계하고 그게 아이에게 행복을 가져다줄 거라 믿는 건 어리석은 생각입니다. 행복은 사람이 저마다 느끼는 주관적 감정이기에 부모가 생각하는 행복과 아이가 느끼는 행복이 다르기 마련입니다.

부모가 할 수 있는 일은 아이가 스스로 선택할 기회를 주고, 아이가 자신을 믿고 선택할 수 있도록 격려하고 지지해주는 것입니다.

> "너희들의 삶을 찾아라. 너희 자신의 목소리를 찾아라. 세상은 너희의 목소리를 듣기를 기다리고 있다. 너희들이 어떤 일을 하든, 너희들만의 방식으로 하라. 너희들만의 삶을 살고 너희들만의 꿈을 꾸어라."
>
> _피터 위어 감독, 〈죽은 시인의 사회〉 중

ONE POINT LESSON

1. 열린 마음으로 자녀와 대화하세요.

정기적으로 아이와 대화 시간을 만들고 아이의 의견을 경청하고 이해하기 위해 노력해주세요. 아이가 자신의 관심사, 꿈, 두려움을 자유롭게 표현할 수 있는 환경과 분위기를 만들어주세요.

부모가 아이의 생각과 감정에 귀 기울이는 것만으로도 아이는 자신의 생각이 중요하고 존중받는다는 걸 느끼게 됩니다. 이런 환경에서 아이는 자신의 진로를 적극적으로 탐색하고 여러 가능성에 대해 생각하게 됩니다.

2. 진로 경험의 기회를 만들어주세요.

공부 시간을 줄이더라도 아이가 다양한 분야의 활동을 통해 진로 경험의 기회를 쌓도록 도와주세요.

예술, 과학, 스포츠, 자원봉사 등 다양한 활동은 아이가 자신의 잠재력과 관심을 발견하는 데 도움이 되고, 직업 체험 프로그램, 인턴십, 멘토링 프로그램 등 실제 직업 세계를 간접 경험하게 되면 자신의 진로를 보다 명확히 이해하는 데 큰 도움이 됩니다.

3. 자기 결정권과 문제 해결의 기회를 주세요.

일상적인 선택부터 중요한 결정까지, 아이에게 적절한 자기 결정권과 문제 해결의 기회를 주세요.
이런 기회를 통해 아이는 자기 선택과 결정에 대한 책임감을 배우고 스스로 문제를 해결 해결할 수 있는 힘을 기를 수 있습니다. 무엇보다 이 과정에서 자신에 대한 신뢰가 생겨 진로 선택에 대한 두려움이 사라집니다.

꿈을 선택할 때 기준이 있나요?

"꿈이 없어요. 다 그렇잖아요. 꿈이 있어도 될지 안 될지도 모르는데, 꼭 있어야 하나요?"

"꿈이 뭐예요? 부모님이 시킨 대로만 하면 잘 산대요."

"꿈을 갖고 싶어요. 그런데 방법을 모르겠어요."

"꿈이 있긴 한데, 내가 하고 있는 게 맞는지 불안해요."

"꿈은 계속 바뀌는 거잖아요. 또 바뀔 거예요. 일부러 하나로 정할 필요는 없는 것 같아요."

"꿈에 대해 이야기 할 수 없어요. 어차피 부모님이 반대할 건데요."

"꿈이 밥 먹여 주는 거 아니잖아요. 그냥 돈 많이 벌기만 하면 돼요."

제가 9년 전 학습코칭을 할 때, 주로 아이들에게서 들었던 말입니다. 지금도 별반 차이가 없는 것 같습니다. 현재 만나는 부모님들의 이야기 속에도 이 말들이 많이 들리는 것을 보면 말이죠. 부모님들이나 아이들은 꿈이 있어도 걱정, 없어도 걱정입니다. 그 길이 만만치 않은 여정이기 때문이죠.

> 제가 제일 마음에 안 들어하는 말이 있습니다. 바로 "꿈은 이루어진다"라는 말입니다. 뜻밖이지요? 여러분의 진로 문제에 도움을 주고자 하는 사람으로서 제일 크게 부르짖어야 하는 말인데, 왜 저는 이 말을 좋아하지 않을까요? 그것은 바로 꿈은 결코 저절로 이루어지는 것이 아니기 때문입니다. 개개인의 특성을 바탕으로 목표를 구체화하고, 정확한 정보를 찾아 세부적인 계획을 세워야 하며, 그 계획을 지속적으로 실천하여 이루어 내야 하는 것이라고 생각하기 때문입니다.
>
> _허은영, 『묻고 답하는 청소년 진로 카페』 중

진로는 영어로는 career이고, 한문으로는 進路입니다. 둘 다 '길을 따라 가는 여정'이라는 의미를 가지고 있습니다. 행복하고 성공적인 여정이 되려면 계획과 준비가 필요합니다. 가까운 곳으로 여행을 떠날 때, 먼저 어디로 갈지 여행지를 정하고 그곳의 상황에 맞는 준비물과 꼭 경험해야 할 것들을 생각하며 짐을 챙깁니다. 필요하다면 미리 예약도 합니다. 그럼에도 미처 준비하지 못한 것이 있어, 여행지에서 해결하기도 하고요. 짧은 여행이지만 계획과 준비가 되어 있다면 우리는 보다 편안하고 즐거운 여행을 다녀 올 수 있습니다. 진로는 평생에 걸쳐 어떤 일을 하며, 어떻게 살아갈 지를 만들어가는 아주 긴 여행입니다. 따라서 더 많은 계획과 준비가 필요하지 않을까요?

가장 먼저 해야 할 준비는 바로 여행지의 선정일 것입니다. 그것에 따라 준비해야 하는 것들과 계획들이 바뀌기 때문입니다. 남극이 여행지라면 얇은 여름옷이 아닌 두꺼운 방한복을 준비해야 하는 것처럼 말이죠. 그래서 진로를 말할 때, 꿈에 대한 질문부터 시작하는 것입니다. 흔히, 꿈을 이야기하면 자신이 되고자 하는 직업들을 말합니다. 그렇기에 위에 대답한 아이처럼 뭔가 계속 바뀌는 것이라고 표현하기도 합니다. 그러나 꿈은 '어떻게 살고 싶은가?' 그러기 위해 '어떤 일들을 하며, 어떤 이력들을 쌓는 게 필요할까?'입니다. 직업을 꿈으로 가진다면 그 직업 활동 이후의 삶을 생각하지 않게 됩니다. 그래서 '허무하다', '허망하다' 등의 상실감을 느끼게 됩니다. 단순히 직업이 꿈이 아닙니다.

"어떻게 살기 바라세요?"라는 질문을 드리면 대부분 "행복하게요"라고 이야기 합니다. 그러면 전 다시 질문합니다. "당신이 생각하는 행복은 어떤 거예요?" 그러면 다양한 이야기들이 나옵니다. 돈이 많아서 생계 걱정이 없는 것, 사랑하는 사람들과 같이 사는 것, 관계적으로 큰 갈등 없이 원만하게 사는 것, 재밌게 지내는 것, 자유롭게 다닐 수 있는 것, 몸과 마음이 건강한 것, 원하는 것을 하나하나 이뤄나가는 것, 영적인 깨달음을 가지는 것, 의식 수준이 높은 사회에서 사는 것 등등 정말 다양합니다. 가만히 들여다보면 삶의 가치관과 연결되어 있습니다. 가치관은 자신에게 소중하고 바람직한 것으로, 선택의 기준이 됩니다. 그렇기에 진로에서도 가치관은 매우 중요한 요소라 할 수 있습니다.

자신의 가치관과 맞지 않는 일을 선택하여 살아가는 사람보다 가치관과 맞는 일을 찾은 사람은 보다 더 큰 만족감과 성취감을 느끼게 될 것입니다. 왜냐하면 가치관과 맞지 않는 경우 자신의 선택과 적합하지 않는 의사결정을 내려야 하며, 이는 심적으로 많이 괴롭고 부담감을 받기 때문입니다. 만약 인간관계를 우선으로 하는 사람이 M&A 회사에서 해고하는 업무를 맡는다면 얼마나 괴로울지 상상이 되실까요? 창의성을 가치관으로 가지고 있다면 수직적인 구조를 가진 직업군보다는 수평적인 구조를 가진 직업군이 잘 맞을 것입니다. 안정성이 가치관이라면 같은 공무원이더라도 현장에 출동하는 소방공무원보다는 행정직 공무원이 높은 만족감을 느낄 수 있겠지요.

이렇듯 적합한 일을 찾기 위해서는 자신의 가치관이 무엇인지 먼저 확인해야 합니다.

"일을 할 때 나에게 정말 중요한 것들은 무엇일까?"라는 질문을 통해, 일과 관련된 가치관을 살펴볼 수 있습니다. 아래에 나온 가치들을 참고하며, 어떤 것을 중요하게 생각하는 지 확인해보세요.

- 즐거움(일을 하는 것에 대한 재미)
- 우정(동료들과 가까운 관계로의 발전)
- 자유로움(독립적이고 융통성 있는 스케줄 관리)
- 인정(일의 성과, 능력에 대한 자신과 타인의 수용)
- 창의성(일에 대한 생각과 아이디어 등 자신을 표현할 기회)
- 위치(선택한 곳에서 일 할 수 있는 것)
- 경쟁(자신의 능력을 발휘하는 것)
- 힘의 권위(관리, 감독, 결정권을 가지는 것)
- 성취(바라는 목표를 달성하는 것)
- 보수(기여한 노력에 상응하는 돈과 혜택을 받는 것)

- 다양성(수행하는 일의 다양성, 관계의 다양성, 인식의 다양성)
- 안정성(일에 대한 확실성, 안정되고 미래에 대한 걱정이 없는 상태)
- 명성(인정과 지위를 얻는 것)
- 지적 자극(사고를 자극하고 격려하는 근무환경)
- 도덕성과 윤리(일정한 규칙을 따라 일하고, 세상의 윤리를 향상시키는 것)
- 다른 사람과 사회를 돕는 것(더 나은 세상을 위해 기여하는 것)

_천성문 외,『대학생을 위한 진로코칭-전략과 실제』중

일에 대한 가치와 더불어 확인하면 좋은 것이 직업관입니다. 직업관은 직업에 대한 생각과 태도입니다. 직업을 어떻게 바라보느냐에 따라 삶의 결과가 달라집니다. 1923년 미국에서 세계 제일의 철강회사 대표, 전기회사 대표, 가스회사 대표, 전매회사 대표, 국제 복지은행장, 뉴욕증거거래소 대표, 주식시장의 큰손, 내무장관 등 가장 부유한 9명이 모임을 가졌습니다. 25년 후 그들을 추적조사를 했는데 안타깝게도 9명 모두 결과가 좋지 않았습니다. 파산 후 사망, 빈털터리로 객사, 정신병자, 자살, 형무소 복역이나 출소가 그들의 모습이었습니다. 소위 많은 사람들이 말하는 성공을 거두었고 막대한 돈도 벌었지만 말로는 좋지 않았습니다. 직업을 어떻게 바라보고, 그 직업을 통해 무엇을 얻고자 하는지에 대한 생각이 정말 중요하다는 것을 잘 보여주는 사례일 겁니다.

일을 나타내는 영어단어가 6개가 있습니다. 뉘앙스의 차이를 살펴보면 다음과 같습니다.

① Job : 정기적으로 금전적 보상을 받고 하는 일 (보수)
② Work : (생계를 위해 육체적, 정신적) 노동을 하다 (행위)
③ Occupation : 포괄적인 의미의 일. 금전적 보수가 있거나 없을 수 있다 (직업)
④ Career : 시간과 경험이 쌓이면서 성장하는 일 (경력)
⑤ Vocation : 천직이나 소명 (종교)
⑥ Profession : 특별한 교육이나 훈련을 받은 전문직 (특정)

'Profession'을 제외한 나머지 5개의 단어를 보면 일을 어떻게 인식하고 있는지가 뉘앙스에서 나타나죠? 여러분들은 일을 어떤 영단어로 생각하고 있었나요? 잠시 곰곰이 생각해보는 시간을 가지길 바랍니다.

영화 밀정과 오징어게임으로 유명한 배우 허성태 씨는 35살의 나이로 늦은 데뷔를 한 배우입니다. LG전자, 대우조선해양 등 대기업에서 일하며 남들이 생각하는 엘리트 코스로 적지 않은 월급에 풍족한 삶을 지냈습니다. 그러다가 돌연 기적의 오디션으로 연기생활을 시작하여 지금은 악역전문배우로 왕성한 활동을 하고 있습니다. 남들이 보기엔 안정된 'Job'인 대기업을 벗어나 지금은 경험을 쌓으며 성장하고 있는 'Career'인 연기생활을 하는 그를 보면 참 행복해보입니다.

> 기적이라는 단어를 붙이고 싶은 순간이 있는데, 송강호 선배님한테 뺨 맞는 순간이었어요. 왜냐하면 제가 참 단순한 놈인 게 '싸다구를 맞고도 행복할 수 있는 일을 하고 있구나. 도대체 어떤 일을 하면 뺨을 맞고도 행복할 수 있지?' 이런 생각이 드는 거예요. 최근에 제일 기적이라고 느꼈던 순간이 맨날 저한테 "우짜꼬 우짜꼬" 하시던 어머니께서 제 영화 밀정을 보시고 "너 정말 그동안 수고했다 고생했다" 그전에는 때려 치라고 하신 분이 "배우로 널 스크린에서 봤을 때 정말 멋있었다"는 말을 들었던 순간이거든요. 앞으로도 더 큰 기적을 꿈꾸고 있고, 더 이뤄나가려고 지금 계속 정진 중입니다. 여러분들도 계속 선택해 나가실 거잖아요. 정말 중요한 순간이 올 때, 약간은 이기적이지만 나를 위해서 합리적이고 객관적이고 발전적인 것을 정말 심사숙고해서 나를 사랑하는 방식을 표현할 수 있다면, "성태야 사랑한다"고 할 수 있는 일이 있다면, 한 번쯤은 이기적인 선택을 해보셨으면 좋겠습니다. 더 일

찍 알았고 더 일찍 많은 시간을 준비했으면 저보다는 덜 힘들게 그 목표까지 가실 수 있지 않을까?합니다.

_JTBC, <말하는 대로-배우 허성태> 중

이기적인 남자라고 자신을 표현하지만, 자신이 무엇을 소중하게 생각하는지 몰랐다면, 그가 진정 자신을 위해 심사숙고하지 않았다면, 우리는 이 '기적'인 남자를 못 만났을지도 모릅니다. 자신에게 맞는 선택을 하고 더 큰 기적을 꿈꾸고 이뤄나갈 그의 사례가 기적이 아닌 일상이 되었으면 하는 바람입니다.

"왜 나는 이 일을 하는가?"
진로의 시작점인 꿈을 정할 때,
자신이 소중하게 여기는 삶의 기준이 무엇인지 안다면
고통과 고난 속에서도 즐겁고 행복한 일을 선택할 수 있을 겁니다.

ONE POINT LESSON

지금까지 살아오면서 가장 '기쁘고 즐거운 경험', '슬프고 분노한 경험', '고맙고 감사한 경험'들을 적어보세요.

기쁘고 즐거운 경험	
슬프고 분노한 경험	
고맙고 감사한 경험	

이 경험 속에서 나에게 중요한 가치 3가지를 찾아보고 그 이유를 적어보세요.

나에게 중요한 가치	이유

자신의 가치와 그 이유를 참고하여 아래 빈 곳을 채워보세요.

그것이 나의 직업관이 될 거예요.

예 나에게 직업은 생계도 채우고 행복을 추구하는 과정이다.
나에게 직업은 평생 일할 수 있는 경력을 만드는 여행이다.
나에게 직업은 선한 영향력을 미치는 소명이다.

나에게 직업은

______________________________ 이다.

얘야,
너 이름이 뭐니?

한 글자로는 꿈

대학을 졸업하고 사회생활을 하다 자신의 전문분야를 더 개발하기 위해 대학원 이상의 고등교육을 받는 어느 선생님이 고민을 털어놓습니다.

> "선생님, 제가 가르치는 학생이 갑자기 제게 꿈이 무엇인지를 물었어요. 그런데 아무 말을 할 수 없었어요. 제가 이 나이에 꿈을 가져도 되는 건가요?"

꿈은 나이와 상관이 없습니다. 단 과거의 꿈에 벗어나지 못하고 머물고 있느냐 아니면 미래의 꿈을 상상하느냐의 차이가 있을 뿐입니다.

"70대 노인이어도 꿈이 있으면 청춘이고, 20대 청년이어도 꿈이 없으면 노인이다."

라는 말처럼 꿈을 꾸지 않으면 나이가 젊어도 나이가 든 노인처럼 모든 사회에서 약자의 대우를 받게 됩니다.

꿈속에 보이는 일들만 꿈일까요?
과거에 좋았던 경험과 괴로웠던 일이 그리움과 상처로 남았다면 아직 꿈속에 있다고 봐야 해요.

_법륜, 『지금 이대로 좋다』 중

우리는 미래를 향해 오늘을 살아갈 뿐입니다. 과거의 그리움과 상처 속에서 헤어 나오지 못한다면 결코 새로운 미래 속에서 환하게 빛나는 자신을 발견하기 어렵습니다. 법륜 스님의 말씀처럼 과거의 기억 속에 염려로 가득 찬 꿈에서 벗어나 다가올 희망을 꿈꾸며 살아야 합니다.

교은이의 어릴 적 꿈은 발레리나였습니다. 그러나 조금 지나니 미술 선생님이 되고 싶어 했고, 중학교에서 고등학교를 진학할 때는 디자이너가 되고 싶다더군요. 그런 교은이는 너무 건강하고 당연한 청소년의 모습입니다. 되고 싶은 것이 많다는 것은 흥미와 재미를 느끼는 분야가 있다는 증거이니까요. 어른들은 이런 아이들의 모습 속에 어린 시절 자신의 모습이 보이기에 앞으로도 더 많은 것이 되고 싶다고 말해주기를 바랄 뿐이죠. 단 되고 싶은 모습이 있다면 그것을 선명하게 정하는 게 아주 중요하다는 사실을 잊지 말아야 합니다.

일단 바라는 모습이 되기 위해서 갖춰야 할 것들이 무엇인지와 그것을 갖기 위해 구체적으로 해야 할 일에 대해 고민해야 합니다. 예를 들어 교은이처럼 전문 디자이너가 되고 싶다면 관련 분야의 자격증은 필수일 겁니다. 필요하다면 학원 수강을 해야겠죠. 그리고 교내·외 디자인 경연대회를 찾아서 수시로 지원해보고 입상 실적을 쌓는 것도 필요할 겁니다.

이런 포트폴리오를 갖추기 위해 해야 할 일은 과연 어떤 것이 있을까요? 우선 디자이너가 어떤 분야에 종사하며 얼마나 다양한 일을 하고 있는지를 알아야 합니다. 검색을 통해 관련 자료를 수집해야 하며, 성공한 디자이너들이 쓴 책을 읽고 자기 생각을 표현하는 글쓰기도 도움이 될 겁니다. 혹은 드라마, 영화, 뉴스, 유튜브를 통해 사례와 트렌드를 분석하는 것도 유용할 것이고, 각종 전시회나 기념회에 참석하면서 디자인에 대한 영감을 얻는 시간도 기꺼이 할

애해야 할 것입니다.

정말 할 것이 많다고요? 맞습니다. 정말 많지요. 그러나 이 모든 것은 꿈을 향해 성장하는 꿈의 설계도일 뿐입니다. 꿈이 명확하다면 되고 싶은 미래에 모습 속에 갖추어야 할 것과 갖고 싶은 것 그리고 그것을 갖기 위해 해야 할 일들을 지금부터 순차적으로 해내면 됩니다. 이렇게 꿈을 위해 해야 할 일이 무척이나 많은데, 과거에 갇혀 꿈이 없다고 생각한다면 정말 안타까운 일이 아닐 수 없습니다. 이것이야말로 자기 자신을 스스로 '가스라이팅' 하는 것이니 과거가 아닌 다가오는 미래를 향해 눈을 돌리기 바랍니다.

두 글자로는 진로

진로의 사전적 의미는 한자로 '進路' 앞으로 나아갈 길이란 뜻입니다. 앞으로의 시간적 의미는 미래를 말하는 것이며 개인의 인생 속에서는 성장과 발전을 말합니다. 여기에도 과거는 찾아볼 수 없습니다. 그냥 앞으로 나가면 됩니다. 단 나아가야 할 방향성이 명확해야 합니다.

사막에는 신호등이 없습니다. 낙타를 타고 가는 사람들은 하늘의 별을 보며, 가야 할 방향을 찾습니다. 그 별이 있는 곳에 닿을 수 있다는 확신을 가지고 그냥 갑니다. 그런데 길을 가는 중에 예측하지 못한 우연한 만남이 이뤄지기도 하며, 이는 새로운 길을 발견하게 되는 계기가 됩니다. 설령 여정에 대한 준비가 잘되어 있더라도 통제 불가능한 환경적 요인이 늘 존재하기에 생각지도 못한 상황은 발생할 수밖에 없습니다. 그러니 너무 완벽하게 준비를 하고 출발하려고 하지 마세요. 우리는 모든 것을 통제할 수 없기에 그냥 그 길을 가면서 노력하면 됩니다. 계속 노력하면 되는 것이죠.

다시 교은이 이야기로 돌아갑니다. 교은이는 디자이너가 되었을까요? 결론부터 말하자면 직업적으로 디자이너는 되지 않았습니다. 하지만 교은이는 디자인 관련 업무를 다양하게 해야 하는 상황 속에서 이것저것 시도하고 도전하며 전문 디자이너가 되기 위한 길을 가고 있습니다.

지금은 디자이너가 되었다고 할 수 없지만 사실 앞으로는 어떻게 될지 모릅니다. 현재 쇼핑몰과 스마트 스토어에 상품 등록을 위한 전단과 상세페이지, 포스터, 용기 디자인, 배너와 현수막 등 상품 디자인에 대해 고민하면서 성장하고 있습니다. 자꾸 하다 보니 조금씩 감각이 살아나는 것이 보입니다. 현재 주어진 업무에서 할 수 있는 일들을 적극적으로 하다 보니, 전문 디자이너처럼 일할 기회를 얻게 되었습니다. 물론 전문 디자이너답게 일을 하기 위해서는 전문분야의 공부는 필수일 겁니다. 그래서 저녁에는 대학에서 디지털 미디어 디자인을 전공하며 학업도 게을리 하지 않습니다. 교은이는 자신의 업무 속에서 디자인이라는 기술적 수단을 사용했고, 지속적인 성과물들을 만들어 내며 전문 디자이너로 증명할 수 있는 신뢰 가능한 포트폴리오를 완성하고 있습니다.

발레리나에서 미술 선생님 그리고 디자이너까지, 교은이가 희망했던 직업의 변화 과정은 사막에서 별빛을 보고 살길 찾아 떠나며 모래 위 발자국을 남기는 어느 유목민의 여정과 다를 바 없습니다.

세 글자로는 브랜드

아이들은 태어나면서부터 아주 멋진 의미를 담은 이름을 부모로부터 정명 받습니다. 어릴 때부터 불린 그 이름 안에는 그 아기가 살아갈 세상과 연결하는 엄청난 힘이 숨겨져 있습니다. 여기서 세상이란 성장 과정에서 만나고 경험하게 되는 모든 사람과 사물 그리고 자연과 깊은 관계성을 의미합니다.

어린 시절 서로의 이름에서 떠오르는 이미지를 연결해 특별한 호칭을 만들기도 합니다. 강 씨는 무조건 강아지라 불리고, 김 씨는 그냥 김밥, 별생각 없이 서로의 별명을 불러주던 시절을 생각하면 단순히 부르기 쉬어 불러준 별명도 있지만, 직업이 될 수 있게 불러준 별명도 있습니다.

여자아이 중엔 아이들의 머리를 만져주던 친구는 헤어 디자이너가 되었고, 학교 놀이 중 항상 선생님 역할을 하던 친구는 초등학교 교사가 되었으며, 소꿉놀이에 취미가 있어 늘 상차림으로 대접을 하던 친구는 한식당을 운영하고 있습니다. 동네에서 친구들과 함께 놀며 자연스럽게 알게 된 일은 특별한 의미를 부여하지 않았던 단순한 놀이였지만 결국 인생의 뿌리가 되었습니다.

2남 2녀 중 장녀였던 저는 바로 옆 작은 교회에서 온종일 놀기 바빴습니다. 엄마의 현명한 선택으로 저는 교회에 다녔고, 교회 선생들로부터 저는 깊은 사랑을 받으며 성장할 수 있었습니다. 기도하기, 율동 하기, 성가대 활동, 그리고 부활절과 성탄 행사 때의 연극 활동은 사실 인생의 역할 놀이었다 해도 과언이 아닙니다.

당시 제가 잘할 수 있는 일을 탐색하기에 충분했던 이유는 무엇을 어떻게 하더라도 아낌없는 칭찬을 해주시던 선생님이 계셨기 때문입니다. 초등학교, 중학교, 고등학교 생활 중 다양한 활동에서 보인 리더십은 어린 시절의 저를 바라봐 준 부모님, 선생님 그리고 친구들이 있었기에 가능했던 겁니다. 다시 말해 긍정적 에너지를 제게 보내준 타인의 존재 덕분이죠.

어린 시절 생각만 해도 가슴 뛰었던 일, 나는 그냥 했는데 남들이 잘한다고 칭찬해 주었던 일 그리고 누가 시키지 않아도 자발적으로 할 수 있던 일이 바로 재능입니다. 좋아서 하는 일은 단지 취향의 문제이고 재미있고 흥미로워했는데 그것이 누군가의 문제를 해결해주는 일이 된다면 이것이야말로 재능으로 먹고살 수 있는 일이 되는 것입니다.

저의 이름은 이지연입니다. 부모님이 지어주신 이름으로 세상에 나를 알리게 된 존재 자체이지요. 학창 시절 친구들은 항상 큰언니, 엄마 혹은 이모라 불렀습니다. 아무래도 친구들이 느끼는 저의 성향과 성격들이 조합되어 만들어진 호칭일 겁니다.

평생 현역시대가 도래했고 사람의 인격을 어필할 수 있는 직업적 본질을 증명하면서 살아야 하는 지금의 전 '비즈니스 다각화 전문가 이지연', '체인지 메이커 이지연'으로 검색되고 고객과 연결됩니다. 한 가지의 직업으로 평생 살 수 있을 것 같았던 어린 시절과 달리 지금은 다양한 직업을 갖게 되는 디지털 퍼스널 브랜딩 시대에 살고 있습니다. 나의 직업적 본질을 하나의 '동명사+명사'로 표현함으로써 대표 본질을 만들 수 있어야 합니다.

강사, 작가, 방송인, 기획자, 진행자, 칼럼니스트, 연결자, 컨설턴트, 협업 이사, 대표 등 10개 이상의 직업을 가질 수 있는 것도 하나의 주력 전문분야를 정하고 그것이 되어가는 과정에 다양한 일들을 경험했기 때문입니다. 여기서 중요한 것은 내가 되고 싶은 모습은 어린 시절 나의 모습에서부터 시작되었으며 남들에게 칭찬받고 도움 주었던 일들이 직업이 되어 다른 사람이 원하는 것을 해결해주고 있다는 것입니다.

'나다움'이 '다음'을 열어갑니다.

좋은 직업이란 긍정적 타인이 있어야 성립됩니다. 직업이란 개념 자체가 당연히 나의 일과 교환 가능한 물리적 혹은 비물리적 형태가 있어야 하고 그것과 거래 가능한 도구와 거래를 원하는 고객이 있어야 합니다. 내가 잘하고 원하고 좋아하는 일이 고객의 문제를 해결해준다면 개인적 본질과 직업적 본질에 아주 잘 부합되는 일이지만, 반드시 기억해야 할 것은 고객입니다. 즉 타인은 나의 직업을 존재하게 하는 대상임과 동시에 나의 직업의 지속성과 연관성을 유지해주는 강력한 힘을 가진 절대적 존재임을 인정해야 합니다.

진로는 청소년기에만 중요한 것이 아닙니다. 앞서 말한 40대 중반을 지나고 있는 대학원 선생님에게도 어쩌면 살아온 날보다 살아갈 날이 얼마 남지 않은 우리의 어른들에게도 진로는 중요합니다. 결론적으로 꿈, 진로, 브랜드는 내가 좋아하는 일, 잘하는 일을 찾을 때까지 노력하면 찾을 수 있습니다. 타인의 문제를 이롭게 해결하고 그들의 숨겨진 의도와 필요를 먼저 알아차릴 수 있는 지혜가 있다면 우리의 꿈은 반드시 현실이 될 것입니다.

ONE POINT LESSON

진로란 무엇을 위해 사는 것이 아닌 진정한 나를 발견하고 나의 다음을 열어가는 겁니다. 타고난 재능보다 더 중요한 자신을 알기 위한 노력을 멈추지 마세요.

진로를
찾아가는 여정

대부분의 사람들이 직업을 선택하게 되는 과정은 우연의 연속에 의한 필연으로 이루어집니다. 우연히 내가 그것을 좋아해서, 또는 가족, 친지, 내 지인 등이 그 일을 하고 있어서, 집과 가까워서, 등등 많은 이유로 우리는 직업을 선택합니다.

어릴 때부터 '나는 어떤 직업을 꼭 가져야지'하고 마음먹고 어른이 되어 그 직업을 선택하게 되는 경우는 매우 드물답니다. 학창시절 좋아하던 아이돌 그룹 팬클럽 활동을 하면서 방송국을 드나들다가 우연히 열심히 일하는 방송국 사람들을 보고 PD라는 직업을 선택한 사람도 있고, 아이들이 좋아서 유아교육과를 전공하고 유치원 선생님이 되려다가 아동을 위한 유튜브 콘텐츠를 만드는 유튜버도 있습니다. 성인이 되어 한 가지 직업만 꾸준하게 유지하는 사람도 있고, 그렇지 못한 사람도 있습니다.

이처럼 직업이란 것은 내가 지나오는 환경을 통해 계속 바뀌고 변화하며 진화합니다.

그렇다고 해서 내가 어떤 직업을 가질지 잘 모르니 운에 맡겨놓고 손을 놓아버릴 순 없는 노릇이죠. 최소한 자신이 어떤 것들을 할 때 재미와 보람을 느끼는지, 자신의 성격과 잘 맞아서 오래 할 수 있는 직무가 무엇인지 등에 대해서는 탐색해야 하지 않을까요?

바로 성향검사를 통해서 말이죠.

한국형 MBTI(?) 한국인이 개발한 TPAtest!

TPAtest는 정확한 직업군을 알려주기보다는 자신의 성향에 맞는 직무들을 추천해줍니다.

예를 들어 혼자 하는 일을 잘한다거나 전반적인 프로세스를 잘 만든다면, 그에 적합한 직무를 알려주는 겁니다. 그렇다면 최소한 '내가 어떤 직군의 것들을 잘할 수 있겠구나'라는 판단을 할 수 있게 됩니다. 직업을 선택할 수 있는 단서를 제공해주는 셈이죠.

우리는 어린 시절 희망사항부터 선호직업 등 선생님이 숙제처럼 내주는 진로 탐구에 정말 막연한 것들을 적어내곤 했을 겁니다. 저도 어렴풋이 기억나기로는 초등학교 저학년일 때에는 의사나 간호사가 멋져 보였기 때문에 늘 의사나 간호사를 적어내었습니다. 고학년 때에는 문방구집 딸인 친구가 제일 부러웠기 때문에 희망 사항은 늘 마트 주인 또는 문방구 주인이었죠. 중학생이 되고나서는 조금 현실적으로 생각하기 시작했습니다. 그래서 저의 꿈은 만화가였습니다. 자율학습시간에 만화가가 되겠다며 공부대신 만화를 그리기도 했습니다. 너무 당당한 제 모습에 그 어떤 선생님도 저에게서 만화책을 빼앗아가지 않으셨어요. 참 당돌했던 저의 중고생 시절이 지금도 가끔 떠올라 웃음이 나곤 합니다.

작가이자 철학가인 '알랭 드 보통'은 행복한 직업이 가져야 할 핵심 요소로 재미, 우정, 호기심, 모험, 유머, 돈 중에 순위를 매겨보라고 말합니다. 이 중에서 나를 행복하게 해주는 것이 어떤 것인지에 따라 다양한 직업들이 등장할 것 같습니다. 물론 나를 행복하게 해주는 일이 돈도 많이 벌 수 있도록 도와준다면 그야말로 금상첨화입니다. 제 친구 A는 중학생 시절 처음으로 컴퓨터를 접했고 어떻게든 갖고 싶어 했습니다. 하지만 그 당시에는 컴퓨터가 많이 고가였기 때문에 부모님이 사주지 않았습니다. 그래서 그 친구는 몰래 차비, 용돈과 교재비 등을 모아 컴퓨터를 구매했고 친구 집에 숨겨두었습니다. 그리고 학교가 끝나면 그곳으로 달려가 컴퓨터에 매달리곤 했지요. 하지만 꼬리가 길면 잡힌다고 곧 부모님께 걸리고 맙니다. 이 친구가 컴퓨터로 게임을 한다고 생각한 부모님은 당장 그 집으로 가서 컴퓨터를 부숴버렸습니다. 크게 낙심한 친구 A는 포기할 법도 하지만 다시 돈을 모아 컴퓨터를 또 샀습니다. 그렇게 중학생 때부터 시작한 컴퓨터는 지금 그 친구의 직업이 되었습니다. 프로그램 개발자가 된 친구 A는 고액 연봉자로 대기업에서 서로 모셔가려고 하는 귀한 인재가 되어, 지금도 활발하게 사회활동을 하고 있습니다.

나를 행복하게 해주는 것은 무엇인가요?

저는 가장 우선순위로 호기심과 재미를 선택했습니다. 사람에 대한 호기심과 사람을 연구하는 것이 재미있었기에 TPAtest가 탄생할 수 있었습니다.

'저 사람의 성향은 무엇일까?', '미리 알 수 있고 추측할 수 있다면 내가 저 사람을 대할 때 좀 더 이해할 수 있지 않을까' 하는 호기심이 있었습니다. 또한 몇 년간 끊임없이 사람의 성격을 분석하고 연구해도 질리지 않고 재미있었습니다. 이 두 가지로 인해 성향분석 전문가라는 직업을 지속하도록 만들었던 겁니다. 아마도 앞으로도 계속 죽을 때까지 이 직업을 꾸준하게 이어갈 수 있을 만큼의 호기심과 재미를 느낍니다.

앞서 설명 드린 친구 A처럼 돈을 많이 벌지는 못하지만, 성향을 분석할 때만큼은 밥 먹는 것도 잊을 만큼 즐겁고 행복합니다. 물론 마냥 재미있는 일만 가득한 것은 아닙니다. 재미없는 반복 작업과 노가다와 같은 프로그램 개발 등의 업무도 있지만, 해야만 하는 것들을 하면서 버틸 수 있도록 만들어 준 원동력이 있으니 하게 됩니다. 그 원동력이란 아직 인지도도 낮고 여러모로 부족한 TPA 진단을 사랑해주는 많은 분들의 응원과 사랑입니다. 이 글을 쓰는 지금도 저는 대략 4천 개의 데이터를 만들어야 하는 과제를 앞두고 있답니다. 방대한 데이터 입력 작업은 한숨이 절로 나오고 힘들게 하지만, 진단 결과를 보고 다양한 반응을 해주는 사람들의 모습을 떠올리며 하나하나 신중하게 작업을 하고 있습니다.

사람의 재능은 우연히 주어지는 것이 아니라 뇌가 작동하는 독특한 방식과 연결되어 있다고 합니다. 그렇기 때문에 우리는 모두 특별하고 서로 다른 재능을 가진 사람들입니다. 자신이 가진 재능과 자신이 원하는 직업의 핵심 요소를 잘 연결해서 생각해보면, 좀 더 나에게 맞는 직업 탐색이 가능해집니다.

나의 진로인가, 부모님의 진로인가?

성향분석솔루션 TPAtest가 개발되고 나서 많은 분들의 진로를 상담해드리고, 분석해왔지만 유독 기억에 남는 내담자가 있습니다. 부모님과 함께 온 고등학생이었는데 굉장히 조용하고 내성적인 여학생이었습니다. 부모님 성향과 학생의 성향을 진단해보니 부모님은 생각보다 강압적인 성향이고, 학생은 그로 인해 성향이 많이 위축되어 있는 상태였습니다. 상담하는 동안에도 부모님이 80%의 이야기를 한다면 학생은 20% 정도로 말수가 적었습니다. 키가 꽤 큰 편에 호리호리한 신체를 가진 학생이라 모델 같다고 칭찬을 하였더니, 부모님은 눈을 반짝이며 안 그래도 우리 딸이 모델을 했으면 좋겠다고 하셨지요. 학생에게 "너도 모델이 되고 싶니?"라고 묻자 조용히 고개를 끄덕였습니다. 학생의 성향은 주목받는 것을 싫어하고 방어적인 부분이 강한 성향이었고, 사람들 앞에 나서거나 친화력이 좋은 편이 아니었습니다. 익숙한 환경에서 안정감을 느끼는 성향으로 꼼꼼하고 차분하게 서류 업무 등을 잘하는 성향으로 분석이 되었죠.

자신의 미래에 대해 의견을 내는 것이 매우 부담스러워 보였고, 부모님의 기대에 부응하고 싶어 하는 모습도 보였습니다. 학생의 성향 분석 결과를 프린트하여 부모님께 보여주며 설명을 드리니, 대번에 부모님의 표정이 안 좋아지기 시작했습니다. 본인들이 원하는 성향이 아니었기 때문이죠. 연구센터에서 추천하는 직무에 대해서도 듣는 둥 마는 둥 하더니 굳어진 얼굴로 자리를 떴습니다. 말없이 조용하게 뒤를 따라가는 학생의 뒷모습을 보며 마음이 참 많이 안타까웠습니다. 개인적으로는 그 학생이 언젠가 부모님에게 자신의 속마음을 말하기 어렵다면 서면으로나마 전달을 할 수 있기를 바랍니다. 자신이 정말 원하는 것은 무엇이고 하고 싶은 일은 이런 것이라고…

배려심이 깊은 사람일수록 외부 환경으로부터 많은 것을 양보하며 살게 됩니다. 그 대상이 부모님일 수도 있고 배우자일 수도 있고 자녀일 수도 있습니다. 하지만 배려라는 것은 나 스스로가 참고 희생하는 것이 아닌, 나의 존재를 오롯이 보호하며 상대방에서 베푸는 호의와 같은 것입니다. 호의가 권리가 되면 안 되듯이 나를 보호하고 사랑해주는 것은 우선 자기 자신이어야 합니다. 심지어 그 배려가 자신의 진로에 영향을 미친다면 그 일은 오래가지 못합니다. 사람의 몸과 정신은 하나로 이어져 있기 때문에 마음이 원치 않는 것을 억지로 한다면 오래 못 가 병이 나 버립니다. 잘못된 배려가 자기 스스로 파괴하는 행위와 같다는 점을 우리는 잊지 말아야 합니다.

사회에서의 첫 성취감, 당신은 언제였나요?

대학에 입학하고 첫 방학을 맞이한 뒤, 생활비를 벌기 위해 벽화 알바를 했었습니다. 구청에 지시를 받아 벽화를 그리는 업체에 소속된 알바생이 된 거죠. 그 지역의 노후화된 도로변 주변이나 음습한 고가다리 근처 벽에 화사한 자연의 모습이나 꽃이나 새 등을 그리는 작업이었어요. 깨진 유리창의 법칙처럼 관리되지 않는 곳에는 늘 사건 사고가 생기기 마련이니, 아름답게 정리하고 꾸며 놓으면 범죄 장소가 되지 않을 것이라는 구청의 판단이었죠.

일하는 동안엔 페인트가 묻을 수 있으니 일부러 제일 허름한 옷을 작업복으로 입고 햇빛 차단용 커다란 챙 모자를 쓰고 그림을 그리고 있노라면, 종종 지나가는 어르신들이 저를 보며 혀를 차셨어요. 멀쩡한 아가씨가 왜 이런 험한 일을 하냐며 말을 건네고 가셨지요. 그 말들을 들을 때면 주눅이 들곤 했지만, 완성된 벽화를 보면 어찌나 뿌듯하고 보람찼는지 그때의 설움이 싹 사라진답니다. 지금도 그 지역을 지날 때면, 저는 아직 그때 그렸던 벽화들이 남아 있는지 열심히 찾곤 합니다. 물론 그 벽화를 내가 혼자 다 그린 것은 아니지만, 아무리 작은 부분이라도 붓을 들고 참여했다는 사실이 내게 자부심을 느끼게 해주었습니다. 그 전에 했었던 신문 돌리는 알바에 비하면 성취감이 이루 말할 수 없이 컸습니다. 좋은 직업이란 것은 이렇게 자신이 했던 일에서 자부심과 성취감을 느끼는 일이 아닌가 싶습니다.

큰 자부심과 성취감을 느낀 저는 그 이후 다른 일을 할 때면 당당하고 자신감 있게 말할 수 있었습니다. 이처럼 작은 성취감들은 사람에게 자존감을 높여주고 자기 스스로를 사랑할 수 있도록 도와주는 계기가 됩니다. 만약 어떤 요인으로 인해 자신감이 상실되고 번 아웃이 온다면 그 감정선이 계속 연결되는 것을 막아야 합니다. 사람은 누구나 회복탄력성을 가지고 있습니다. 회복탄력성은 크고 작은 역경과 시련, 실패에 대한 인식을 도약의 발판으로 삼아 더 높이 뛰어오를 수 있는 마음의 근력을 의미합니다. 우리 몸에 있는 근육처럼 마음에도 근육이 있는 것이죠. 지속적인 발전을 이루어 내거나 커다란 성취를 이룬 개인이나 공동체는 대부분 실패나 역경을 딛고 일어섰다는 공통점이 있습니다. 자신에게 벌어진 불행한 사건들에 의미를 어떻게 부여하고 인식하느냐에 따라 미래가 결정됩니다.

이제 당신 차례입니다!

'나'라는 사람을 탐구해가며 관찰하는 첫걸음은 바로 이런 크고 작은 에피소드들을 되짚어보는 겁니다. 내가 어떤 것을 했을 때 성취감이 느껴졌는지, 얼마나 행복했고, 어떤 긍정적인 느낌을 받았는지 체크해보면 됩니다. 진로를 찾아가는 여정에서도 가장 중요한 것은 내가 흥미를 느끼고 오래 지속할 수 있는 것을 찾는 것이기 때문입니다. 그 다음으로 중요한 요소는 어떤 일로 타인을 도와주었을 때 즐거움을 느끼는지를 찾는 것입니다. 모든 사람의 직업은 사회와 상호작용을 하도록 만들어져 있습니다. 혼자서 살아가는 사람은 직업이 필요 없습니다. 사람이 직업을 갖는다는 것은 사회 속에서 사람들과 유기적인 상호작용을 하겠다는 의미입니다. 그렇기 때문에 직업의 또 다른 요소는 "어떻게 타인에게 도움을 줄 수 있는가?"라는 질문에 충족되어야 합니다. 나는 어떤 것을 잘하는지, 그리고 어떤 행동을 했을 때 만족감을 느끼는지 잘 알기 위해선 자신을 객관적으로 보는 시각이 필요합니다. 그래서 진로탐색 시에는 성향진단도구를 많이 사용합니다. 내 성향에 맞는 직무는 어떤 것인지 궁금하다면 성향분석 솔루션 TPAtest를 통해서 찾아보길 권합니다.

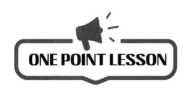

ONE POINT LESSON

진로를 찾는 여정은 결코 쉽지 않습니다.

따라서 많은 노력이 필요할 겁니다.

아래 질문은 자신을 알아 가는데 도움이 되니, 학생과 학부모 각각 작성해보세요. 학부모는 자녀 입장에서 생각하고 작성합니다.

1. 무엇을 할 때 행복한가요?

2. 무엇을 할 때 성취감을 느끼나요?

3. 주로 '나를 위한 선택'을 하나요? 아니면 '부모를 위한 선택'을 하나요?그러한 선택을 하는 이유는 뭔가요?

행복과
몰입의 관계

저는 대학교 1학년 때부터 학비를 벌기 위해서 사교육 현장에 뛰어들었습니다.

학생들을 가르친다는 것이 저에게는 적성에 잘 맞는 일이었기에 정말 열심히 가르쳤고 그로 인한 재미와 보람도 상당히 많이 느끼며 일했습니다. 그러나 제가 사교육 현장에서 학생들을 오랫동안 가르치면서 힘들었던 부분이 있었습니다. 그건 아이들에게 꿈이 없다는 겁니다. 학생들에게 영어 과목에 관한 수업만 진행하지 않고 중간중간 꿈이 무엇인지 무엇을 위해 공부하는지를 묻곤 하였는데 자신의 꿈에 대해 정확하고 신속하게 대답하는 아이들이 그다지 많지 않았던 것입니다.

간혹 자신의 진로를 미리 생각했던 아이들조차도 수능 시험을 보고 나면 생각이 바뀌거나 갈팡질팡하는 것을 자주 보았습니다. 아이들이 전공을 정할 때 본인이 생각해왔던 학과를 정하기보다는 시험점수에 맞추어 학교를 먼저 선택하는 것을 보게 되었습니다. 일단 학교를 정해놓고 그 안에서 갈 수 있는 학과를 이리저리 검색하여 물건 고르듯이 정할 때가 많다는 사실을 받아들이기가 어려웠습니다.

저는 늘 학생들에게 무엇을 하든지 적성과 흥미를 고려하며 전공을 선택하라고 조언했었습니다. 학교도 물론 중요하지만 학교와 학과 둘 다 내가 원하는 곳을 선택할 수 없는 상황이라면 처음엔 학과를 먼저 고려하여 공부를 시작하라고 안내하였습니다. 전공을 선택한 이후에 혹여 학벌에 관해 좀 더 신경을 써야 한다면 최종학교가 중요하니 대학원 진학으로 그 부분은 해결해 보자고 제안해주었습니다. 수능 전 아이들은 그러겠노라고 초롱초롱한 눈을 마주치며 대답을 하곤 합니다.

그러나 수능 점수가 나오고 난 후엔 생각이 달라집니다. 점수가 잘 나온 아이들의 경우엔 욕심을 내는 경우가 있습니다. 본인의 욕심도 있겠지만, 부모님이나 선생님들이 옆에서 속삭이십니다. 이 정도 점수면 소위 명문대학이라는 곳에 발을 들여놓을 수가 있다고 말입니다. 부모님들의 체면과 학교의 이름을 생각하면서 말이죠. 아이들의 장래를 위한다는 미명 아래 적성과 흥미는 잠시 뒷주머니에 꽂아놓게 됩니다. 또한 기대했던 것과 달리 점수가 잘 나오지 못한 아이들은 실망감을 느끼며 어쩔 수 없는 선택을 하게 됩니다. "그래도, 명문대나 in 서울을 선택해야지."라는 부모님이나 담임 선생님의 충고를 듣게 되고, 결국 본인의 적성이나 흥미는 뒷전이 되는 것이죠.

저는 우리 아이들이 자신이 뭘 좋아하고, 뭘 잘하는지에 대해 좀 더 관심을 갖고 선택했으면 좋겠습니다. 흥미와 적성을 찾기 위해 다양한 탐색과 도전을 하다 보면, 원하는 미래를 구체적으로 그릴 수 있을 겁니다. 그렇게 자신이 할 수 있는 일을 좀 더 분명하게 찾아볼 수 있게 되는 것이죠. 명확한 목표를 갖게 되면 진로를 준비하는 것은 어렵지 않습니다. 공부가 힘들기보다는 내 꿈을 향한 미션이 되어 희망을 가지고 몰입하게 됩니다. 몰입을 하다 보면 자신감이 생기고 거기서만 느낄 수 있는 행복감에 빠지게 됩니다. 행복하다고 느끼면 자신의 진로에 더 잘 몰입할 수 있게 됩니다. 이렇게 행복과 몰입의 선순환이 이루어진다는 말입니다.

그렇다고 좋은 대학을 가는 것 자체에 문제가 있다는 이야기는 아닙니다. 어느 대학이건 자신의 의지로 선택했다면 아무래도 좋습니다. 그곳에서 본인의 잠재능력을 찾아 새로운 일에 재미를 느끼고 잘 배워나간다면 충분히 행복할 수 있으니까요. 하지만 주변 이야기에 솔깃하여 결정을 내린 아이들은 대학교를 한 학기 정도 다니다가 휴학을 결정하곤 합니다. 그제야 이건 내 길이 아니라고 주장하며 반수 또는 재수를 통해 자기가 원하는 학과와 학교를 다시 찾으려고 하지요.

학생들이 배움을 익히고 다져서 본인이 꿈꾸는 미래로 한발 더 나아가게 도와주는 것이 저의 사명이라 생각했습니다. 하지만 진학 선택에서 갈등을 겪고 있는 모습을 20년 이상 바라보다 보니 회의가 들었습니다. 성적 결과가 어떻게 나오든 전공과목보다 학교를 선택하는 많은 학생들을 보며, '진정 아이들을 위하는 일이 무엇인가?', '아이들을 어떻게 더 행복하게 살도록 안내할 수 있을까?'라는 고민에 자꾸 빠져들게 되었지요.

이런 모습들을 오래 바라보고 반복하다 보니, 제 아이만큼은 자기가 좋아하는 일과 잘하는 일에 전념할 수 있는 상황을 만들어주고 싶었습니다. 그래서 어려서부터 책 읽기와 외부 활동들을 다양하게 할 수 있도록 적극 지원했었습니다.

저희 부부에게는 두 살 터울의 아들과 딸이 있습니다.

초등 저학년까지는 일반적인 학교생활을 하였습니다. 그러다 아들은 초등학교 5학년을 마치고, 딸은 3학년을 마치고, 학교생활을 멈추었습니다. 저의 권유로 홈스쿨링을 시작하게 된 것이지요. 학교 안에서만 지내는 것보다 넓은 세상을 더 많이 보여주고 싶었습니다. 제가 가르쳤던 많은 학생들에게서 느꼈던 아쉬움이 있었기에 본인들이 원하고, 좋아할 만한 일들을 스스로 찾기를 권유하였습니다. 물론 학교생활을 지속하기 어려운 건강상의 문제가 있었기에 다른 가정들보다도 홈스쿨링을 선택하기에 좀 더 적극적이었다고 할 수도 있습니다. 두 아이는 정규 과정에서 주는 초등학교, 중학교, 고등학교의 졸업장이 없습니다. 하지만 원하는 전공을 스스로 선택하고 공부하여 두 아이 모두 대학교 졸업장을 취득하였습니다. 본인들이 원하는 전공을 선택하였기에 대학교 4년을 정말 행복하게 다닐 수 있었죠.

아들의 경우를 한 번 들여다보면 이렇습니다.

초등학교를 다니던 열 살 때 일입니다. 드럼 치는 사람이 너무 멋져 보인다며, 드럼을 배우고 싶다고 하는 겁니다. 그래서 실력 좋은 선생님을 모시고 레슨을 받게 하였습니다. 선생님은 거의 일 년간 매주 오셔서 한 시간씩 드럼 패드로 박자 맞추기만 아들에게 가르쳐 주셨습니다. 선생님께서는 아들이 드럼에 앉기 전에 박자 감각을 남달리 키워주시려고 했던 겁니다. 어떤 박자가 나와도 연주할 수 있도록 방 안에서 작은 패드를 그렇게나 오래도록 두드리게 하셨던 거죠. 일주일에 한 번, 한 시간씩 1년 동안이나 신나게 패드만 두들겨댔습니다. 밖에 있는 저는 도대체 저 행위가 지겹지 않을까 싶었지만, 본인이 하고 싶어 했기에 아들은 한 번도 "지겹다", "힘들다"라는 말을 하지 않았습니다. 그 후 정말 무슨 음악이 나와도 드럼으로 박자를 맞춰 연주할 수 있는 아이가 되었고, 교회 찬양 팀에서 봉사도 하게 되었습니다. 게다가 감사하게도 제가 중창 발표회를 할 때, 아들이 멋지게 드럼으로 합주를 해주는 뜻깊은 경험도 할 수 있었고요.

아들은 자라면서 배우는 즐거움에 빠져들어 시간 가는 줄도 모르고 몰입하는 다양한 경험을 했습니다. 좋아하는 일에 자신도 모르게 빠져드는 경험, 이를 통해 청소년기를 행복한 시간들로 가득 채울 수 있었는데요. 그런 아들을 지켜보는 저도 덩달아 미소 지을 수 있게 되었죠.

홈스쿨을 시작하고 열네 살 때쯤엔 첼리스트가 되고 싶다는 결심을 했었습니다. 선생님께 레슨을 받으며 하루에 8시간씩 첼로 연습을 했었는데요. 단 한 번도 힘들어하지 않고 거의 8개월이나 몰입하는 시간을 가졌었죠. 선생님께서는 첼로 실력이 제법 늘어 전공을 해도 괜찮을 것 같다는 칭찬도 하셨습니다. 몰입을 통해 실력이 향상되니 오케스트라 앙상블에 소속되어 연주도 했었고, 어떤 연주회에서는 솔리스트로 스포트라이트를 받은 경험도 할 수 있었습니다.

또한 어렸을 때부터 아들은 운동을 너무 좋아하여 다섯 살 때부터 유소년 축구단에 들어가 공을 열심히 찼습니다. 그러다 열다섯 살이 넘어서는 퍼스널 트레이너가 되기 위해 운동을 제대로 배워보겠다고 하더니, 석 달 정도 동안 하루에 열 시간씩 운동에 몰입하였습니다. 주변에서는 왜 저렇게 힘든 일을 사서 고생하나 싶었지만, 본인은 신나서 정말 재미있게 운동을 했습니다.

운동에 심취했던 아들은 결국 경호원이 되고 싶다고 용인대 경호학과를 들어갔는데 그때도 몰입에 몰입을 한 결과 장학금을 받고 입학하는 기쁨도 누리게 되었습니다. 학교생활을 하면서 □□엔터테인먼트 소속으로 유명 아이돌 그룹 개인 멤버의 경호를 맡기도 했었죠. 가수, 탤런트, 개그맨 등등 여러 연예인의 경호 경험을 실컷 하고 나서는 엉뚱한 소리를 하는 겁니다. 결혼하고 싶다고요. 결혼을 생각하니 경호원은 시간적 여유가 없어 자신이 꿈꾸는 가정생활을 유지하기에 좋은 직업이 아니라고 생각했던 것 같습니다. 그래서 직업을 변경하게 되었습니다.

지금은 법원에서 공무원으로 재직하고 있습니다. 재판이 안전하고 원활하게 진행되도록 사법 정의를 구현하는 막중한 업무를 수행하고 있죠. 실무관으로서 법원의 안정을 유지하고 타인을 존중하며 법을 잘 배워나가고 있다고 뿌듯해합니다. 몰입을 통해 공무원으로서 안정적인 직업을 획득한 것처럼 사랑의 몰입을 통해 예쁜 신부와 결혼도 했습니다. 그 과정을 지켜보니 역시 열정을 가지고 집중하고 몰입하여, 본인이 얻고자 하는 목적을 달성하는 아들이 참 멋져 보였습니다. 결혼 후 예쁜 딸을 얻었고 지금은 가정과 직장에서 즐겁고 행복한 생활을 하고 있습니다.

삶은 변화의 연속입니다.

이렇게 아들은 자라면서 하고 싶은 일이 여러 번 바뀌었죠. 그럴 때마다 수시로 자신의 상황을 살피며, 자기 주도적으로 진로를 탐색해 나갔습니다. 한 가지 목표를 정하면

원하는 수준에 도달할 때까지 몰입을 해보고, 결국 이루고 나면 계속 유지하며 직진할 것인지 아니면 다른 일로 방향 전환을 할 것인지에 대해 우리 부부와 참 많은 이야기를 나누었습니다. 아들은 어렸을 때부터 자신이 가장 좋아하고 잘할 수 있는 일을 다각도로 찾아보고 시도하고 경험했기에 즐겁게 자신의 꿈을 이루며 살 수 있었던 겁니다. 현재의 삶에 행복을 느낄 수 있는 것도 주어진 일에 후회 없이 최선을 다해 몰입했기에 가능할 수 있다고 생각합니다.

한 가정의 가장이며 어린 딸을 키우는 아빠인데도 얼마 전 아들은 저에게 이런 말을 했습니다. "엄마, 전 아무래도 제 적성에 맞는 진로를 정말 잘 선택한 것 같아요. 직장 생활도 재밌고, 직장 내 시설을 사용하며 운동하는 것도 즐겁고, 함께 계신 분들께 배우는 것도 많고 시간도 다른 직장보다는 여유가 있으니 정말 저에게 딱 맞는 직업을 잘 선택한 거 같아요." 아들의 말에 저는 감사함을 느꼈습니다. 또한 자신의 삶에 만족하며 사는 아들이 부럽기까지 합니다.

자신이 잘할 수 있는 즐겁고 신나는 분야를 찾아보는 일은 정말 중요합니다.

그런 일을 만나야 몰입을 할 수 있습니다. 몰입하다 보면 그 분야에서 기쁨과 성취감, 행복을 맛볼 수 있게 됩니다. 자신의 삶을 어떻게 준비하고 해석하며 충실히 살아내느냐에 따라 몰입의 강도가 달라집니다. 얼마나 깊이 몰입하느냐에 따라 행복의 깊이도 그에 비례할 수 있습니다. 본인의 삶인데도 불구하고 어른들의 생각에 자신의 인생을 맡겨놓는 일은 하지 않았으면 좋겠습니다. 성공도 실패도 모두 자신이 결정하고 책임지는 삶을 선택했으면 좋겠습니다.

ONE POINT LESSON

좋아하는 것을 선택하는 일은 책임감이 따르지만, 몰입할 수 있습니다. 몰입을 할 수 있다는 건, 시간 가는 줄 모르게 나를 행복하게 해줍니다. 우리 아이들이 몰입과 행복의 비례관계를 학창시절에 경험해 보면 좋겠습니다. 부모님들이 옆에서 지켜보며 지지해주신다면, 아이들은 가정 안에서 안전하게 맘껏 자신의 꿈을 펼칠 준비를 할 수 있을 것입니다.

진로의 본질은
'나만의 꿈'을 찾는 것

어린 시절을 돌아보면 나는 '나의 진로'에 대해 진지하게 고민해 본 적이 별로 없는 것 같습니다. 어머니의 말에 의하면 제가 4살 때 '판사'가 되고 싶다는 말을 했다고 합니다. '판사'라는 직업이 뭘 하는 건지도 몰랐지만 왠지 엄마가 좋아했을 것이라는 생각이 들었습니다. 나의 예상대로 엄마는 무척이나 좋아하며 동네 아주머니들께 자랑했다고 합니다.

초등학교 5학년부터 '고적대'로 활동하며 아코디언 연주를 했습니다. '고적대'의 한 일원으로 활동하며 자부심이 있었습니다. 깔끔한 제복, 절제된 동작과 멋진 퍼포먼스 그리고 아무나 들어갈 수 없다는 특수성과 특별성이 저를 고무시켰습니다. 그런 자부심은 제복에 대한 환상을 심어주었습니다. 운동신경이 좋고 제복을 좋아했던 저는 중학교에 올라가서는 '군인'이 되고 싶다고 생각했습니다. 그리고 고등학교에 올라가서는 '스튜어디스'가 되고 싶었습니다. 예쁜 유니폼을 입고 자유롭게 세계 각국을 돌아다니는 모습이 너무나 부러웠기 때문입니다.

저는 시기마다 꿈이 바뀌었습니다. 꿈이 없어 무기력한 것보다는 다양한 꿈을 꾸는 것이 훨씬 좋다고 생각합니다. 그러나 어린 시절 저의 모습을 생각해 보면 내가 하고 싶은 일의 본질이 아닌 겉으로 보이는 모습에 집중했던 것 같습니다. 그때의 그 시절로 돌아간다면 저 자신에게 물어보고 싶습니다.

"너는 어떤 일을 하고 싶어?"
"돈을 못 벌어도 그 일을 꾸준히 하고 싶어?"
"그 일을 하고 있는 너를 상상하면 어떤 기분이 들어?"

지금 저는 어렸을 적 꿈꿔왔던 직업들이 아닌 교육 회사를 운영하고 있습니다.

어린 시절 호기심이 많은 아이였습니다. 직업에 대한 깊이 있는 고민은 없었지만, 겉으로 보이는 모습들을 보며 호기심을 갖고, 하고 싶다는 생각을 많이 했었습니다. 가끔은 그런 호기심들이 저를 불안하게 하기도 했습니다. '전문가가 되려면 한 우물을 파야 한다.', '일만 시간의 법칙' 등 타인들이 하는 말은 '한 우물만 파지 않고 다양한 분야에 호기심을 갖고 실천해 보는 나에게는 약점이 되지 않을까'라는 생각이 든 적도 있습니다. 그러나 그런 호기심들이 지금의 나로 이어졌다고 생각합니다.

저는 다양한 직업을 가진 사람들을 만나 그들에게 필요한 기술을, 강의를 통해 가르치고 있습니다. 다만 과거의 나를 돌아볼 때 가장 아쉽고 후회가 남는 것은 '호기심에서 그치지 않고 더 깊이 있게 직업에 대해 알아보고 준비해 봤으면 어땠을까?' 하는 마음이었습니다. 호기심을 갖고 있다는 것은 분명 축복입니다. 그러니 그 축복을 그 순간의 관심으로만 끝내지 말고 그 일에 대해, 그 직업을 가진 사람들에 대해 좀 더 알아보면 좋을 것 같습니다.

'진로'를 생각하면 자연스럽게 '진학'과 '직업'이 연결되어 떠오릅니다. 내가 어떤 삶을 살 것인지, 어떤 방향을 향해 갈 것인가를 고민하는 것이 바로 '진로'입니다. 그런데 우리는 '진로는 곧 직업'인 것처럼 인식하곤 합니다. 그래서 내가 살고 싶은 방향보다는 '좋은 직업'으로 연결될 수 있는 방법을 선택하게 됩니다. 여기서 '좋은 직업'이란 타인의 기준인 경우가 대부분입니다. 남들보다 돈을 많이 벌거나, 유명한 회사에 입사하거나, 사회적으로 인정받는 전문 직업을 뜻합니다. 그래서 자신이 좋아하는 일이 아닌 좋은 직업을 선택했을 때 혼란스러워하고 방황하는 사람들을 종종 발견하게 됩니다.

우리는 각자 타고난 재능이 다릅니다. 그리고 각자 관심을 갖는 분야도 다릅니다. 재능과 관심은 모두 중요합니다. 그래서 다양한 분야를 경험해 봄으로써 내가 그 일에 얼마나 흥미를 느끼는지, 잘할 수 있는지, 성실하게 해낼 수 있는지 등을 가늠해 봐야 합니다. 아이들은 유전적으로 부모의 기질을 어느 정도는 타고납니다. 그렇다고 해도 그 유전이라는 것을 100% 믿으면 안 된다고 생각합니다. 분명 잘 할 것이라고 생각했는데, 생각보다 안 되는 것도 있습니다. 반대로 안될 것이라고 생각했는데, 잘하는 것도 있습니다. 잘한다는 것은 기질적으로 타고난 재능에 의해서도 빛을 발하지만, 꾸준한 반복을 통해서도 빛이 나기 때문입니다.

우리가 좋아하고 관심 있는 일을 나의 직업으로 삼을 수 있다는 것은 큰 행운이라고 생각합니다. 그러나 내가 좋아하거나 잘하는 일이 아니더라도 그 일을 해 나감에 있어서 최선을 다해서 정성을 쏟다 보면 일정 수준 이상의 실력을 보이게 됩니다. 실력을 갖췄다는 것은 그 일을 통해 다른 사람들에게 도움을 줄 수 있다는 말입니다. 다른 말로 바꾸자면 '나는 그 분야의 전문가로 인정받는다는 것'이고, '나를 찾는 사람들이 늘어난다는 것'입니다.

故 이건희 회장은 유명한 애견인입니다. '88 서울 올림픽'을 앞두고 유럽 언론에서 '한국은 보신탕을 먹는 나라'로 한국인은 개를 잡아먹는 야만인이라고 보도된 일이 있었습니다. 이 일을 통해 한국이 동물을 학대하는 나라, 미개한 나라로 매도당하는 것을 목격하였습니다. 이에 故 이건희 회장은 한국의 이미지를 쇄신하겠다고 다짐합니다. 그 다짐으로 생겨나게 된 것이 바로 삼성화재에서 운영하는 '시각장애인 안내견 센터'입니다. 지금도 국내에서 유일하게 운영되는 비영리사업 복지 안내견 센터입니다. 지금까지 20년 넘게 안내견 센터를 운영하고 유지하고 있지만, 이 센터를 통한 수익은 없습니다. 그럼에도 불구하고 이 센터가 지속적으로 유지되고 있는 것은 故 이건희 회장의 애견 사랑과 기업인으로서의 국가 이미지 재고에 대한 고민 때문이라고 생각됩니다. 故 이건희 회장이 가장 사랑했던 반려견 '벤지'가 세상을 떠나자, 체세포 복제를 의뢰하

여 복제를 성공했다고 합니다. 자신이 가장 사랑했던 반려견의 흔적을 남기고 싶은 마음으로 현재 복제에 성공한 아이들은 삼성이 운영하는 맹인 안내견 교육 센터에 있다고 합니다.

그의 행보는 여기에서 멈추지 않습니다. 70년대 초, 우리나라의 토종견인 진돗개가 천연기념물 53호로 등록되어 있음에도 '세계 견종 협회'에는 한국이 원산지로 등록되지 않았음을 알게 됩니다. 순종이 없다는 이유로 등록이 힘들다는 것을 알게 되고, 사육사와 외국의 전문가를 수소문해서 진돗개 순종을 만들기 위해 애씁니다. 마침내 1979년 한국이 진돗개의 원산지임을 증명하고 '세계 견종 협회'에 등록하게 됩니다. 반려견을 사랑하는 마음과 자신의 능력을 故 이건희 회장은 국가와 애견을 위해 누구보다 힘썼던 것이었습니다. 실제 그의 에세이 『생각 좀 하며 세상을 보자』에는 다음과 같은 글이 쓰여 있다고 합니다.

> "나는 아무리 취미 생활이라고 하더라도, 이에 그치지 않고 그것을 깊이 연구해서 자기의 특기로 만드는 것이 좋다고 생각한다. 거기에 취미를 통해서 남을 도와줄 수 있다면 그것은 더더욱 좋은 일이다."

이건희, 『생각 좀 하며 세상을 보자』 중

진로와 직업을 고민함에 있어 내가 가진 취미 또는 좋아하는 것을 깊이 있게 연구하고 갈고닦으면 큰일을 해낼 수 있는 무기가 될 수 있다는 것을 생각해야 합니다. 다른 사람들과는 다른, 다른 사람들보다 뛰어난 나만의 잠재력을 발견하기 위해서는 우선 나의 관심사에 대해 고민해야 합니다.

"엄마 저 축구 하고 싶어요."

"갑자기 축구는 왜? 축구하려면 숙소 생활도 해야 하고 운동하면서 공부하는 게 쉽지 않을 건데 괜찮겠어?"

"네, 사실은 4학년 때 축구하자는 제안 받았었잖아요. 그때 했으면 더 좋았을 것 같다는 생각이 들었어요. 그런데 그때는 엄마하고 떨어져서 기숙사 생활하는 게 좀 무섭고 두려워서 망설였는데, 이제는 할 수 있을 것 같아요."

어느 날 큰아들이 나에게 자신은 축구가 하고 싶다며, 자신의 진로에 대해 이야기했습니다. 어린 시절 진로에 대해 고민하지 않던 나와는 달리 두 아들들은 어렸을 때부터 자신들이 하고 싶은 일을 찾았습니다. 아이들의 선택은 축구였습니다. 큰아이는 초등학교 6학년, 작은 아이는 초등학교 3학년부터 축구를 시작했습니다. 어리다고 생각했던 아이들이 자신이 하고 싶은 일을 찾아 선수로서 부모와 떨어져 기숙사 생활을 하며 스스로 자립해 가는 것을 보니 대견스러운 마음이 앞섰습니다.

고등학생 때 운동선수로서 살아가는 아이들의 선택지는 두 가지입니다. 고등학교를 졸업하고 바로 프로팀에 입단하거나 대학에 진학하는 것입니다. 그런데 프로팀에 입단한다는 것은 사실 쉬운 일이 아닙니다. 대학도 자신이 원하는 학교에 진학하기 위해서는 고등학교 때 많은 대회 성적과 개인 기량을 쌓아야 가능한 일입니다. 큰아이는 늦게 운동을 시작했지만, 성실하게 노력하여 고등학교에 올라가며 빛을 발하기 시작했습니다. 고등학교 축구부가 창단한지 12년 만에 최고의 성적을 거두는데 이때 중요한 역할을 하며 큰 기여를 하게 됩니다. 그러나 아쉽게도 아이가 원하는 대학에는 진학할 수 없었고, 다양한 진로를 고민하다가 외국팀에서 훈련하며 소속팀을 찾는 것으로 선택했습니다.

아이들의 인생에서 대학 진학은 필수일까요? 운동을 하든, 공부를 하든 자신이 오랜 시간 몸담을 분야에서 꼭 필요한 경우에 대학 진학은 불가피하다고 생각합니다. 특히 운동하는 학생 선수들의 경우 고등학교 졸업 후 운 좋게 프로팀에 입단하더라도 선수로서 살아남기가 쉽지 않습니다. 그래서 대학 진학을 통해 대학 리그를 경험하고, 체력과 실력을 키우며 프로 입단을 준비합니다. 공부하는 친구들도 마찬가지입니다. 내가 어떤 진로를 선택하느냐에 따라 진학이 결정됩니다. 그 결정에 따라 대학과 학과가 정해지는 것입니다. 그러나 현재 우리나라는 학생 수에 비해 대학의 수가 너무나 많습니다. 아이들이 원한다면 대학에 진학한다는 것이 그리 어려운 일은 아니지만, 이름 있는 좋은 대학, 좋은 학과에 진학하기 위한 경쟁률은 엄청나다는 것을 우리 모두는 알고 있습니다. 그러나 문제는 그 좋은 대학, 좋은 학과가 진정으로 자신이 원하는 진로의 방향과 맞느냐 입니다.

좋은 학교, 좋은 학과는 학생들의 삶에 좋은 스펙이 될 수 있습니다. 그러나 그 좋은 스펙이 진짜 내가 원하는 삶은 아닐 수 있다는 것입니다. 저 또한 사회복지를 전공하고 박사학위를 취득했습니다. 운 좋게도 그 박사학위로 대학과 대학원에서 사회복지를 전공하려는 학생들을 가르치고 있습니다. 그런데 우리나라에서 박사학위를 취득한 수많은 사람들이 자신의 전공을 살리지 못하고 또 다른 학교에 진학하는 경우가 많습니다. 자신의 전공을 제대로 살리지 못하니, 새로운 무언가를 채워야 된다는 생각에 또 다른 전공을 선택해 학교에 진학합니다. 그런데 그 이후의 삶도 보장할 수 없다는 것이 문제입니다.

급변하는 사회 속에서 배움이란 놓을 수 없는 것입니다. 대학은 내가 가고자 하는 길에 있어서 배움을 통해 실력이나 자격을 갖추기 위해서는 꼭 필요한 곳이라고도 생각합니다. 그러나 '누구나 가는 대학, 누구나 갖고 있는 학위를 나만 없으면 안 된다'라는 생각으로 진학했을 때는 전혀 도움이 되지 않는다고 생각합니다. 여러분이 잘 알고 있는 애플의 창업자 '스티브 잡스'도 대학을 중퇴했습니다. 실제 자신이 하고자 하는 일에 대학에서의 공부가 도움 되지 않는다고 생각하여 중퇴를 결정하였습니다. 지금은 가요계에서 한 획을 긋고 있는 가수 '아이유'의 경우도 대학 진학을 포기했습니다. 아이유는 연예인의 특전으로 좋은 대학에 입학할 수 있었습니다. 그럼에도 자신이 가고자 하는 길에 도움이 되지 않고, 자신이 특혜를 받았을 때 누군가는 손해를 봐야 한다는 생각에 대학 진학을 포기했다고 합니다.

자신의 꿈이 확고하고, 그 꿈을 이루기 위해서 대학 진학을 통해 더 많은 이론적 지식과 경험이 필요한 경우도 있습니다. 그러나 남들이 다 가는 대학인데 나만 가지 않으면 안 될 것 같은 생각에 선택하는 대학 진학은 아이들의 삶에 도움이 되지 않는다고 생각합니다.

대학 진학, 이제는 필수가 아닌 선택입니다. 아이들의 삶에 어떤 선택이 도움 될지 잘 고민해야 할 것입니다.

대학을 진학하든, 하지 않든 우리는 일정한 나이가 되면 '일'이라는 것을 하게 됩니다. 그 '일'을 통해 돈을 받게 되면 '직업'이라는 이름으로 불리게 됩니다. 사실 '일'이라고 하는 것은 나의 노동력을 제공하고 임금을 받음으로써 나의 생활을 풍족하게 해주는 것입니다. 그럼에도 불구하고 사람들은 '일'과 '직업' 또는 '직장'을 생각할 때 부정적인 생각을 먼저 합니다. '자신이 원하는 일이 아닌 먹고살기 위해 어쩔 수 없이 하는 것'이라고 생각하기 때문입니다. 그러나 부정할 수 없는 단 한 가지는 '일을 통해 우리의 삶이 유지된다는 것'입니다.

저의 아버지는 초등학교 선생님이었습니다. 어린 내가 생각하는 교사의 삶은 매일 반복되는 일상으로 지루하고 재미없는 것처럼 느껴졌습니다. 그래서 '나는 선생님은 되지 않을 거야'라는 생각을 하면서 살았습니다. 그런데 성인이 된 지금 아버지와 같은 초등학교 교사는 아니지만, 누군가에게 필요한 지식과 기술을 가르치는 교육 강사로서 살고 있습니다. 대학원 졸업 후 대학에서 강의를 시작하게 되었습니다. 다른 사람들이 보면 '대학교수'라는 타이틀을 갖고 대학에서 강의하는 제 모습이 매우 부러웠을 것입니다. 그런데 처음 강의를 시작했을 때, 일하러 가는 그 시간이 너무나 싫었습니다. 학생들이 쉽게 이해할 수 있도록 준비하기 위해서 저는 더 많은 자료를 찾으며 준비해야 했습니다. 그런데 수업 준비를 하다 보면 가끔 너무 어려워 이해되지 않는 내용들도 있었습니다. 자료를 찾아봐도 쉽게 설명된 예시가 없으니 완벽하게 이해하기 어려웠고, 내가 이해한 것이 맞는지에 대한 확신도 없어 자신이 없었습니다. 이런 확신 없는 상태에서 학생들을 가르쳐야 한다는 생각에 수업 시간이 다가오는 것이 저에게는 괴로움이었습니다. 그러다 보니 꾸역꾸역 그 시간을 견딘 것 같습니다. 그런데 학기를 마무리하고 학과장님께 들은 학생들의 피드백은 의외였습니다.

"알아듣기 쉽게 예시를 들어 설명해 줘서 이해하기 쉬웠어요."
"수업 시간이 재미있었습니다. 다음 학기에도 교수님이 수업해 주시면 좋을 것 같아요."
"어렵고 지루할 거라고 생각했는데, 수업 시간이 빨리 지나갔어요."

학생들의 긍정적인 피드백을 보면서 많은 생각을 하게 되었습니다. 완벽하게 진행할 순 없었지만, 학생들의 눈

높이에 맞춰 진행하려고 했던 내 노력이 도움이 된 것입니다. 감사함을 표시하는 학생들을 보며, 수업을 준비하며 불평과 불만을 늘어놓던 지난날의 내 모습이 떠올랐습니다. '학생들은 이런 내 모습을 모르고, 자신들을 위해 최선을 다해 준비했을 거라고 생각하며 감사함을 표현했을 텐데.'라는 생각이 들자, 창피한 생각에 정신이 번쩍 들었습니다. 저는 그때부터 자신감을 갖고, 학생들에게 도움이 되기 위해서 더욱 노력했습니다.

학생들 덕분에 일을 바라보던 관점이 완전히 바뀐 것입니다. '하고 싶지 않았지만, 먹고살기 위해 해야 하는 어쩔 수 없는 일. 그래서 하기 싫고 귀찮지만 견뎌야 하는 일'에서 '내가 하는 일은 나와 타인을 성장시킬 수 있는 대단한 일이며, 나의 노력만큼 타인에게 도움을 줄 수 있는 일'이라는 생각이 들었습니다. 처음 이 일을 시작했을 때와는 달리 지금은 제가 '교육 강사' 일을 하게 된 것이 너무나 감사한 생각이 듭니다. 저는 교육을 통해 다른 사람의 생각과 행동을 변화시키기 위한 강의를 준비하고 전달하고 있습니다. 그런데 수업을 준비하며, 나의 생각과 행동이 먼저 변화됨을 느끼면서 '내가 좋은 일을 선택했구나!'라는 생각이 듭니다.

여러분들은 '벽돌 쌓는 세 사람 이야기'를 많이 알고 있을 것입니다.

A, B, C 세 사람의 벽돌공들이 벽돌을 쌓고 있었습니다. 그때 누군가 다가와 물어봅니다.

"당신은 지금 뭘 하고 있나요?"

그 질문을 들은 A는 대답합니다.

"보면 모릅니까? 저는 지금 벽돌을 쌓고 있습니다."

"나는 가족을 위해 돈을 벌고 있습니다."

라고 B는 답합니다.

마지막으로 C는 대답합니다.

"저는 지금 멋진 성당을 짓고 있습니다. 이 성당이 완성되었을 때, 많은 사람들이 이곳을 찾아 기도하는 상상을 하면 너무나 기쁘고 행복합니다."

우리는 모두가 일을 합니다. 그 일을 통해 어떤 형태로든 타인에게 도움을 줍니다. 그런데 타인에게 도움이 되는 '나의 일'을 내가 어떻게 바라보느냐에 따라 나의 일은 대단한 일이 되기도 하고, 하찮은 일이 되기도 합니다. 그래서 대단한 일을 하고 있다고 생각하면 나의 삶은 행복해집니다. 반대로 하찮은 일을 한다고 생각하면 다른 사람과 비교하며 나의 삶은 불행해지기도 합니다.

행복은 결국 일과 삶을 바라보는 나의 관점에 달려 있습니다. 일을 통해 돈을 많이 벌어서 행복할 수도 있지만, 돈을 많이 번다고 해서 모두가 행복한 것은 아닙니다. 돈은 우리 삶에서 매우 중요한 요소 중 하나이지만, 첫 번째로 고려할 요소는 아니라는 것입니다. 그래서 부모로서 우리가 해야 할 일 중 가장 중요한 것은 우리 아이만의 강점을 찾아내는 것입니다. 우리 아이가 어떤 일을 할 때 좋아하고 집중하며, 잘하는지를 관찰해야 합니다. 모든 아이들이 대학입시를 위해 학원에 가는 것을 보며, 불안해하고 무조건 학원 교육을 시키는 것은 옳지 않습니다. 내 아이만의 강점을 찾고, 강점을 키워나가며, 스스로의 선택을 통해 자신의 진로를 결정할 수 있도록 기회를 주어야 합니다. 일관된 교육 방식이 아닌 내 아이에게 특화된 교육 방식을 통해 아이의 자존감을 키워나갈 수 있습니다. 타인과 비교되지 않고, 나만의 강점을 활용하여 성공하는 경험은 자녀들로 하여금 '스스로 잘 해낼 수 있다'는 자신감을 갖게 하고, 이런 자신감은 자존감의 바탕이 됩니다.

이 책을 읽고 계시는 부모님들에게 질문하겠습니다.

"여러분은 지금 자신이 하고 있는 일에 만족하십니까? 그 일을 선택하는 과정에서 선택의 주체는 누구였습니까? 만약 내가 10대로 돌아간다면 지금과 같은 선택을 하시겠습니까?"

우리는 부모로서 내 아이가 행복하게 살기를 바랍니다. 그런데 내가 생각하는 방법은 아이에게 행복한 방법이 아닐 수도 있습니다. 진로의 본질은 결국, 나의 꿈이 무엇인지 찾고 그 꿈을 이루기 위해 노력하는 것입니다.

ONE POINT LESSON

① 현재 자신이 하고 있는 일에 얼마나 만족하는지, 그 일을 결정하는 계기는 무엇이었는지 생각해 봅시다.
② 우리 아이의 꿈은 무엇인지, 그 꿈을 꾸는 이유는 무엇인지 진지하게 대화를 나눠봅시다.
③ 내 아이가 자신이 하는 일에 자신감을 가질 수 있도록 열린 질문과 긍정적인 피드백을 통해 대화를 나눠봅시다.

우리 아이 처음 길을 갈 때 부모인 '나'는 어디에 있어야 할까요?

『페인트』라는 소설 속 인물 '하나'는 이렇게 말했습니다.

"엄마는 내가 외교관이 되어 세계 곳곳에서 활약하는 여성이 되길 바랐어. 엄마는 나에게 최고의 교육을 시키려 했어. 사실 나는 그런 엄마와 아무 문제없이 지냈어. 어떻게 문제가 있을 수 있겠어? 내가 뭔가를 생각하고 요구하기도 전에 이미 뭘 해야 할지, 뭘 배워야 할지, 어떻게 입고 나가서 어떻게 발표를 해야 할지 다 짜여 있었는데, 엄마의 미래가 곧 나의 미래였지. 엄마는 나를 '공주처럼 키우고 싶어서가 아니야.', '나를 통해서 대리 만족을 하고 싶었을 뿐이지.' 학년이 바뀌고 사춘기를 겪으면서 나는 스스로에게 묻기 시작했어. '너 정말 엄마를 따라 공연을 보러 다니고, 엄마가 등록한 아카데미에서 스페셜 클래스를 듣고, 엄마와 함께 하는 운동이 좋은 거야?'하고. '혼자 책을 읽거나 조용히 공상을 하는 게 더 좋은 건 아니야?' 그렇게 말이야. 나는 엄마가 아닌 내 삶을 향해 나아갔고, 어느 새 독립할 나이가 되었어. 지극히 자연스러운 변화라고 여겼어. 엄마와 나를 분리하기까지 많은 시간이 필요했어. 엄마는 그런 나를 보면서 심한 배신감을 느꼈어. 그 때 나는 중요한 사실을 깨달았어. 엄마 역시 나로부터 독립이 필요했다는 걸 말이야 '자녀로부터의 진정한 독립' 그리고 결혼했어. 하지만 나도 엄마처럼 한 아이의 성격과 가치관 나아가서는 인생까지 좌지우지할지도 모른다고 생각하니 겁이 나서 아이를 낳지 않기로 했어."

'창비출판'에서 나온 이 책은 청소년이 될 때까지 국가의 보살핌을 받는 아이들이, 부모 면접을 통해 부모를 선택한다는 대담한 상상력으로 시작하는 소설입니다. 이 책의 인물 '하나'는 어린 시절 헬리콥터 맘 유형의 엄마 밑에서 과잉보호를 받으며 자랐기에 어른이 되어서는 자신의 엄마처럼 될까봐 겁이 나서 아이를 낳지 않기로 합니다.

진로란 나아가는 '나의 인생길'입니다.

세상 사람들 누구나 자신만의 길을 걷고 있습니다. 그 진로 선 상에서 직업은 존재합니다. 직업은 변할 수 있으며 나의 진로 안에서 움직입니다. 무엇보다 나의 진로를 세우고 나의 방향을 잡는 것이 중요합니다. 나의 진로는 내가 세워야 합니다. 진로 안에 직업이 있고 교육이 있기에 부모의 한 마디 한 마디는 아이들에게 매우 큰 영향을 미치게 됩니다. 진로의 큰 범주 안에 대학과 직업이 있습니다. 대학을 가기 위해 많은 학부모들과 학생들은 큰 희생을 치릅니다. 아이를 둔 학부모라면 대학을 위한 로드맵은 매우 구체적으로 그려져 있습니다. 대학을 위해서라면 현재의 고통도 무수히 참을 각오가 되어 아이를 지원해줍니다. 하지만 지나친 지원은 간섭이 되고, 아이의 삶은 부모의 삶이 됩니다. 어른의 가장 큰 역할은 아이들이 스스로 진로를 찾도록 도와주는 겁니다. 아이들이 자기의 길을 찾아낼 수 있도록 부모와 선생님이 적절한 거리에서 영향을 줘야 합니다.

그럼에도 갈수록 타인에 대한, 환경에 대한 의존도가 높아지는 현실에서 아이들에게 이 일은 쉽지 않습니다.

민재 엄마는 어디에 있어야 할까요?

민재(가명)라는 아이와 어머니가 있었습니다. 민재는 지적 능력이 높고, 수학·과학에 많은 재능이 있는 친구이지만 자기표현을 하기 힘들어 합니다. 어머니는 말하길 힘들어 하는 민재를 논술학원에 보내기로 합니다. 처음에는 논술 선생님과 소통을 거부하여 한동안 힘겹게 학습을 하였습니다. 하지만 어머님의 인내로 중학교 마칠 때까지 논술 공부를 하면서 글을 쓰고 말로 표현하는 것이 많이 나아졌습니다. 참 다행스런 경우입니다. 그런데도 민재는 늘 엄마를 의존하고 엄마를 의식합니다. 모든 일을 엄마에게 보고하는 형식으로 대화를 하였습니다. 그러다보니, 스스로 해결하기 보다는 엄마를 통한 해결이 익숙해졌습니다. 명문대 입학을 했어도 엄마의 라이드가 필요하고, 엄마의 관리가 편한 사람이 되었습니다. 민재는 전공을 선택할 때도 스스로의 결정 보다는 부모의 결정을 훨씬 더 신뢰하였습니다. 앞으로 민재는 계속 이 상태를 유지할 수는 없을 것입니다. 더 늦기 전에 주체적인 생각과 길을 찾아야 할 것입니다.

희주 부모님은 희주에게 어떤 선물을 한 걸까요?

희주라는 아이가 있었습니다. 희주는 어릴 때부터 온갖 사랑을 받고 자란, 밝고 낙천적인 공주 같은 아이였는데, 청소년기에 엄마가 깊은 병이 들어서 엄마의 케어를 받을 수 없게 되었습니다. 아빠 역시 사업 부도로 큰 어려움을 겪었기에 희주는 이모 집에서 이모 가족과 지냈습니다. 이모네는 자영업을 하는 바쁜 분들이라 희주는 처음에 많이 힘들었습니다. 이모와의 소통도 편하지 않았습니다. 바쁜 이모를 도와 집안일들을 하는 것이 낯설고 어려웠으며 서운한 마음도 많이 들었습니다. 하지만 한 해 두 해 가면서 어떤 일이든 스스로 해 낸다는 것의 성취감이 무엇인지 배우게 되었습니다. 자립적인 태도를 배운 이후라 대학을 갈 때에도 어른들의 바람보다는 스스로 고민하고 생각하여 찾아 본 전공을 선택하게 되었습니다. 물론 지금은 너무도 만족하며 대학을 잘 다니고 있습니다. 희주의 부모님이 주신 '독립적인 아이로 훈련할 시간'이 희주에게는 성장의 디딤돌이 된 것이라 할 수 있습니다.

헤나 엄마가 계속 헬리콥터 맘이었다면 어떤 일이 생겼을까요?

이번에는 헤나라는 아이 이야기를 해 보겠습니다. 헤나는 똘똘하고 지적인 아이입니다. 헤나 엄마는 엄마본인이 많이 소심하다고 생각하여 외동딸인 헤나를 어릴 때부터 발레학원과 뮤지컬학원을 보내 당당하게 표현할 수 있는 아이로 키우고 싶어 하였습니다. 다행히 엄마의 바람대로 헤나는 실제로 남 앞에 서는 것을 크게 힘들어 하지 않고 표현하는 것도 잘 해 나갔습니다. 하지만 혜나도 의존도가 높아서 엄마가 모든 일을 잘 처리해 주는 편이었습니다. 작은 일도 엄마의 도움을 통해 해결하고자 하였습니다. 그런데 혜나가 초등학교 3학년 때부터 엄마가 바깥에서 많은 일을 하기 시작하면서 바빠지셨습니다. 엄마의 도움 없이 혜나는 혼자 해야 할 일이 많아졌습니다. 밥도 혼자 차려 먹기 시작했고, 공부 스케쥴도 혼자 짜서 하나씩 해 나갔습니다. 학원을 가거나 할머니 댁을 갈 때에도 대중교통을 찾아 스스로 찾아가야 했습니다. 혜나는 공부를 곧잘 했습니다. 하지만 곁에서 많이 도와주는 친구들의 엄마를 보면 예전의 엄마가 생각나고 친구들이 부럽기도 했습니다. 모든 것을 챙겨주는 모습이 좋아보였습니다. 하지만, 혜나는 자신의 현실에 적응을 잘 했습니다. 긍정적인 마음가짐을 갖고, 자라면서 갈수록 단단해지고 씩씩해졌습니다. 특히 영어로 읽고 말하기를 좋아했던 혜나는 외고에 진학하고자 도전했지만 실패를 하였습니다. 일반고에 입학했다고 영어에 대한 열정이 사라진 건 아니었습니다. 오히려 영어 공부를 더 하고 싶어 했습니다. 결국 걱정이 많으신 부모님을 끝까지 설득하여 아무도 모르는 캐나다의 한 작은 마을로 혼자 유학을 가게 됩니다. 어린 학생이 자신의 뜻으로 다른 나라에서 공부한다는 것은 참 어려운 일입니다. 부모님은 처음엔 반대하셨지만 혜나의 뜻을 존중해 주셨고, 넉넉하지 않은 형편이셨지만 '지금이 혜나에게 꼭 필요한 때'라 생각하시고, 더 열심히 일을 하시면서 혜나에게 필요한 지원을 해 주셨습니다. 부모님의 노고를 알기에 더욱 열심히 공부하고 생활하였고, 한국에 돌아와서 좋은 성적으로 원하는 대학에 합격하였습니다. 하지만 대학 생활 중에도 진로를 향해 수없이 고민하였습니다. 휴학을 하면서 다시 수능을 보아 진로를 변경하고자 했던 적도 있었습니다. 고통스런 고민 끝에 이제는 세부 전공을 잘 선택하여 자신의 길을 만들어 가고 있습니다. 부모님은 혜나를 믿고 기다려주었으며 지금도 늘 응원하고 있다고 하십니다.

저는 직업상 오랫동안
많은 아이들과 어머님들을 만나보았습니다.

주체적인 아이와 의존적인 아이가 이분법으로 딱 나누어지는 것은 아니지만, 의존적인 요소가 많은 아이들은 대부분 부모의 과잉보호가 원인이 많습니다. 아이를 내려놓는 것이 힘든 일이지만, 아이로부터 부모가 먼저 독립해야 합니다. 어디까지가 과잉보호인지는 아이마다의 개인차이가 있어서 기준이 주관적입니다. 우리 부모들은 마음이 급합니다. 성과가 빨리 보이길 원합니다. 그 조급함이 아이에게 고스란히 전해지고 엄마 아빠를 기쁘게 해 주려는 아이일수록 부모에 대한 정신적인 의존도가 커집니다. 그래서인지 공부를 잘하는 아이일수록 부모 의존도와 선생님 의존도가 대부분 큽니다. 하지만 진짜 공부는 대학부터입니다. 그리고 성인이 되려면 반드시 독립적인 생활교육도 이루어졌어야 행복한 성인이 될 수 있습니다.

한동안 유행했던 '돼지 맘', '헬리콥터 맘', '잔디깎이 맘'이라는 신조어가 있습니다. 학원가에서 교육열이 매우 높은 엄마가 다른 엄마들을 몰고 다니며 또래 엄마들을 이끄는 돼지엄마, 자녀의 주위를 헬리콥터처럼 맴돌며 자녀에게 필요한 모든 것을 챙겨주는 헬리콥터 엄마, 자녀 앞에 나타나는 장애물이나 위험 요소를 미리 제거하는 잔디깎이 엄마를 일컫는 말입니다. 이러한 과잉보호 아래 자란 아이들은 성인이 되면서 여러 사회적 문제를 보입니다. 습관적으로 지속되는 의존으로 인하여 성인이 되어서도 '캥거루족'으로서 부모에게 경제적, 정신적으로 계속 의지하는 모습을 나타내고, 독립적인 사회생활이 어렵게 됩니다.

소설 『페인트』 속 하나의 엄마처럼 아이의 행복을 위해 대부분의 부모는 모든 것을 희생하지만, 정작 아이는 부모의 희생이 부담스럽습니다. 부모로 인해 올바른 가치관을 세우지 못할 뿐 아니라 건강하지 못한 성인이 되어, 행복한 가정을 이루기가 힘들어 지는 경우가 있습니다.

대학을 가는 것도, 일을 하는 것도 모두 행복한 인생을 위한 준비이고 과정인데 그 과정자체가 목적이 되어 진짜 목적을 잃어버리는 경우들이 있습니다.

진로교육의 시작은 부모교육부터라고 생각합니다.

부모는 자녀가 처음 대하는 어른입니다. 부모이기에 자녀를 더 객관적으로 바라보고, 인격적으로 대하면서 절제와 포용 그리고 큰 그림을 그리면서 양육하는 지혜를 지녀야 합니다. 부모의 조급함과 잦은 감정 변화는 아이의 불안감을 증폭시키고 자신감이 없는 의존적인 아이가 되게 할 수 있습니다.

우리는 자녀의 진로를 생각할 때 행복을 이야기 합니다. 자녀의 행복을 위해 아이의 교육을 고민하게 된다고 합니다. 그런데 인생 전체의 최종 목표가 무엇인지를 놓치면 안 됩니다. 우리가 대학은 왜 가며 일은 왜 하는가에 대한 생각을 집요하게 해 볼 필요가 있습니다. 자신의 정체성을 찾아가는 과정이 아이의 성장과정 속에 나타나려면 부모는 한 발짝 떨어져서 아이를 지켜보아야 합니다. 부모와 자식 사이일지라도 마음 속 거리가 존재합니다. 사람이 정체성을 부단히 찾는 과정이 진로교육이라고 할 수 있습니다.

모든 부모는 자신의 아이가 성숙한 사회인이 되어 자기 분야에서 만족하며 계속 성장하는 기쁨을 누리기를 바랍니다. 또한 행복한 가정을 이루어 안정적인 삶을 살기를 원합니다. 하지만 그 기초가 되는 교육은 부모를 통해 가정에서 이루어져야 합니다. 그래서 부모의 생각과 가치관은 아주 중요합니다. 세상을 바라보는 부모의 관점도 아이는 그대로 따라가게 됩니다. 이기적이고 편협한 생각은 편견을 갖고 세상을 바라보게 합니다. 너그럽고 융통성 있는 생각은 여유 있는 태도를 갖게 합니다. 우리는 종종 가족들이 서로 닮아간다고 말합니다. 맞습니다. 생각이 비슷해지면 태도나 외양도 닮아가게 됩니다. 유전자의 영향도 있겠지만 정신적인 부분이 인간의 삶에서 겉으로 드러나는 것이라고 봅니다.

우리는 길을 가고 있습니다.

누구나 처음 가는 길입니다 그 길 위에서 우리는 많이 망설이고 고민하고 한 발 한 발 내딛고 있습니다. 하지만 따라 가면 됩니다. 자신의 길을 만들면 됩니다. 그 속에 기쁨이 있고 행복이 있습니다.

어떤 길이 되었든 자신의 길을 찾아 최선의 노력을 하면서 길을 만드는 사람이 행복한 인생입니다. 그렇기에 저마다의 삶에 최선을 다한다면 그것이 행복이고 삶의 지향점이라고 생각합니다.

제가 만난 민재와 희주, 혜나도 각자의 행복한 길을 만들어 가는 어른으로 성장하였으면 좋겠습니다. 그 곁에 묵묵히 박수로 응원하는 부모님이 계시다면 이보다 좋을 수는 없겠지요?

끝으로 시 한편 감상해 보시면 어떨까요?

처음 가는 길

아무도 가지 않은 길은 없다.
다만 내가 처음 가는 길일 뿐이다.
누구도 앞서 가지 않은 길은 없다.
오랫동안 가지 않은 길이 있을 뿐이다.
두려워 마라 두려워하였지만

많은 이들이 결국 이 길을 갔다.

죽음에 이르는 길조차도

자기 전 생애를 끌고 넘은 이들이 있다.

순탄하기만 한 길은 길 아니다.

낯설고 절박한 세계에 닿아서 길인 것이다.

도종환, 『해인으로 가는 길』 중

ONE POINT LESSON

진로는 '행복한 길'입니다.
부모와 아이 모두 정체성을 갖고 자신의 '행복길'을 만들어 갔으면 좋겠습니다.

PART

II

나는 어떤 사람이죠?

우리 아이가
꿈을 정하지 못하고 망설인다면
두 가지를 확인해 보셔야 합니다.

우리 아이는
자기를 얼마나 이해하고 있는지,

자기가 마음만 먹으면
뭐든 해낼 수 있다고
스스로 믿고 있는지…

온전한 나로 살기 위해서는 용기가 필요하다.

부모가 반드시 기억해야 할 단어 '대체불가능성'

고유한 특성을 가지고 있어, 다른 무엇과도 대체할 수 없는 성질을 '대체불가능성'이라고 합니다. 그렇다면 인간은 어떤가요? 저마다 독특한 특성을 가지고 있지 않나요? 물론 비슷한 외모나 성향을 가진 사람들을 만나기도 합니다. 하지만 자세히 들여다보면 다르다는 것을 알 수 있습니다.

MBTI 성격유형이 같다고 하더라도, 성격이 똑같을 수는 없습니다. 우리 모두는 저마다의 고유한 특성을 가지고 있기 때문인데요. 즉, 인간은 다른 누구에게 대체될 수 없는 독특한 가치를 가진 존재라는 겁니다. 그렇기 때문에 우리는 존재 자체가 위대합니다. 하지만 때때로 자기 자신에 대해 혹은 우리 아이에 대해 남들과 비교하며 쓸모없는 존재라 여기기도 합니다.

자녀가 수학 60점을 받았다고 해서 100점 받은 아이와 바꿀 건가요? 당연히 그런 부모는 없을 겁니다. 그럼에도 자꾸 비교하게 됩니다. 나도 모르게, "아무리 못해도 수학 점수가 평균보다 높아야지!"라고 합니다. 아이가 가지고 있는 강점을 바라봐야 함을 알고 있음에도 자꾸만 세상이 만들어 놓은 평균과 비교합니다.

평균적인 사람은 없다.

평균, 과연 의미가 있을까요?

우리 아이를 평균적인 기준으로 비교할 경우, 어떤 결과가 발생할까요?

첫째, 획일화 된 기준으로 자신을 인식하게 될 겁니다. 입시를 준비하는 학생이라면, 핵심 과목을 중심으로 판단할 가능성이 높을 겁니다. 개인의 강점과 약점을 인정하지 않고 영·수·국·과·사 점수를 기준으로 사람들을 그룹화할 것입니다. 핵심 과정 이외에서 뛰어난 학생들은 관심을 받지 못할 수도 있는 겁니다. 이는 '평균'이라는 틀에 맞지 않은 학생들에게는 부적절함이나 방치의 느낌으로 이어질 수 있습니다.

둘째, 자존감 및 동기부여가 저하될 겁니다. 학교나 사회에서 기존에 사용했던 일차원적인 평가 기준에 초점을 맞추면 사람들은 이러한 일반화된 표준을 기반으로 자신을 평가하게 됩니다. 그렇게 될 경우, 지속적으로 평균 이하의 성과를 내는 학생들은 자존감 감소를 경험하거나 더 이상 성취할 수 없다고 생각하게 될 수 있겠죠. 이러한 사고방식은 학습에 참여하려는 동기와 의지에 영향이 미칠 수밖에 없습니다. 다시 말해 우리 아이가 잘하는 것을 인정받지 못하면 자존감이 떨어지고, 이는 학습 동기부여가 낮아지는 결과를 가져 온다는 겁니다.

셋째, 비판적 사고가 억제될 겁니다. 평균 중심 접근 방식에서는 암기 및 표준화 된 테스트를 우선 시 할 수 있습니다. 그러다보면 자연스럽게 비판적 사고를 향상시키기 어렵게 되겠죠. 시험에서 높은 점수를 받기 위해서는 자신의 생각보다는 알려준 그대로 답을 작성해서 제출해야 하기 때문입니다. 개인의 사고, 창의성, 문제 해결 능력을 장려하기보다는 정해진 결과를 생성하는 데 중점을 둘 가능성이 높습니다. 학교 다닐 때는 우등생이었지만 사회에 나가서는 세상이 원하는 인재가 아닐 수 있다는 겁니다.

이쯤에서 근본적인 의문이 생깁니다.

'과연 사람을 일차원적으로 평가하는 것이 잘못된 것인가?'

'평균 점수에 비교하는 것이 잘못된 것인가?'

'평균적인 사람은 없나?'

토드 로즈의 책 『평균의 종말』을 보면, 과거 미국 공군에서 비행기 조종석 제작과 관련된 사례가 나옵니다. 4,000명을 대상으로 10가지 신체 지수를 측정 후 평균 사이즈에 맞게 만들면, 가장 합리적인 결과를 도출할 것으로 예상했다고 합니다. 하지만, 4,000명 중 평균 사이즈에 들어오는 조종사는 단 한명도 없었습니다. 평균 사이즈를 기준으로 제작할 것이 아니라, 개개인의 사이즈에 맞는 조종석을 만들어야 했던 겁니다. 그래서 조절 가능한 시트가 탄생하게 된 것이죠.

> 평균적인 사람은 아무도 없다는 것이다. 당신은 평균적인 사람이 아니다. 당신의 아이도 동료도 학생도 배우자도 평균적인 사람이 아니다.
>
> _토드 로즈, 『평균의 종말』 중

평균적인 사람이 없다는 것은 정해진 길 또한 없다는 의미일 겁니다. 우리는 흔히 “10대 때는 공부 잘해서 최소 SKY 대학에는 가야하고, 20대에는 대기업에 들어가서, 30대에는 최소 얼마는 모아야지.”라는 얘기를 합니다. 과연 이러한 경로만이 올바른 길일까요? 물론 안정적인 길이라고 생각할 수 있습니다. 그렇게 해야지 바람직한 모습이라고 평가했으니까요. 하지만 바람직한 선택이라고 해서 진짜 자신이 바라는 선택이 아닐 수 있습니다. 나다움은 모두 다르기에 진정 원하는 길 또한 다를 수 있다는 것이죠. 그러니 정해진 경로가 없음을 인식해야 합니다.

그렇다면, 우리 아이들이 자신의 개개인성에 맞게 살아가기 위해서는 어떻게 해야 할까요? 먼저 획일화 된 기준에 의해 평가하기보다 개인이 가지고 있는 능력이나 잠재력을 찾고 향상시킬 수 있도록 해야 합니다. 현실을 부정하라는 것이 아닙니다. 학교나 사회에서의 평가 기준을 파악하되, 자녀가 가진 잠재력을 바라볼 수 있어야 한다는 겁니다. 따라서 어른들이 먼저 아이의 강점을 바라봐주세요. 그래야 아이들은 스스로 동기를 부여하고 작은 성취감을 자주 느낄 수 있습니다.

이와 더불어 성공으로 가는 길은 모두 다 다르다는 것을 기억해야 합니다. "너의 삶은, 너의 선택만이 정답이다."라는 드라마 <도깨비>에서 나온 대사처럼, 맹목적으로 타인의 삶을 따라가는 것이 아닌 스스로 자신의 길을 선택하고 걸어갈 수 있어야 한다는 겁니다. 결코 쉬운 일이 아닙니다. 그렇다고 부모가 평생 아이의 손을 잡고 성공을 향해 걸어갈 수는 없습니다. 그게 아니라면, 자기 주도적으로 선택할 수 있는 역량을 키워줘야 할 겁니다. 정답(正答)을 알려주는 것이 아니라, 해답(解答)을 찾을 수 있는 힘을 키울 수 있도록 도와줘야 한다는 겁니다.

평균이라는 개념에 익숙한 우리에게는 생소할 수 있지만, 우리 아이가 가진 개개인성을 바라볼 수 있어야 합니다. 아이의 잠재력을 바라보고, 아이가 스스로 자신의 길을 선택할 수 있도록 역량을 키워 주는 것이 필요합니다. 성공으로 가는 길은 모두가 다르다는 것을 이해하며, '나다움'을 스스로 찾을 수 있어야 하는 것이죠. 나다움이 경쟁력이니까요.

나다움이 경쟁력이다!

그럼 왜 '나다움'이 경쟁력이 될 수 있는 걸까요? '나다움'에 집중한다는 것은 자신의 강점을 잘 활용한다는 의미이기 때문입니다. 강점을 활용할 경우 3가지 긍정적 효과를 갖게 되는데요.

첫째, 효율성과 생산성을 향상시킬 수 있습니다. 자신의 강점에 집중하면 더 빠르고 효과적으로 결과를 만들 수 있기 때문에 생산성이 크게 향상될 수 있다는 것이죠. 현대 경영학의 아버지라 불리는 피터 드러커는 『피터 드러커 자기경영노트』에서 "목표를 달성하는 사람들은 강점을 활용해 생산성을 높인다. 그들은 약점으로 생산성을 올릴 수 없다는 사실을 잘 안다."라고 하였습니다. 약점을 보완하기 위해 노력하는 것이 아니라, 먼저 강점을 적극적으로 활용한다는 것이죠. 따라서 아이들은 자신이 가진 강점이 무엇인지 찾고 집중할 필요가 있다는 겁니다.

둘째, 독창성과 경쟁 우위를 가질 수 있습니다. 강점을 극대화하면 개인이 가진 독특한 가치를 발현시킬 수 있게 됩니다. 이로 인해 경쟁에서 우위를 차지할 수 있게 되는 것이고, 학교와 사회 어디서든 차별화 된 위치를 확보할 수 있습니다.

셋째, 자신감을 갖게 됩니다. 사람들은 자신의 강점을 알고 이를 활용할 때, 자신감을 가지게 됩니다. 이 자신감은 도전에 대한 두려움을 줄이고 새로운 기회를 적극적으로 받아들일 수 있게 만듭니다. 강점을 활용하여 이루어낸 성취는 또 다른 성과로 이어지게 만들어, 지속적으로 성장할 수 만드는 것이죠. 그래서 우리는 자신에게 "나는 나의 강점을 잘 알고 있는가?", "나는 나의 강점을 충분히 잘 발휘하기 위해서는 어떤 일을 해야 하는가?"라는 질문을 해야 합니다.

나답게 산다는 것은?

자신의 강점에 집중한다는 것, 즉 나다움은 경쟁력이 될 수 있습니다. 그럼 나답게 살기 위해서는 무엇을 해야 할까요? 무엇보다 '좋아하는 것', '잘하는 것', '의미가 있는 것', 이 3가지에 대해서는 알아야 하지 않을까요?

나답게 산다는 것은 좋아하는 것을 하는 겁니다. 송길영 바이브컴퍼니 부사장은 세바시 인생질문과의 인터뷰에서 다음과 같이 얘기를 합니다. "좋아하는 거 하라고 해요. 이유가 어떤 걸 하더라도 10년 정도는 해야 내가 전문가가 된다고 생각해요. 좋아하지 않으면 지속할 수가 없어요. 중간에 그만둘 수밖에 없거든요. 좋아하는 걸 꾸준히 해 보면 확률이 높아지는 거예요." MZ 세대들에게 일이란 인생과 같다고 합니다. 자기 삶이기에 좋아하는 것을 찾아하는 것은 당연한 일 일겁니다.

그런데 이게 생각보다 쉽지 않죠. 왜냐하면 뭘 좋아하는지도 모르겠고, 그냥 많은 사람들이 말하는 바람직한 방식으로 살면 된다고 생각하기 때문이죠. 그게 안정적이고 편하니까요. 식당에 가서 다른 사람들 모두 같은 메뉴를 주문할 때, 자신이 좋아하지 않는 음식이라면 다른 것을 선택할 수 있어야 합니다. 하지만 그렇게 행동하지 않고, 남들에게 맞춰 행동하는 경우가 많습니다. 따라서 좋아하는 것을 찾을 용기가 필요합니다. 그리고 직접 해봐야 진짜 좋아하는 지 알 수 있습니다. 이 책을 읽고 있는 여러분들은 자신이 정말 좋아하는 것이 무엇인지 10가지 이상 작성할 수 있나요? 정말로 좋아하는 것이 무엇인지 구체적으로 기록을 남기는 것이 자신을 아는데 효과적입니다. 그러니 좋아하는 것을 막연하게 생각만하지 말고 기록하세요. 노트를 만들어 주기적으로 기록하고 우선순위를 매기세요. 그리고 직접 경험해보고, 좋아하는 구체적인 이유를 작성해보는 겁니다. 글 쓰는 것이 좋다면, 왜 좋아하는 지 적어보는 거죠. 논리적 체계에 의해 글이 완성되기 때문에 좋아하는 것인지, 무언가 결과를 만들어 내서 좋아하는 것인지, 글을 통해 자신의 의견을 사람들에게 전달해서 좋아하는 것인지 등 구체적인 이유를 찾아내는 것이 중요합니다. 한번 뿐인 인생, 진정 좋아하는 것을 살며 살아야 하지 않을까요? 정말 하고 싶은 것을 할 수 있는 용기를 가지세요.

단, 좋아하는 것을 직업으로 정할 때는 반드시 고려해야 할 점이 있습니다. 그냥 좋아해서는 안 된다는 겁니다. 맛있는 음식은 많은 사람들이 좋아합니다. 단지 음식이 좋다는 이유로 장래 희망을 셰프로 정해서는 안 된다는 것이죠. 모든 재산을 다 투자할 만큼 아니 그 이상으로 좋아해야 합니다. 많은 사람들이 맛있다고 하는 음식임에도 맛없다고 얘기하는 백종원 대표와 같이 까다로워야 한다는 것이죠. 그래도 잘 이해가 안 간다면 다음과 같은 상황에서 판단해보세요.

자신이 좋아하는 것을 하기 위해, 1년 동안 매일 10시간씩 일하며, 먹고 싶은 거 안 먹고, 사고 싶은 거 안 사면서 3,000만원을 모았습니다. 이제 좋아하는 것을 하기 위해 일 년 동안 고생해서 번 돈 3,000만원을 지불하면 됩니다. 할 수 있을까요? 할 수 있다면 진짜 좋아하는 겁니다. 이처럼 좋아하는 것을 직업으로 정할 때는 모든 것을 포기해도 선택할 만큼 좋아해야 함을 꼭 기억하세요.

나답게 산다는 것은 잘하는 것을 하는 겁니다. <EBS 다큐프라임-아이의 사생활 4부>에서 직업만족과 다중지능에 대해 소개했었습니다. 다중지능은 IQ 검사와 같이 지능지수로만 인간의 능력을 판단하는 것이 아니라, 8가지 지능에 대한 잠재력을 탐구할 수 있는 검사 도구인데요. 방송에서는 직업만족도 검사 결과와 다중지능 검사 결과를 통해 어떠한 연관성이 있는지 비교하였습니다. 그 결과, 직업만족도가 높아 성공했다고 평가받는 사람들은 현재 직업이 다중지능 검사 결과와 일치했고, 직업만족도가 낮은 사람들은 현재 직업이 다중지능 검사 결과와 일치하지 않았습니다. 누구나 부러워할 만한 직업을 가지고 있지만, 자신의 강점지능과 일치하지 않기에 직업만족도가 낮다는 것이죠. 따라서 직업을 선택할 때는 자신이 잘하는 것과 일치하는지를 충분히 고려해볼 필요가 있다는 겁니다.

그렇다면, 이런 고민이 생깁니다.

'잘하는 것을 해야 할까요? 좋아하는 것을 해야 할까요?'

저는 좋아하는 것을 하라고 합니다. 하지만 인생에 정답은 없습니다. 다만, 현명한 선택을 하기 위해 다음 4가지 상황 별 대처방안을 참고하면 도움 될 수 있을 겁니다.

첫 번째, 잘하는 것과 좋아하는 것 둘 다 모를 때는 정말 좋아하는 것을 찾아보세요. 그리고 직접 경험하는 것이 중요합니다. 머리로만 알고 있을 때와 직접 해봤을 때가 일치하지 않을 수 있으니까요. 따라서 가장 현실적인 조언은 지금 할 수 있는 것에 최선을 다하는 겁니다. 상황 탓, 남 탓 하지 말고 주어진 환경 속에서 할 수 있는 것에 최선을 다하면서 정말 좋아하는 것을 찾는 겁니다.

두 번째, 잘하는 것은 아는데 좋아하는 것을 모를 때는 일단 잘하는 것을 하세요. 잘하는 것 중 정말 좋아하는 것을 찾는 겁니다.

세 번째, 잘하는 것은 모르겠고 좋아하는 것을 알 때는 좋아하는 것을 하면 됩니다. 설령 현재 좋아하는 것을 잘 못한다 하더라도 계속하다보면 잘하는 일 될 수 있으니까요. 좋아하기 때문에 성장하는 과정 또한 행복한 시간이 될 테니까요.

네 번째, 잘하는 것도 있고 좋아하는 것도 있을 경우에는 좋아하는 것을 먼저 확인보세요. 남들이 좋아하니까 나도 좋아하는 것인지, 취미생활 정도의 욕구인지 확인해봐야 합니다. 진짜 진짜 좋아하는 거라면 그걸 하면 됩니다. 하지만 만약 좋아하는 것을 할 수 없는 상황이라면, 잘하는 것을 먼저 하면서 좋아하는 것을 하기 위한 기반을 마련하세요.

나답게 산다는 것은 삶의 중심을 지켜주는 핵심가치를 가지고 있다는 겁니다. 어쩌면 우리 인생은 행복한 시간보다 불행한 순간이 더 많을 지도 모릅니다. 그래서 마음이 늘 흔들리고 갈팡질팡합니다. 어떤 방향으로 나아갈 지 불안하고 그러다보면 주저앉고 일어나지 못할 수도 있습니다. 이 때, 어떤 기준에 의해 살아갈지 중심을 잡아주는 것이 가치관입니다.

"내 삶의 핵심 가치는 성실이야. 그래서 남들보다 더 부지런히 일하고 원하는 것을 달성하기 위해 묵묵히 나의 길을 걸어가고 있어."와 같이 '성실'이라는 가치관을 가지고 있는 사람들은 행동기준이 있다는 것이죠. 어떤 가치관을 가질 지 잘 모르겠다면 역사 속 위인이나 유명 인물들의 삶을 들여다보는 것도 도움이 됩니다. 세종대왕은 애민 정신과 창의성이라는 가치를 가지고 한글이라는 위대한 업적을 남기셨죠. 또 현대그룹의 창업자인 정주영 회장하면 생각나는 가치관은 바로 '도전'입니다. 이처럼 인생 목표와 방향을 설정하거나 중요한 의사결정 시 기준이 되는 것이 핵심가치입니다. 여러분들은 인생 마지막 순간 자신이 살아온 삶을 하나의 단어로 표현한다면 뭐라고 할 수 있을까요? 이것이 여러분의 핵심가치가 될 수 있을 겁니다.

> "이 사람들 가운데 한평생 소년 시절의 꿈을 마음껏 펼쳐 본 사람은 과연 몇 명이나 될까? 대부분 지난 세월을 아쉬워하며 세상을 떠나 무덤 속으로 사라져 갔을 것이다. 능력이, 시간이 없어서 그랬을까? 천만에! 그들은 성공이라는 전지전능한 신을 뒤좇는 데 급급해서, 소년 시절 품었던 꿈을 헛되이 써 버리고 말았던 것이다."
>
> _피터 위어 감독, 〈죽은 시인의 사회〉 중

우리 아이들이 나답게 살기 위해서는 어른들은 무엇을 해야 할까요? 영화 '죽은 시인의 사회'에 나오는 키팅 선생님과 같이 아이들의 나다움을 바라보려고 노력해야 합니다. 아이들이 스스로 자신이 무엇을 좋아하고 잘하는 지, 어떤 가치를 가지고 있는 지에 대해 끊임없는 질문을 할 수 있도록 도와줘야 합니다. 또한 다양한 경험을 통해 진정 자신의 목소리를 찾을 수 있도록 해야 하는 것이죠. "Speak yourself!"라고 외쳤던 BTS의 리더 RM의 말을 기억한다면 충분히 가능할 겁니다.

그리고 반드시 지켜야 할 것이 있습니다. 다른 아이와

비교하지 않는 겁니다. 키팅 선생님은 "타인의 인정을 받는 것도 중요하지만 자신의 신념이 특유하다는 것을 믿어야 한다."라고 했습니다. 자신의 신념이 다른 사람들과 다르다고 해서 이상한 것은 아닙니다. 도덕적·법적으로 문제가 되지 않는다면, 자신을 믿고 당당하게 행동할 수 있도록 어른들이 도와줘야 한다는 겁니다. 절대 타인과 비교하지 마세요. 비교하는 순간 아이는 비참해지니까요.

마지막으로 성공으로 가는 길은 모두 다를 수 있음을 기억해주세요. 우리는 그동안 "성공하기 위해서는 어디를 졸업하고 어디에 입사해서 30대에는 무엇을 가져야 하고, 40대에는 이 정도는 이뤄야지."라는 얘기를 자주 들었습니다. 과연 지금도 이런 성공방식이 유효할까요? 모든 사람들이 저마다 좋아하는 것, 잘하는 것, 성격, 가치관이 다 다른데, 획일화 된 방법으로 산다는 것은 옳지 않을 겁니다. 특히 인공지능에 의해 너무나도 다른 세상이 만들어지고 있기에 과거의 성공방식을 그대로 접목시키는 것은 시대에 뒤떨어질 수 있다는 것을 인지할 필요가 있는 것이죠. 그러니 아이들이 자신의 길을 당당히 걸어갈 수 있도록 지지하고 응원해주는 어른이 되었으면 합니다.

ONE POINT LESSON

'나다움'은 '아름다움'이란 의미입니다. 아이들의 삶이 아름답기 바라신다면, 아이들의 '나다움'을 바라봐 주세요. 성공한 사람들의 인생을 참고할 수 있으나 같을 수 없음을 기억해주세요. 우리 아이가 자기주도적으로 자신의 길을 걸어갈 수 있도록 너무 가깝지도 너무 멀지도 않은 거리에서 지켜보면서 응원하고 지지해주시면 됩니다.

아래 질문에 대해 학생과 학부모 각각 작성해보세요.
학부모는 자녀 입장에서 생각하고 작성합니다.

1. 내가 진짜 좋아하는 것 10가지와 그 이유를 작성해보세요.

2. 내가 시간가는 줄도 모르게 몰입하는 활동과 그 이유를 작성해보세요.

3. 앞으로 되고 싶은 '이상적인 자신의 모습'을 구체적으로 작성해보세요.

우리 아이는 왜 꿈이 없을까?

꿈꾸기를 두려워하는 아이

혜성이 어머님은 요즘 조바심이 납니다. 남의 집 아이들은 일찌감치 꿈도 정하고 고등학교와 대학교 목표도 정해 이미 준비를 시작했다는데, 혜성이는 아무리 물어도 꿈이 없다고 말합니다. 초등학교 때는 그럴 수 있다고 생각했습니다. 하지만 벌써 중학교 2학년인데 여전히 꿈이 없다고 하니 답답하기만 합니다.

학원 설명회에 다녀온 날은 마음이 더 심란합니다. 요즘 입시는 진로 목표와 진로 연계 활동이 가장 중요하다고 합니다. 혜성이가 고등학교에 가면 본격적인 고교학점제가 시작됩니다. 고교학점제는 진로 목표에 따라 스스로 배울 과목을 선택해야 한다는데, 꿈이 없으니 학교는 어디로 보내야 할지 무슨 과목을 선택해야 할지 막막합니다. 어릴 때부터 꿈이 없던 혜성이에게 미술부터 바이올린, 피아노, 골프, 태권도, 농구, 축구, 독서와 논술까지 안 시켜 본 게 없습니다. 바이올린 선생님이 혜성이에게 재능이 있다고 해서 꿈으로 연결해보려고 여러 번 물었지만, 혜성이는 바이올린을 그저 취미로 하고 싶다고 합니다. 그럼 대학은 어떻게 갈 거냐고 물으니 예체능 말고 그냥 공부하겠다고 합니다. 혜성이가 공부로 대학을 가겠다고 할 때 어머님은 그 말이 내심 반가웠습니다.

초등학교 때는 공부보다 예체능을 많이 시켰는데 이제 공부를 해보겠다고 하니 재능이 보이는 바이올린만 남겨두고 예체능 학원을 모두 정리했습니다. 대신 그 자리에 국영수과 학원을 넣었습니다. 하지만 안 하던 공부를 매일 하려니 공부하기 힘들다고 짜증내며 학원 숙제만 간신히 하는 혜성이를 보며 어머님은 불안해졌습니다.

중학교 1학년 첫 시험 결과는 기대한 만큼 나오지 않았습니다. 그래도 학원 다니며 한 달을 준비했는데, 왜 그만큼 성적이 나오지 않았는지 궁금해 학습진단 검사와 상담을 받았습니다. 학습진단 검사 결과 혜성이는 자기효능감이 낮고, 학습 동기도 낮았습니다. 결과에 대한 기대감도 부정적이었습니다. 심리적인 부분이 공부 실행력을 낮게 만든 것입니다.

"혜성아, 공부하면 뭐가 떠올라?"

"모르겠어요."

"공부를 떠올리면 느낌이 어때?"

"모르겠어요."

"예를 들어 하기 싫다거나, 어렵다거나 그런 느낌도 없어?"

"… 하기 싫어요… 어려워요."

"하기 싫고 어려운 공부를 꼭 해야 할까? 혜성이가 공부하는 이유는 뭘까?"

"… 안 하면 안 되니까…"

"왜 안 하면 안 돼? 공부 안 하면 무슨 일이 벌어지는데?"

"공부 못하면 남들한테 무시당하고 가난하게 살잖아요."

"혜성이는 어떤 과목이 제일 재미있어?"

"잘 모르겠어요."

"수학이랑 과학 성적 괜찮은데 수학, 과학은 어때?"

"영어랑 국어보다 나은데 그렇다고 수학, 과학이 좋은 건 아니에요. 잘하지도 않아요."

"무슨 소리야! 수학, 과학 학원 선생님이 그러는데 늦게 시작한 것 치고 선행 엄청 빠르게 잘 따라오고 있다고 수학, 과학은 너 재능 있다고 선생님들이 그러셨어!"

자신감 없는 아이가 답답했는지 어머님이 참견을 하십니다.

"뭔 소리야. 다른 애들은 고등수학 하는데, 난 이제 겨우 3-1 하는데 뭐가 잘해."

"혜성이 주변에 공부 잘하는 친구들이 많아?"

"네… 제가 제일 못해요."

"선생님 생각에는 1년 정도 선행도 쉽지 않은데, 그 정도면 전혀 늦은 게 아니야. 고등수학은 그렇게 빨리 시작한다고 되는 게 아니거든. 고등수학이 초등, 중등 수학에서 70% 이상 연계되는 거라서 현재 학년 수학을 탄탄하게 잡고 나서 하는 게 좋아."

"근데 저는 현재 수학도 탄탄하지 않아요. 그리고 영어도 못해요. 단어도 약하고, 독해도 약하고, 문법은 진짜 못해요."

"선생님은 중학교 1학년 들어갈 때 알파벳만 겨우 알고 들어갔는데, 다른 친구들은 이미 단어를 엄청 많이 외워서 왔더라고. 그래도 선생님 수능시험 영어 만점 받았어. 혜성이도 아직 시간 많으니까 괜찮아."

"선생님은 머리가 좋지 않아요? 저는 영단어 암기 진짜 못해요. 영어 학원 단어 테스트 통과 못 해서 매일 재시(재시험)봐요. 머리가 나쁜 것 같아요."

"후… 그건 네가 단어를 열심히 안 외우니까 그렇지. 무슨 머리가 나빠?"

이번에도 어머님이 한숨을 크게 쉬며 참견을 하십니다.

"선생님, 얘가 이래요. 열심히 할 생각 안 하고 맨날 머리 타령을 해요. 공부도 열심히 안 하면서 핑계만 대고… 꿈이 없으니까 공부할 마음도 안 생기고 매사 의욕이 없는 것 같아요. 꿈이 생기면 열심히 공부하지 않을까요? 왜 우리 아이는 꿈이 없을까요? 학교에서 진로 검사도 여러 번 하고, 따로 전문 업체에 비싼 돈 주고 하는 검사와 컨설팅까지 받았는데 아무 효과가 없어요."

우리 아이만 꿈이 없는 것 같아 걱정이라는 부모님을 자주 만나게 됩니다. 하지만 우리 아이만 꿈이 없는 게 아닙니다. 언젠가 신문 기사에서 대한민국 청소년 10명 중 7명은 꿈이 없다는 통계를 본 기억이 있습니다. 꿈이 있다고 응답한 3명도 대부분 부모님이 권유한 직업을 막연하게 그릴 뿐 진짜 아이의 꿈은 아닌 경우가 많습니다.

제가 만난 아이들도 꿈을 물으면 70%는 없다거나 모르겠다고 말합니다. 통계와 정말 비슷한 수치죠. 고등학생은 대입을 생각해야 하니 그나마 계열 정도는 정한 경우가 있지만 막연합니다. 아주 가끔 100명 중 한 명은 꿈이 너무 많아 정하기 어렵다는 아이를 만나게 됩니다. 꿈이 많다고 자신 있게 말하는 아이들은 두 가지 특징을 가지고 있습니다. 첫 번째는 좋아하는 게 많고, 두 번째는 자신감이 넘칩니다.

아이들이 진로결정을 할 때 중요한 역할을 하는 것이 '자기이해'와 '자기효능감'입니다.

자신을 잘 이해하고 자신의 능력을 신뢰할 수 있는 아이는 꿈을 정할 때 망설이지 않습니다. 꿈을 이루는 과정에서 어려움에 처하거나 실패를 경험하더라도 자신을 믿기 때문에 곧 다시 일어섭니다. 우리 아이가 꿈을 정하지 못하고 망설인다면 두 가지를 확인해 보셔야 합니다. 우리 아이는 자기를 얼마나 이해하고 있는지, 자기가 마음만 먹으면 뭐든 해낼 수 있다고 스스로 믿고 있는지…

"재능이란 자기 자신, 즉 자기의 중심을 믿는 것이다"

_작가 막심 고리키

꿈이 없는 혜성이는 거의 모든 질문에 "모르겠어요."라고 대답합니다. 처음에는 말하기 귀찮아서 그런가 싶었는데 혜성이는 정말 자신에 대한 이해와 자신감이 부족한 아이였습니다.

혜성이에게 세 가지 질문이 적힌 종이를 준 적이 있는데, 한 시간 동안 하나도 쓰지 못했습니다. 첫 번째 질문은 내가 좋아하는 것, 두 번째 질문은 내가 잘하는 것, 세 번째 질문은 지금 내가 하고 싶은 것이었습니다. 생각해서 쓰는 걸 어려워하는 것 같아 강점과 가치관 카드를 펼쳐놓고 본인에게 해당되는 걸 고르라고 했는데 역시 선뜻 고르지 못하고 한참을 망설이기만 했습니다.

"혜성아 하고 싶은 게 하나도 없어?"

"음… 네 없어요. 아무것도 안 하고 그냥 쉬고 싶어요."

"혜성이가 지금 많이 피곤하구나. 피곤하고 힘들면 그럴 수 있어. 쉬고 싶은 것도 하고 싶은 것 중 하나야."

"근데 어차피 쉴 수 없잖아요."

"왜 쉴 수 없지?"

"쉬면 더 뒤처질 테니까 그럼 더 불안할 것 같아요."

"아니야. 쉬고 나서 하는 게 훨씬 효율적이야. 공부도 일도 쉬지 않고 계속 할 수는 없어. 공부도 에너지가 있어야 할 수 있어. 휴대폰 배터리가 없으면 충전해야 하는 것처럼 사람도 에너지를 충전할 쉼이 필요한 거야."

"혜성이 바이올린도 잘하고, 피아노도 잘 치고, 그림도 잘 그리고, 운동도 잘한다고 들었는데 그 중에서 계속 해보고 싶은 건 없어?"

"엄마가 그래요? 다 조금씩 할 수 있지만 잘하는 건 아니에요. 딱히 잘하는 게 없어요."

"그건 하나에 집중하지 않고 여러 가지를 해서 그런 게 아닐까? 지금부터 좋아하는 거 하나 정해서 집중만 하면 잘 할 수 있을 것 같은데?"

"하나만 해도 잘 할 것 같지 않아요. 저보다 잘하는 아이들이 얼마나 많은데요…"

자기효능감이 낮은 아이는 적극적으로 진로를 탐색하고 도전하기를 두려워합니다.

혜성이 성적은 중위권이지만 자기효능감은 하위권 수준입니다. 시험을 앞두고 목표 점수를 물어보면 보통 아이들은 5~10점 정도 높게 쓰는 경우가 많은데, 혜성이는 지난 시험 점수보다 낮은 점수를 씁니다. 왜 성적이 떨어질 것 같은지 물으면 그냥 시험을 망칠 것 같다고 합니다. 자기효능감이 낮아진 원인은 아이를 둘러싸고 있는 환경이나 사람 등 여러 가지 요인을 살펴봐야 하지만 대부분 아주 작은 실패의 경험이 쌓여서입니다. 반대로 자기효능감이 높은 아이는 작은 성공의 경험을 쌓은 아이들입니다. 여기서 중요한 것은 큰 성공이 아니라 작은 성공입니다. 작은 것부터 스스로 해내는 경험을 만들어야 자기효능감이 높아지고, 자기효능감이 높아져야 적극적으로 자신의 진로를 탐색할 수 있습니다.

> "누구나 재능은 있다. 단지 그 재능이 이끄는 암흑 속으로 따라 들어갈 용기 있는 자가 드물 뿐이다."
>
> _소설가 에리카 종

실패의 문 앞에 주저앉은 아이

"선생님 우리 지우가 꿈을 잃었어요. 초등학교 때는 되고 싶은 게 너무 많은 아이였는데 지금은 꿈도 없고 아무것도 하기 싫다고 해요. 원래 목표였던 고등학교에 가려면 전 과목 모두 A여야 하는데 2학년 때 B 받은 과목이 몇 개 있어서 지원하지 못할 것 같아요. 수학, 과학이라도 A면 과학 고등학교에 지원할 텐데 수학, 과학도 B가 있어요. 컨설팅을 받았는데 B가 있으면 합격 가능성이 낮다는 말을 듣고 그때부터 공부에 손을 놨어요. 학원도 안 가겠다고 하고 매일 게임만 해요. 요즘은 새벽까지 게임하고 유튜브 보다가 늦게 일어나서 학교에 지각하는 일도 잦아졌어요."

지우를 처음 만난 건 초등학교 5학년 봄이었어요. 꿈이 너무 많아 고민이라며 과학자도 되고 싶고, 수의사도, 변호사도, 인플루언서도 되고 싶다고 했어요. 꿈 많은 아이지우는 초등학교 5학년 끝나갈 무렵 학교 목표를 전국 단위 자사고로 정하고 고등학교 입시 준비를 시작했어요. 학교 성적은 전 과목 모두 우수했고 수학 선행도 중학교 3학년까지 되어 있어서 5학년 겨울방학부터 수학, 과학 모두 고등학교 선행반에 들어갔어요. 초등학생이 소화하기에는 힘든 학원 스케줄이었지만 꿈을 위해, 목표로 하는 학교에 가기 위해 참고 버텨냈어요. 놀고 싶은 마음을 누르며 참고 달릴 수 있었던 건 합격이라는 보상 때문이었는데, 결승선에 다다르기 전에 '성적'이라는 걸림돌에 넘어진 거죠.

대치동과 목동에서 오랫동안 일하면서 지우 같은 아이를 자주 만났어요. 대학 입시에서 좋은 결과를 보여주는 영재학교나 특목고, 자사고 등 명문 고등학교에 들어가려면 초등학교부터 준비해야 한다고 하죠. 보통 초등학교 4~5학년부터 시작해서 5~6년 정도 준비하는 아이들이 대부분이고 늦어도 2~3년은 준비해야 한다고 입시 전문가들은 말합니다. 가장 놀고 싶은 나이에 놀지 못하고 고등학교 입시를 위해 달렸으니 그에 대한 보상을 간절히 원하는 건 어쩌면 당연한 일입니다. 하지만 이 아이들이 모두 합격할 수는 없어요. 90점을 받으면 A, 89점을 받으면 B를 받게 되는 상황에서 합격과 불합격은 겨우 1점, 종이 한 장 차이로 갈리는 게 입시 경쟁입니다.

고등학교 입시에서 실패를 경험한 아이들은 마치 세상이 끝난 것처럼 닫힌 문 앞에 주저앉아 있는 경우가 많습니다. 삶의 과정에서 이제 겨우 첫 번째 문을 두드렸을 뿐이고 다른 문도 많다는 사실을 경험이 적은 아이들은 알지 못합니다. 다른 문이 기다리고 있으니 다시 일어나자고 해도 아이들은 일어날 힘도 없고 다른 문을 두드릴 용기도 없어 보입니다. 지우처럼요.

> 살다보면 자기 힘으로 어떻게 할 수 없는 것, 최선을 다해 노력해도 보상받지 못하는 일이 있습니다. 좌절이나 고난, 괴로운 스트레스는 경험하고 싶지 않다고 생각할 수도 있지만 이것들은 사람을 크게 성장시키기도 합니다. 그것을 극복했을 때 여러분은 작은 일에 꺾이지 않는 정신적인 강인함, 고통스러워하는 사람과 함께하는 친절한 마음을 얻을 수 있을 것입니다.
>
> _학연플러스 편집부, 『14살부터 시작하는 나의 첫 진로 수업』 중

다시 일어서는 힘 '회복탄력성'

하와이 섬 중 아름다운 자연으로 유명한 '카우아이'섬이 있습니다. 아름다운 이 섬이 2차 세계대전 직후에는 가난과 질병, 범죄가 가득한 곳으로 아이들이 제대로 된 교육

을 받기 어려운 곳이었어요. 미국 사회학자들은 카우아이 섬 주민들이 왜 불행한 삶을 사는지 그 요인을 연구하기 시작했습니다.

1955년에 태어난 신생아 855명, 그 중에서도 가장 열악한 환경에서 태어난 201명의 삶을 50여 년간 추적 조사하는 종단연구였다고 합니다. 인간을 불행하게 하는 요인이 무엇인지 알아내려던 이 연구에서 연구진들은 뜻밖의 결과를 보게 됩니다. 열악한 환경에서 태어난 201명 아이들 대부분이 사회 부적응자로 성장할 거라 예상했지만, 놀랍게도 그 예상은 빗나갔습니다. 낙후되고 열악한 환경 속에서 30%에 해당하는 73명의 아이들은 좋은 환경, 높은 수준의 교육을 받은 아이들 못지않게 올바르고 성공적인 삶을 이뤄냈습니다.

고통과 시련을 이겨내고 성공한 아이들에게 공통점 하나가 있었다고 합니다. 이 아이들 곁에 언제나 그들을 이해해주는 어른이 최소한 한 명은 있었던 것입니다. 아이 편이 되어준 단 한 사람의 존재가 실패와 좌절, 역경 속에서도 다시 일어날 수 있는 힘이 되어준 것입니다. 카우아이 섬 연구를 진행한 에미워너 교수는 이 힘을 '회복탄력성(Resilience)'이라고 말합니다. '삶의 어떤 역경에도 주저앉지 않고 용수철처럼 다시 튀어 오르는 강인하고 긍정적인 힘'이 '회복탄력성(Resilience)'입니다. 어릴 때부터 단 한 사람이라도 아이를 믿어주고 사랑해주면 아이는 실패를 두려워하지 않고 성장의 기회로 만듭니다. 실패한 문 앞에 주저앉지 않고 용기 내어 일어나 다른 문을 두드립니다.

> "나는 농구를 시작한 이래 9,000번 이상의 슛을 놓쳤다. 나는 거의 300번의 경기에서 졌다. 나는 승부를 결정짓는 중요한 슛을 26번이나 놓쳤다. 나는 실패하고, 실패하고, 또 실패했다. 그것이 바로 내가 성공한 이유다"
>
> _농구선수 마이클 조던

세상의 모든 성공한 사람 중 실패 경험이 없는 사람은 단 한 명도 없습니다. 실패를 대하는 마음 근력인 회복탄력성(Resilience)은 누구나 겪게 되는 크고 작은 다양한 역경과 시련, 실패의 경험을 성장의 발판으로 삼아 더 높이 뛰어오를 수 있게 합니다.

회복탄력성과 연결되는 개념으로 진로 선택을 할 때 진로탄력성(Career Resilience)이 중요합니다. 진로 탄력성은 빠르게 변화하는 직업 시장과 경력의 불확실성 속에서 개인이 직업적 도전과 변화를 성공적으로 극복하고, 적응하며 성장할 수 있는 능력을 말합니다. 진로 탄력성은 개인이 삶의 과정에서 만나는 어려움을 극복하고, 새로운 기회를 발견하고 활용하는 데 중요한 역할을 합니다. 삶은 선택의 연속이자 굴곡의 연속입니다. 시련과 고난 없이 쉬운 삶이란 없습니다. 성공한 사람들 모두 어려움을 극복하고 지금의 자리에 올 수 있었다는 걸 우리는 알고 있습니다. 누군가는 시련과 고난 앞에서도 포기하지 않고 다시 일어나 더 크게 성장하는가 하면 누군가는 주저앉아 일어나지 못 합니다.

아이들도 자라면서 크고 작은 어려움과 실패를 경험하게 됩니다. 우리 아이들이 가장 많이 겪는 어려움은 공부, 그리고 성적입니다. 공부에서 어려움을 겪고 좋은 성적을 받지 못한 아이들은 공부뿐만 아니라 다른 꿈도 꾸지 못하고 망설입니다. 공부를 못하면 다른 어느 것도 못할 거라 생각합니다. 잘해낼 자신이 없으면 도전하지 않는 편이 낫다고 생각합니다. 잘해내는 것보다 용감하게 도전하는 게 중요하고 실패하더라도 포기하지 않고 끝까지 해내는 게 중요하다는 것을 부모가 알려줘야 합니다. 선택과 도전을 두려워하지 않는 회복탄력성과 진로탄력성이 높은 아이가 되기 위해서는 언제나 아이를 믿어주는 단 한 사람이 필요합니다. 바로 부모입니다.

ONE POINT LESSON

1. 자기이해를 위한 시간을 만들어주세요.

가족이 함께 자신을 이해하고 가족을 이해하는 시간을 자주 만들어 보세요.
진로심리검사와 활동지를 활용해 성격 유형, 직업 흥미, 직업 가치관 등을 파악해 보는 것도 좋습니다. 이 시간을 통해 아이는 자신을 더 잘 이해하고, 자신에게 맞는 진로 방향을 탐색할 수 있습니다.

2. 긍정의 말과 표현을 해주세요.

아이가 자신의 생각이나 새로운 아이디어, 관심사에 대해 이야기할 때 비판보다는 격려와 지지를 해주세요. 부모의 지지와 격려는 아이에게 실패를 두려워하지 않고 도전할 수 있는 용기를 줍니다. 부모의 긍정적인 태도와 행동은 아이에게 고스란히 전달됩니다.

3. 작은 성공 경험을 쌓도록 도와주시고, 회복탄력성을 키워주세요.

일상에서 아이가 스스로 할 수 있는 작은 성공 경험을 쌓도록 도와주세요.
아이가 실수나 실패를 두려워하지 않고 경험과 배움, 성장의 기회로 삼을 수 있도록 결과가 아닌 과정의 의미를 알려주시고, 어려움을 극복하고 다시 시도하는 과정에서 격려와 지지를 아끼지 마세요. 회복탄력성을 키우는 것은 곧 아이의 자신감과 자기효능감을 높이는 것입니다.

※ 진로심리 검사를 할 수 있는 곳

진로심리 검사기관	서울진로진학 정보센터	커리어넷	워크넷
사이트주소	www.jinhak.or.kr	www.career.go.kr	www.work.go.kr
검사메뉴	진로종합검사	진로심리검사	직업심리검사
검사내용	성격유형검사 다중지능검사 직업흥미검사 직업가치관검사	직업적성검사 직업가치관검사 진로성숙도검사 직업흥미검사	직업흥미검사 고등학생적성검사 직업가치관검사 대학전공흥미검사 진로발달검사

나의 길은 진로인가? 퇴로인가?

우리는 아이가 태어나서 생후 1년이 되면 돌잔치를 합니다. 아이의 첫 번째 생일을 축하하고, 앞날이 번영하기를 기원하는 풍습이지요. 돌잔치의 하이라이트는 바로 돌잡이입니다. 돌상에 여러 물건을 차려 놓고 아이의 마음대로 물건을 골라잡게 하는 이벤트죠. 아이는 단순히 물건을 드는 행사지만, 어떤 물건을 골랐는지에 따라 아이가 커서 어떤 일을 하게 될지 알 수 있다는 상상의 재미를 느낄 수 있습니다.

돌잡이는 아이보다 부모가 더 긴장하고 설레는 시간이기도 합니다. 과거에는 오랫동안 잘 먹고 잘 사는 게 최고의 복이었기에 가장 선호하는 물건은 쌀과 실이었습니다. 하지만 지금은 충분히 누릴 수 있는 것이 되어 버렸지요.

어느 순간 쌀과 실은 돌상의 구석진 곳으로 밀리고, 부모들이 원하는 의사봉, 청진기, 마이크, 공, 마우스 등이 등장하고 있습니다. 물론 옛날이나 지금이나 여전히 인기를 유지하는 것도 있습니다. 뭐니뭐니해도 머니(돈)죠.

2022년 교육부가 조사한 초·중·고 학생의 희망직업 순위를 보면 1~5위가 운동선수, 교사, 의사, 간호사, 크리에이터, 군인, 수사관, 컴퓨터 공학자입니다. 그 중에서도 교사는 초·중·고 학생들의 희망직업 순위 1위, 2위로 선정되었습니다. 찬찬히 보시면 돌잡이 물건과 어느 정도 비슷하게 가지 않나요? 우리의 진로 시작점이 아이의 미래를 상상하며 소중한 추억을 만들 수 있는 돌잡이의 기대가 아닐까 생각해봅니다.

아이들은 자신이 원하는 꿈을 다 이룰 수 있을 것 같은 충만한 자신감을 가지고 있는 경우가 많습니다. 특히 어릴수록 꿈의 크기가 매우 크죠. 하지만 중학생 이후 본격적으로 성적이 나오기 시작하면, 선택의 폭이 좁아지고 꿈의 크기도 작아집니다. 더 좋은 성적을 내기 위해 주요 교과목에 집중하다보니, 진로를 탐색하는데 할애할 시간이 부족해집니다. 내 꿈을 주도적으로 찾기보다는 친구들과의 문화 속에서 발견하기도 합니다. 그리고 진로가 아닌 진학을 하게 되죠.

성적에 맞춰서 간 대학에서 전공이 적성과 다르다는 것을 알게 되지만 이미 취업이 코앞입니다. 돈 많이 주고 인정받는 대기업을 가야 할 것 같습니다. 이렇게 간 회사는 적성과 상관없는 업무가 많을 것이고, 성과가 잘 나오지 않게 됩니다. 또는 원하는 회사에 들어가지 못하는 경우도 많습니다. 잡코리아와 알바몬이 직장인을 대상으로 전공 만족도 설문조사를 했는데, 그 결과 '본인의 전공에 만족하는가?'에 무려 78%가 불만족을 선택했습니다.

제가 진로를 생각할 때 떠올리는 우리의 모습입니다. 나아가는 길(진로)이 아닌 후퇴하는 길(퇴로)처럼 느껴집니다. 삶이 만족스럽지 않고 불만족으로 가고 있는 것 같습니다. 실제 희망직업이 없는 학생의 비중도 점점 더 커지고 있습니다. 적성과 맞지 않는 진학과 취업으로 인해 어려움을 겪고 있을 뿐 아니라 무엇을 하며 어떻게 살 것인가에 대한 고민으로 정서적인 불안과 우울도 많이 경험하고 있습니다. 왜 이럴까요?

> 그러니 당신 자신을 알 것이며, 시장을 살피지 마라.
> 당신이 당신 자신을 모두 조사하고 나야 자신의 계획을 가질 수 있다.
>
> _시인 알렉산더 포프

자신에 대한 이해 없이 '학교입시'를 위해 '생기부 채우기'를 하고, '취업입시'를 위해 '스펙 만들기'에 전념하고 있지는 않나요? 자기이해가 부족하면 전공 공부와 직업 선택을 연결 짓지 못합니다. 진로목표 설정부터 어려움을 겪고 있어, 진로 준비 행동 또한 제대로 이뤄지기 어렵습니다. 우리의 미래는 지금의 나로부터 시작합니다. 내가 누구인지 정확히 아는 것이 가장 중요합니다.

"나는 누구인가?"

이 질문은 외부에서 찾아지는 것이 아니라 내면에서부터 만들어집니다. 정신분석학자인 에릭슨(Erickson)은 청소년기의 중요한 발달과업을 '자아정체감'이라고 봤습니다. 내가 누구인지에 대한 의문을 가지고 자신을 찾아가는 것으로 과업을 잘 달성하면 긍정적인 자아정체감이 발달하고, 그렇지 않으면 부정적인 정체감을 형성한다고 했습니다. 이러한 관점에서 마르시아(Marcia)는 정체감을 위기와 참여라는 2개의 차원에서 4가지 상태로 구분하였습니다.

	참여X	**참여O**
위기X	정체감 혼미	정체감 유실
위기O	정체감 유예	정체감 성취

- 위기(Crisis) : 자신의 가치관에 대한 평가가 필요한 순간을 경험하는 것. 자신의 현재 상태와 역할에 대해 의문을 제기하고 해결방안을 탐색하는가?
- 참여(Commitment) : 계획, 가치, 신념 등에 대해 능동적으로 의사 결정하는 것. 자신에게 주어진 역할이나 선택한 것에 대해 노력/수행하고 있는가?

정체성 발달의 단계

① **정체성 혼미** : 자기 의심이 있으나 개인적 해답을 얻기 위한 고민이나 노력을 하지 않는 단계로 자신의 일에 대해 관심이 없어 정체감 위기를 느끼지 못하는 상태입니다. 주변의 유혹에 쉽게 빠지거나 반항과 혼란을 보이기도 합니다. 진로설정에 무관심하며 선택을 못하고 힘들어할 수 있습니다.

② **정체감 유실** : 자신을 확립하기 위해 노력하기보다 중요한 타인의 가치와 기대를 무조건적으로 수용하고 그것이 자신의 정체감으로 형성한 단계로 자신의 진로를 스스로 선택하기보다 부모나 교사, 종교집단 등의 타인의 의견을 그대로 수용하는 수동적인 삶을 사는 상태입니다. 진로탐색은 어렵지만 의존적인 진로 결정을 할 수 있습니다.

③ **정체감 유예** : 현재 정체감 위기를 경험하고 있으며 해결하기 위해 노력하고 있는 과도기적 단계로 아직 의사결정을 스스로 할 수 있지는 않지만 다양한 시도로 답을 찾아가고 있는 실험 상태입니다. 진로탐색은 적극적이지만 진로결정은 혼란을 경험하며 지연되는 경향이 있습니다.

④ **정체감 성취** : 정체감 위기도 극복하고 스스로의 의사결정을 할 수 있는 단계로 삶의 목표, 중요한 선택 등에서 확고한 정체성을 확립한 상태입니다. 능동적이고 합리적인 방법으로 진로탐색을 하고 진로결정도 할 수 있습니다.

조금 더 구체적으로 4가지 상태를 알아볼까요?

A : 장래 희망을 물었을 때, "모르겠다."라고 답하며 관심도 없는 상태의 청소년

B : 장래희망이 의사인 이유를 물어봤을 때, "부모님이 추천해서요." 또는 "아빠가 의사여서요."라고 답하는 청소년

C : "자연과학 쪽인지 공대 쪽인지 사실 잘 모르겠지만, 여기가 흥미가 있어요. 내가 뭘 좋아하는지 좀 더 알아보려고요." 적극적으로 관심을 가지고 탐색하는 청소년

D : 성악가가 되고 싶은 이유를 물었을 때 "진로 고민이

많았는데요, 합창단 활동을 하면서 노래를 내가 잘 부르고 좋아하는 것을 알았어요."라고 말하는 청소년

삶에 중요한 전환을 가져오는 다양한 사건들이 있습니다. 이러한 사건들은 자신과 세계에 대한 기본가정을 바꾸는 계기가 됩니다. 청소년기 이전 아이들의 세계관은 주로 양육자가 가진 기본가정과 유사합니다. 어떠한 사건을 해석하는 방법을 양육자로부터 가장 많이 배우기 때문입니다. 그러다 청소년기에 또래 집단과의 관계 형성 등 사회의 확장이 일어나면서 이전과는 다른 경험들을 하게 됩니다. 그러면서 자신이 양육자의 기본가정에 동의하는지 반대하는지를 바라보게 되지요.

예를 들면, '부탁을 거절하면 관계가 깨진다.'라는 기본가정을 가진 부모님이 있다면 자녀는 아마도 타인의 부탁을 잘 거절하지 못 하겠지요? 그러다 선생님과 친구의 부탁이 겹쳐지는 사건이 발생합니다. 둘 중에 하나는 거절을 해야 하는데요. 정말 어렵게 어렵게 고민하고 한 쪽의 부탁을 거절했는데, 관계가 깨지지 않고 수용 받는 경험을 한다면 어떨까요?

"글쎄요." 또는 "이번은 예외상황일 거 같아요. 그 사람

도 얼마나 고민하면서 나에게 부탁했겠어요? 부탁은 거절하는 거 아니에요." 이런 반응을 하며 관심이 없거나 양육자의 기본가정에 동의할 수 있습니다.

아니면, '어? 내가 알고 있는 것과 다른데? 거절을 해도 관계가 깨지지 않는데?' 실험하는 시간을 가지고 실험 후 '모든 부탁을 다 들어주지 않아도 되는구나. 대신 거절할 때는 정중히 해야겠어.'라는 새로운 자신의 기본가정을 세울 수도 있습니다.

결국 다양한 사건들은 자신의 기본가정을 세우고, 그러한 것을 선택하고 행하는 자신이 누구인지 알아가게 합니다. 대부분은 사람들은 삶에서 겪는 이런 변화를 쉽게 받아들이지 못합니다. 익숙한 체계를 깨뜨리지 않기를 원하거든요. 익숙한 체계가 깨지면 위기와 혼란을 만들기에 고통스럽게 느껴지기도 합니다. 하지만 이는 성장의 전환점이 되기도 하고 잠재력을 실행하는 과정이 되기도 합니다.

생각 없이 살아가는 길
남의 말에 따라가는 길
혼자 찾아 헤매보는 길
나의 것을 선택하는 길

내 인생의 길, 어느 길 위에 있으세요? 별 생각이 없을 수도 있고, 타인의 말에 따라가고 있거나 혼자 헤매기를 하고 있을 수 있어요. 그것이 고통스럽고 혼란을 가져다준다고 멈추지만 마세요. 나의 길을 만들어 나아가는 과정이 필요합니다. 그것이 진로이지요.

> 사람마다 꽃이 피는 시기와 횟수는 다릅니다. 내가 꽃이 아닌가 의문보다는 고개를 드세요. 그리고 그대의 계절을 준비하세요. 나라는 꽃이 피기 위해서는 마냥 햇살만 필요하지는 않습니다. 나를 흔들고 가는 크고 작은 시련들은 꽃 피우는데 정말 필요한 좋은 것입니다.
>
> _KBS2, 〈해피선데이-남자의 자격_김국진 강연〉 중

"Be yourself!"

"너 자신이 되어라!"

고민과 위기의 순간들이 진짜 나를 만날 수 있는 귀한 기회입니다. 또한 이것을 바탕으로 스스로를 믿고 존중할 수 있는 나다운 삶이 시작될 것입니다. 진로에 앞서 다양한 경험들을 하세요. 그리고 그 안에서 나를 찾아보세요. 그것을 바탕으로 자신의 진로를 찾아 나아간다면 여러분의 꽃을 피우게 될 겁니다.

ONE POINT LESSON

자신의 현재 정체감 상태를 표시해 보세요.

	참여X	참여O
위기X	① 정체감 혼미	② 정체감 유실
위기O	③ 정체감 유예	④ 정체감 성취

그 상태를 표시한 이유를 적어보세요.

나의 정체감을 성취 상태로 올리기 위해 해보고 싶거나 해 볼 수 있는 것은 무엇인가요? (심리적, 정서적, 행동적 실천을 구체적으로 적어주세요)

예 내가 정한 한계선을 깨어보기 - 내가 맡은 일에 도움을 요청하는 건 무능력하다는 거야

이 경험을 한 나는 누구일까요?

예 나는 무능해 보일까봐 도움을 요청하지 못하는 사람 → 나는 혼자 애쓰기보다 서로 보완 발전할 수 있는 요청을 하는 사람

그냥 내 마음을 알아주면 좋겠어.

작은 성공이 모이면 행복한 성장을 이룰 수 있어.

"아빠. 우리 축구선수 이름 대기하자."

"그래. 아빠가 먼저 할게. 손흥민"

손흥민 선수의 이름으로 시작한 축구선수 이름 대기는 운전하는 아빠의 졸음을 앗아갑니다.

약 10여 분 이상 지났을까요? 아빠와 아들은 축구선수를 서로 더 많이 알고 있다고 자랑하면서 전 세계 선수 이름을 모두 나열합니다. '영어 단어를 그만큼 알면 얼마나 좋을까?' 하는 생각이 들 정도로 알지도 못하는 이름들이 쏟아져 나오는 것을 듣고 있자니 감탄이 절로 나옵니다.

일에 대한 의식이 크게 변하는 것은 성공을 경험했을 때랍니다. 일을 처음 시작했을 땐 괴로웠는데 열심히 했더니 어느새 즐거워졌다는 사람도 세상에는 많답니다.

_학연플러스 편집부, 『14살부터 시작하는 나의 첫 진로 수업』 중

축구를 너무 좋아하는 한샘이는 초등학교 6학년입니다. 일산 킨텍스에서 열리는 '2023 월드 풋볼 페스티벌'을 가기 위해 새벽부터 분주하게 시작한 한샘이는 평소보다 일찍 일어나 콧노래까지 부르며 기분 좋아 어쩔 줄 몰라 합니다. 행복 가득한 표정으로 출발한 아빠와 아들은 2시간 정도 지났을까요?

"지금 애 데리고 집으로 가고 있어. 얘는 아무래도 축구를 좋아하지 않는 거 같아. 여기 와서 재미없다고 구석에 앉아서 축구 게임만 하고 있어. 내일부터 당장 축구학원도 끊어. 보내지 마. 축구학원에 갈 자격이 없어 이놈은."

전화기 속 들리는 아빠의 목소리는 한샘이에게 무척이나 실망한 듯했습니다. 축구를 너무 좋아하는 아들이 페스티벌에 가면 이리 뛰고 저리 뛰면서 신날 거로 생각했었던 아빠의 상상과 달리 축구 게임에만 빠져있는 아이가 한심하게 느껴졌는지 집에 와서도 화가 잔뜩 난 목소리로 다짜고짜

축구를 할 자격이 없다며 다 그만두라고 계속해서 호통을 칩니다. 그 모습을 보고 있던 엄마가 한마디 말을 합니다.

"한샘이를 축구학원에 보내는 진짜 이유가 뭐야? 축구를 좋아하고 건강하게 성장하는 모습을 보기 원하는 거야? 아니면 진짜 축구선수가 되길 원하는 거야? 도대체 어떤 걸 원하길래 화를 내는 거야?"

아주 작은 성공의 경험이 쌓이면 우리는 성장을 하게 됩니다. 성공의 경험이 모두 다 달콤하고 기분 좋을 수 없습니다. 때론 신나고 때로는 지루하다 느끼면서 어떤 것을 좋아하는지 또 어떤 것을 싫어하는지를 알게 됩니다. 그런 감정을 알고 깨달으면서 의미를 발견하는 것은 사실 아픔이 동반되지만, 자신이 알고 있던 것이 전부가 아니었음을 알게 되면서 모르고 있던 것이 좋아지기도 하고 그것을 더 깊게 파고드는 기회를 만날 수도 있습니다. 이처럼 다양한 모양으로 성취한 경험 속에 스며든 통증이 커질수록 성장 폭은 넓고 깊어져 행복한 기대도 커지게 됩니다.

일주일에 두 번씩 한샘이는 축구 수업을 위해 축구복과 축구화를 갖추고 집 앞에 도착한 노란 버스에 탑승합니다. 1시간 동안의 수업을 받기 위해 온종일 기다리는 한샘이는 오늘 하루만큼은 국가대표 축구선수가 되는 마냥 멋진 자신의 모습을 상상합니다. 오직 축구공만 집중하며 재빠르게 발을 옮기며 열정의 땀으로 온몸이 뒤범벅된 한샘이는 그렇게도 좋아하는 축구를 통해 작은 성공을 경험하면서 오늘도 조금씩 행복한 성장을 배우고 있습니다.

좋아하는 것을 해도 화가 나.
그것을 견디는 것이 인내야.

매주 토요일 오전 10시가 되면 친구들이 거실에 모입니다. 네다섯 명의 6학년들은 각자 핸드폰을 켜고 팀별 축구 게임 대항전을 시작합니다. 아직은 초등학생이지만 친구들이 쏟아내는 함성은 성인 남자 다섯 명이 울부짖는 듯 거실을 가득 채웁니다. 아이들이 쏟아내는 함성만으로도 축구를 얼마나 좋아하는지 짐작할 수 있습니다. 신나게 게임을 마치고 모두 집 밖 놀이터로 나갑니다. 놀이터에서도 못다 한 축구 얘기로 가득한 것 보니 모두 다 잔뜩 신이 난 모양입니다. 사람들은 누구나 좋아하는 것을 말하며 상상해야 진정 행복하겠지요?

하교 후 거실에 가방을 내려놓자마자 TV를 켠 한샘이는 오늘도 축구 플레이스테이션 게임으로 스트레스를 풉니다.

가끔 무언가 잘 풀리지 않는지 아주 거친 숨을 내쉬며 잔뜩 화난 표정으로 거실 바닥을 치며 "에이"를 연발합니다. 아무래도 자신의 팀이 생각대로 경기를 주도하지 않나 봅니다.

"화를 내려면 차라리 게임을 하지 마. 재미있으려고 하는 거 아니니? 그냥 게임 꺼"라고 엄마는 말합니다. 그 말에 화가 더 나는지 씩씩거리며 방문을 꽝 닫아버립니다.

잠시 후 다시 방문을 삐죽 열고 아무 일 없었다는 듯한 얼굴로 엄마의 눈치를 보며 거실로 등장하는 한샘이는 다시 축구 게임을 시도합니다. 두 손은 게임 작동을 하면서 머리는 게임의 수를 읽어 냅니다. 이젠 축구 해설까지 하며 일인다역을 시도합니다. 옆에서 듣고 있노라면 전문 축구 해설가가 집에 찾아와 직접 축구 해설을 하는 듯합니다.

"한샘아~ 한샘인 정말 축구를 좋아하는구나. 어쩜 그렇게 축구 해설을 잘하니? 엄마는 축구 해설가가 집에 찾아온 줄 알았어. 우리 아들 대단한데?"

엄마는 아들에게 온갖 칭찬을 쏟아 부어봅니다. 좀 전에 화를 낸 한샘이에게 한소리 것이 미안해서 더 강조해 말합니다. 그런 푸짐한 칭찬에도 아랑곳하지 않고 그냥 하던 일을 계속 이어 신나게 몰두하는 한샘이는 가끔 새벽에 하는 유럽 축구 경기 본방송을 시청하고 싶다며 엄마를 설득하는 것도 보통이 넘습니다.

"엄마, 오늘 경기가 새벽 1시에 있는데 졸릴 거 같으니 일찍 자고 그 시간에 일어나서 축구 경기 봐도 되죠?"

6학년 초등학생 한샘이는 자신이 좋아하는 일을 하기 위해 시간을 만들어 내는 방법을 이미 알고 있는 것 같아 기특합니다.

> 성실한 사람일수록 나쁜 인내로 건강을 해치는 경향이 있습니다. 일하면서 괴롭다면 그 인내가 미래로 이어지는 좋은 인내인지, 아니면 자신을 괴롭게만 하는 나쁜 인내인지를 스스로 물어봅시다.
>
> _학연플러스 편집부, 『14살부터 시작하는 나의 첫 진로 수업』 중

내 마음을 알아주는 것이 진정한 행복이야.

마음이 살아야 하는 일이 살아납니다. 학생은 공부하고 어른들이 일하는 이유는 모두 행복하기 위해서입니다. 공부하고 일하는 과정에서 행복을 찾는 방법을 배우는 것입니

다. 행복하다는 것은 사실 설명하기 쉽지 않습니다. 사람마다 각자의 처한 환경과 목표하는 일들이 모두 다르므로 행복의 표현은 모두 다릅니다. 하지만 모두가 공통으로 느끼는 부분은 마음이 편안해야 행복하다고 여기는 것입니다.

밤이 되면 잠들기 전 한샘이는 엄마 방으로 들어와 안깁니다.

"엄마, 나 축구화 하나 더 사줘. 발이 많이 커졌나 봐. 하나 더 있어야 할 거 같아. 축구장에서 뛸 때 발이 좀 아픈 거 같아."

엄마 품에서 갖고 싶은 축구화를 구매해 달라고 엄마의 핸드폰 쇼핑 앱을 켭니다.

"엄마. 나는 이거 살래. 아니다. 이건 좀 비싼 거 같다."
"아니야. 아들. 발이 아프면 좀 더 큰 거 신고 신나게 달려야지. 엄마가 사줄게."
"우리 엄마 최고. 엄마 고마워. 안녕히 주무세요."

사달라 할 때는 반말이고 사주니 안녕히 주무시라고 존대를 하는 아들이지만 본인이 좋아하는 일에 필요한 것을 사달라고 설득하는 것도 제법 늘었습니다.

오늘도 엄마는 아들에게 묻습니다.

"한샘아, 넌 축구를 좋아하는 거니? 아니면 축구선수가 되고 싶은 거니?"

아무 말 없는 한샘이는 눈빛으로 말합니다.

"난 그냥 축구를 좋아하는 내 마음을 알아줬으면 좋겠어. 나는 하루 중에 축구를 하는 시간이 제일 좋고 친구들과 축구 게임을 하면 신나고 늦은 새벽 유럽 축구를 보며 소리치고 응원하는 팀의 득점에 환호면서 오직 축구만을 생각하는 것. 나는 그게 좋은 거야."

ONE POINT LESSON

좋아하는 일이 반드시 직업이 될 수는 없습니다. 좋아하는 느낌을 기억하고 다른 것도 좋아하는 성장의 시간을 경험하도록 그냥 바라봐주는 것이 필요합니다. 어른들이 바라는 직업이 반드시 아이의 어린 시절 경험의 시간과 일치되어 연결되지 않습니다. 어린 시절을 보내며 아이들이 좋아하는 일을 반복할 수 있도록 지켜봐주면서 순수한 그 마음을 알아주는 지혜가 있으면 좋겠습니다.

진로의 시작은 자기이해

우리 모두는 학창시절에 똑같은 교복을 입고 똑같은 규칙을 지키며 모나지 않게 공동체에 어우러지는 법을 배웠습니다. 정해진 틀 안에서 선생님이 원하는 모범생의 모습을 연출해야 사회에 나와서도 자신의 몫을 잘해 낼 수 있는 인격으로 인정받았습니다. 마치 학교생활에 적응을 못하는 학생은 사회에선 낙오자가 될 것만 같이 말입니다. 하지만 경우에 따라 맞기도 하고 틀리기도 합니다. 상상력이 풍부하고 에너지가 넘치는 학생은 자연스럽게 틀에 박힌 환경에서 자신의 능력을 100% 발휘하지 못하기 때문에 학교생활이 어려울 수 있습니다. 반면에 성실하고 조용조용한 성향의 학생은 학교생활에 적응을 잘 했어도 막상 사회에 나와 길을 잃기도 하죠.

어떤 것이 옳고 어떤 것이 그릇되었는가를 따지기 이전

에 가장 중요한 것은 모든 교육과 학습은 아이가 성인이 되어 사회 공동체에 잘 적응하고 살아가도록 만들어졌다는 점입니다. 오랜 시간을 거쳐 우리 사회는 이제 아이가 성인이 되어 잘 먹고 잘 살 수 있도록 만드는 방법이 단순히 주입식 교육만으로는 부족하다는 것을 깨닫게 되었습니다. 성적에 맞게 대학을 가서 적당히 졸업을 하고 사회에 배설하듯 쏟아져 나온 갈 곳 잃은 대학 졸업생들을 보며, 새롭게 교육 체계를 만들기 시작했습니다.

대학에서나 쓰던 학점 제도를 고등학생 때부터 한다는 것인가?

'고교학점제'라는 단어를 보면 아리송할 수 있습니다. 교육부는 『2022 개정 교육과정』을 통해 '자기주도성', '창의와 혁신', '포용성과 시민성'을 중요한 교육 방향으로 설정했다고 발표했습니다.

이렇게 바뀐 교육과정은 2025년부터 고등학교에 입학하게 되는 09년생부터 적용됩니다. 고교학점제는 학생이 기초 소양과 기본 학력을 바탕으로 진로 및 적성에 따라 과목을 선택하고, 이수 기준에 도달한 과목에 대해 학점을 취득하고 누적하여 졸업하는 제도입니다. 한마디로 학생이 자기주도적으로 과목을 고를 수 있도록 한다는 점이 예전과 다른 점입니다.

2022년 개정 교육과정의 지향점

미래 전망	4차 산업혁명 도래, 인구 급감, 학습자 성향 변화, 기후환경 변화 등 불확실성 심화
국민 의견	개인과 사회 공동의 행복 추구 자기 정체성을 바탕으로 한 자기 주도적 학습, 책임있는 시민으로 성장 ※ 국가교육회의 설문조사('21.5.17.~6.17.)
글로벌 동향	학생 행위 주체성(student agency) 변화적 역량, 세계 시민 역량 등 강조

인간상 설정 시 고려사항

자기 주도성
(주체성, 책임감, 적극적 태도)

창의와 혁신
(문제해결, 융합적 사고, 도전)

포용성*과 시민성
(배려 소통, 협력, 공감, 공동체 의식)

* 포용성: 사회 구성원들 사이의 차이와 다양성에 대한 상호 이해와 존중을 바탕으로, 개개인의 교육적 성장과 공정하고 지속가능한 사회를 함께 실현해 나가고자 하는 태도 및 소양

(출처: 교육부, 『2022 개정 교육과정』)

예전과 다른 점이 더 있습니다.

1학점 수업량을 50분 17회에서 50분 16회로 줄여서 그 시간을 일반선택, 진로선택, 융합선택 등 다양한 프로그램으로 채우게 되었습니다. 교과는 필수 84학점과 선택 90학점, 창의적 체험활동 18학점, 총 192학점을 들어야 졸업이 가능해집니다. 여기에서 학생이 자유롭게 과목을 선택할 수 있지만, 정해진 성취수준에 도달해야지만 과목 이수가 인정됩니다. 학생이 선택한 과목에 대한 책임감을 가질 수 밖에 없는 구조입니다. 그렇기 때문에 무척 신중히 선택해야 합니다. 고교학점제로 인해 중학생 때부터 미리 어떤 선

학생 중심 활동을 촉진하는 창의적 체험활동 개선

(개선 방향) 학생의 발달 수준 및 학교급별 특성, 현장의 요구 등을 반영하여 재구조하되, **학생의 자기 주도성과 선택을 확대하는 방향**으로 개선

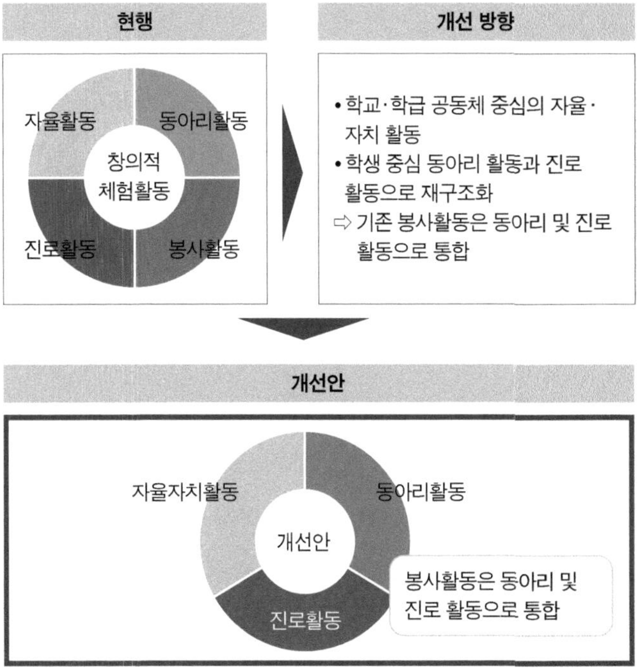

(출처: 교육부, 『2022 개정 교육과정』)

택과목을 고를 것인지 고민을 해야 하는 상황이 되었습니다. 하루에도 수십 번씩 꿈이 변하는 학생들에게 어찌 보면 너무 과중한 책임감을 주는 것은 아닌가 싶지만, 한편으론 일찍 자신에 대해 자세히 알아보는 계기가 된 거라 생각합니다. 진로탐색을 위해선 자기이해가 선행되어야 하니까

요. 그렇다면 자기이해를 잘한다는 것은 어떤 것일까요?

자기이해의 사례

자기이해의 사전적 의미는 '자신이 누구이며, 자신이 어떤 감정을 가졌고, 왜 그렇게 행동하는가 등 자신에 대해 제대로 이해하는 능력'이라 합니다. 그렇다면, 자기 자신에 대해 제대로 아는 사람이 과연 몇이나 있을까요? 아마도 쉽지 않기 때문에 MBTI나 TPA 진단 같은 검사 툴들이 인기가 많은 것 같습니다. 성향분석솔루션 TPAtest는 간단한 문항진단을 통해 관계 강점과 업무 강점을 비롯하여, 타고난 기질과 현재 성격, 어떤 것에 스트레스를 받는지 여부를 진단해줍니다. 이러한 부분을 통해 우리는 자기 스스로를 객관적으로 볼 수 있게 됩니다. TPAtest는 한국형 진단이라는 말에 걸맞게 각각의 성향 명칭은 우리가 잘 아는 산, 물, 바람 등의 친숙한 명칭으로 이루어져 있습니다. 모두 8가지 성향으로 이루어져 있으며 어린 아이도 어르신도 모두 쉽게 자신의 성향 명칭을 기억할 수 있어서 좋은 장점이 있습니다.

TPAtest는 진로에 접근하는 방향이 기존 진단들과 약간 다릅니다. 대부분 각 성향에 맞는 직업을 나열해주지만,

TPAtest는 각 성향에 맞는 업무 강점을 알려줍니다. 진로를 잘 선택하기 위해서는 직업보다 직무에 집중해야 합니다. 내가 어떠한 특정 직업군을 선호해서 그 직업을 꼭 가져야 한다면 전혀 문제가 없습니다. 대부분의 문제점은 자신에게 잘 어울리는 직업과 직무를 혼동하는 것에서 옵니다.

예전 강남의 한 연기학원에서 입시생들에게 TPA 검사 후 상담을 진행한 적이 있었습니다. 그때 한 학생의 결과가 유독 눈에 띄었습니다. 타고난 기질과 성향이 배우에는 적합하지 않았기 때문이죠. 상담을 해보니, 이 친구는 영화를 너무 좋아하고 배우들의 카리스마에 매우 매료되어 있었습니다. 상담을 하며 가만히 이야기를 들어보니 영화의 분위기, 연출, 대사 하나하나를 외울 정도로 푹 빠져 있었죠. 그런데 한 가지 고민이 있답니다. 바로 자신이 생각보다 연기를 못한다는 겁니다. 그래서 학생에게 조심스럽게 무엇을 가장 잘하는지 물었습니다. 그러자 학생은 영화에 대한 지식이 많고 게다가 특정 분야의 영화에 대해 아주 디테일한 부분까지 다 알 정도로 전문가라며 자랑을 했습니다. 그래서 이 학생에게 왜 연극영화과 외에 다른 학과는 지원하지 않는지 물어보니 다른 학과는 멋이 없어 보여서 그랬다는 대답에 전 수긍했습니다. 우리가 직업을 선택할 때 사실 가장 많이 선택하게 되는 이유 중 하나는 내가 끌려야 하기 때문이죠. 연기학원 입시생의 결론은 말 안 해도 다들 아실 거라고 봅니다. 본인이 좋아하는 것과 본인이 잘하는 것의 갭은 존재합니다. 물론 본인이 좋아하는 것을 가장 잘한다면 너무 좋지만, 그렇지 않은 경우라면 선택을 해야 합니다. 왜냐하면 우리가 사회에서 직업을 갖게 되는 것의 첫 번째 원칙은 '돈을 받을 만큼 잘하는 가'이기 때문입니다.

자기이해를 잘하는 방법

자기이해를 잘하기 위해선 자신의 주관적 현실과 객관적 현실을 명확하게 식별해야 합니다. 자신의 현실을 객관적으로 못 볼 경우 여러 가지 고충을 겪게 되지만, 사람들은 잘 인지하지 못하는 경우가 많습니다. 그렇기에 성향진단을 통해 자신을 객관적으로 보고 스스로 인지할 수 있도록 돕고 있는 것이죠. 사람을 안다는 것은 그 사람의 인식과정을 안다는 것이라고 합니다. 그 사람의 인식과정이 바로 자기 자신이기 때문입니다. 따라서 저마다 가지고 있는 인식과정의 특성을 파악하는 것은 그 사람을 바로 알게 되는 것이므로 중요합니다. 인지 과학자들은 사람을 바라보는 이러한 관점을 구성주의라고 부릅니다. 사람은 저마다 현실에 대한 자기만의 인식을 적극적으로 구성해 나갑니다. 주관적 현실에 과하게 사로잡힌 사람은 외부의 시선에 의해 자신의 욕구를 솔직하게 표현하지 못하게 되기 마련입니다. 남들과 다른 의견을 내세우면 외부로부터의 비난이나 따돌림 등이 두려워 스스로의 욕구를 가둡니다. 결과적으로는 스스로 비하하는 감정이 일어나 자기 파괴적인 언행을 하게 됩니다. 그래서 우리는 다른 사람들에게 동조하기보다는 나 스스로의 욕구와 선택에 우선 나 자신이 동의하는 것이 중요합니다.

자기이해를 넘어서 타인이해

성향분석 솔루션 TPAtest의 또 다른 용도는 자신과 업무적으로 잘 맞는 성향이나 친구관계에서 잘 안 맞는 성향 등 관계에 대한 자기이해도 돕는다는 것에 있습니다. 자기이해를 넘어 타인에 대한 이해를 하게 되면 관계로 인한 스트레스가 줄어들기 때문에 삶의 질이 올라갑니다. 대부분의 직장인들이 회사를 퇴사하는 가장 큰 원인이 바로 직장 동료와의 다툼인 것을 보면 굉장히 큰 스트레스임을 알 수 있죠.

내가 갖은 노력을 통해 겨우겨우 합격하여 입사한 회사에서 이런 일이 벌어진다면? 그만두는 것도, 계속 다니는 것도 모두 고통스러울 것입니다. 예를 들어 원래 표정이 별로 없고, 말투가 명령조인 A라는 사람과 남의 눈치를 잘 보고 예민한 B라는 사람이 한 공간에서 일을 해야 한다면? 서로 불만이 쌓여갈 것은 불 보듯 뻔한 결과입니다. 만약 두 사람이 서로의 기질과 성향에 대해 알게 된다면 부딪히게 되는 경우에도 각자 마음속으로 이렇게 생각할 것입니다.

A: '저 사람은 워낙 예민하니까… 내가 좀 더 말투나 표정을 부드럽게 하도록 해야지.'
B: 'A는 표정이나 말투는 저래도 마음속으론 그렇지 않아'

상대방에 대한 이해로 인해 정반대의 생각을 갖게 된다는 점은 정말 중요합니다. 서로에 대한 이해는 이처럼 배려를 가져옵니다. 우리가 조금만 더 상대방에 대해 이해하려는 사고방식을 가진다면 어쩌면 진단 툴조차도 필요 없는 세상이 될 것 같습니다.

ONE POINT LESSON

나를 이해하면, 내가 빛나는 환경을 찾을 수 있습니다. 더 나아가 타인을 이해함으로써 원만한 사회생활을 할 수 있게 됩니다. 자신을 3인칭 전지적 작가시점으로 바라보는 시간을 가져보세요. 그리고 성향분석솔루션 TPAtest를 통해 자신을 알아가는 것도 도움이 될 수 있을 겁니다.

정답 없는 인생, 해답을 만들어가요!

Episode 1.

제가 아주 어릴 때, 초등학교를 막 입학했을 때쯤 어른들이 꿈이 무어냐고 물어보시면 "선생님이 되고 싶어요."라고 대답했던 기억이 납니다.

중학교 1학년 때, 그 꿈이 현실이 되었던 경험이 있습니다. 대학 졸업 후 첫 부임지로 우리 학교에 오신 담임 선생님께서는 성적을 아주 중요하게 생각하셨습니다. 그래서 1등부터 꼴등까지 차례차례 짝을 지어 앉히고 쉬는 시간이나 점심시간마다 짝이 개인과외 선생님의 역할을 하도록 요청하셨습니다. 제 짝은 그 당시 '고아원'에서 지내면서 등교를 하는 친구였습니다. 고아원에서 원장님을 도와 어린 친구들을 보살피는 일을 하였던 친구였기에, 하교하고 나면 공부할 시간도 없을 뿐만 아니라 공부에도 재미를 붙이지 못해 늘 꼴찌를 맡아놓았던 친구로 기억납니다. 저는 그 친구를 아주 좋아했었습니다. 어린 나이에도 연민의 정이 있어서인지 그 친구가 숙제를 못 해오거나 선생님의 질문에 대답을 못 해 선생님께 꾸중을 듣게 되면 오히려 제가 속이 상했습니다. 그래서 어느 날부터는 모든 수업이 끝나고 친구와 둘만 교실에 남아 한 시간씩 숙제도 봐주고 공부도 가르쳐주었습니다.

시간이 흐를수록 친구는 공부를 싫어하던 학생에서 점점 공부에 흥미를 느끼는 학생으로 변하기 시작했습니다. 고아원에서 짬을 내어 숙제도 제대로 해오기 시작했습니다. 그리고 저와 둘이 있는 시간에는 제가 하는 이야기에 귀를 쫑긋거리고 집중해서 잘 듣기 시작했습니다. 공부를 마치고 하교할 때, 친구가 사는 고아원까지 함께 걸어가며 도란도란 이야기도 재밌게 나누었던 기억이 나네요. 1년 가까운 시간 동안 친구를 아끼며 가르쳤던 경험이 따뜻한 느낌의 즐거움으로 저에게 남았습니다. 그 경험을 토대로 그 후 대학 1학년부터 개인 교사와 학원 강사, 학원장에 이르기까지 25년간 가르치는 즐거움을 천직으로 알고 일을 계속할 수 있었습니다. 바로 중학교 1학년 때의 그 친구 덕분에 저의 꿈이 발견되고 유지되었다고 생각합니다.

학생들을 가르치면서 구멍 난 지식을 메워가는 일에 보람을 느꼈기에 교사로서 지속 가능한 힘이 더욱 생겨났습니다. 더군다나 이 시대의 미래인재들을 육성하는데 제가 한 귀퉁이를 떠받들고 있다는 자부심이 그 일에 더욱 애착을 갖게 했습니다. 가끔은 피로감이나 감기몸살로 수업을 취소하고 싶은 생각이 들 때도 있었습니다. 하지만 상대의 시간을 내 맘대로 흐트러뜨릴 수 없기에 참아내면서 무거운 발을 끌고 수업에 들어갔죠. 그런데 수업 후 나올 때는 콧노래를 부르며 가볍게 발길을 옮기고 있는 저를 발견할 때가 한두 번이 아니었습니다.

가르치는 일은 이야기하는 것을 좋아하고 궁금한 것을 찾아보는 저의 성향과 잘 맞았던 것 같습니다. 또한 학생들이 배움의 기쁨을 느끼고 실력이 향상되는 모습을 보며, 제가 하는 일에 대한 보람을 느낍니다.

선생님이란 장래희망과 더불어 15살 때부터 새롭게 꾸었던 저의 또 하나의 꿈은 의사가 되는 것이었습니다. 그 당시 친구들과 미래 비전에 관한 이야기를 많이 나누었던 기억이 있습니다. 어떤 친구는 고아원 원장이, 어떤 친구는 현모양처가, 어떤 친구는 서점 주인이, 또 어떤 친구는 목사, 또 다른 친구는 선교사가 되는 꿈을 꾸고 있었습니다. 그때 저는 성경 말씀을 직접 전하는 목사나 선교사보다 그들의 건강을 보살필 수 있는 의사가 되어야겠다는 생각이 들었습니다. 저 자신의 몸도 매우 허약하기도 했었고, 선교를 잘하려면 몸과 마음이 먼저 건강해야 한다고 생각했었던 것 같습니다. 그래서 저는 목사나 선교사분들이 마음껏 선교할 수 있도록 건강을 돌보는 일을 옆에서 조용히 도와드려야겠다는 비전을 품게 되었죠. 제가 의사가 되어 그분들이 맘껏 사역하실 수 있도록 육체적인 건강 문제를 해결하고 활기차게 활동할 수 있도록 도와드리고 싶은 마음이 간절했습니다.

그 꿈을 위해 중학교 시절 정말 열심히 공부했습니다. 의대를 가려는 목표를 정하니 코피가 나도, 어지러워 쓰러져도 그날 약속한 공부는 다음으로 미루지 않았습니다. 그래서 선생님들도 저도, 저의 꿈이 이루어질 거라는 희망에 매우 긍정적이었습니다. 하지만 고등학교에 입학하며, 서울에서 인천으로 이사를 가게 되었습니다. 차로 왕복 3시간 정도의 통학 길에 오르면서부터 어릴 적 약했던 몸 상태로 되돌아가기 시작했습니다. 그러면서 점점 성적이 떨어지니 마음이 복잡해지고 갈팡질팡하기 시작했습니다. 점점 추락하는 성적을 보고 담임 선생님께서는 저에게 수간호사가 잘 어울린다며 의대가 아닌 간호대를 권유하셨습니다. 그러나 세상 물정 모르고 자존심만 셌던 어린아이는 선생님의 권유가 마음에 들지 않았습니다. 간호사가 되면 뭔가 의사보다 부족한 사람으로 보이는 것 같아 선생님의 사랑 어린 조언이 귀에 들어오지 않았습니다. 그래서 결국 고민 또 고민하다가 진학 방향을 완전히 바꾸게 되었습니다. 의대에 진학할 성적이 나오지 않았으니 이과에서 문과로 전향하여 외국어를 전문으로 공부하는 학교에 입학하게 되었습니다.

어릴 땐 내가 꿈꾸고 마음만 먹으면 그것이 곧 현실이 될 거라는 자신감에 가득 찼었는데 성장하면서 상황과 조건이 맞지 않으니 전혀 나의 의도와는 다르게 삶이 펼쳐지게 되었습니다. 다행히 가르치는 일이 잘 맞았던 저는 어학을 배워 대학생 때부터 바로 선생으로서의 역할을 25년간 충실히 감당하였습니다.

하지만 제 마음속에 아픈 사람들을 돕고 치료하고픈 그 꿈이 여전히 꿈틀거리며 남아 있었습니다. 에너지 끌어당김의 법칙이라고 해야 할까요? 결혼 초부터 여러 대체의학을 공부할 기회들이 저에게 생겼습니다. 처음에는 수지침요법, 봉침요법, 체침요법, 발반사요법, 아로마요법, 이혈요법 등 여러 대체요법들을 접하고 공부해보고 활용해 보기 시작했습니다. 그러다 가장 안전하고 부작용이 없으며 다루기가 쉬운 이혈요법에 매료되어 강의도 하고 상담도 하면서 사람들이 더욱 건강하고 행복하게 살도록 돕는 일에 기쁨과 보람을 느끼며 살게 되었습니다.

지난 겨울, 국제구호 청소년 사회참여 NGO인 '밥 한 그릇(HAPPY BOWL)' 팀과 함께 일본 도쿄에 잠시 방문하여 이혈요법 강의를 할 기회가 있었습니다. 많은 분들이 정말 열심히 들어주셔서, 신나게 강의를 했었습니다. 강의 후 제게 상담을 받으려는 사람들로 줄이 길게 늘어섰고, 한 분 한 분 귀를 보고 정성을 다해 상담해드렸습니다. 회복에 좋은 마사지와 기석 부착까지 해드렸더니 많은 분들이 위로받을 수 있었다며 감사의 메시지를 전해왔습니다.

어릴 적 꿈을 마음속에 계속 품고 있으니 나이가 든 지금이라도 대체요법 전문가로 활동할 수 있게 되었습니다. 또한 선교지로 함께 떠난 팀원들의 건강 상태를 체크하고 보살펴 줄 수 있음에도 감사함이 넘칩니다.

"오랫동안 꿈을 그린 사람은 마침내 그 꿈을 닮아간다."

_소설가 앙드레 말로

Episode 2.

다양한 꿈을 꾸며 여러 시도를 거쳐 자신의 진로를 찾아갈 수도 있습니다.

저에게는 예쁜 딸아이가 하나 있습니다.

그 아이는 현재 내비게이션 회사 3D 부서에서 지도를 만들기 위한 작업을 하고 있습니다. 이 아이가 어렸을 때부터 지도 만드는 회사에서 일하겠다는 꿈을 품고 자라났을까요? 아닙니다. 이 아이는 꿈이 여러 번 바뀌었습니다. 그러나 꿈이 자주 바뀌어도 괜찮습니다. 왜냐하면 인생에는 정답이 없으니까요. 꿈을 여러 가지로 꾼다고 전문 분야가 없거나 얕아지는 것은 아닙니다. 자신이 좋아하고 흥미 있어 하는 여러 일들을 경험하였다면, 그 노력했던 시간은 훌륭한 밑거름으로 차곡차곡 쌓이게 됩니다. 철마다 거름을 적절히 잘 뿌려두면 농사지을 시기에 농작물은 무럭무럭 자라 결국은 열매를 맺는 시간이 돌아오게 되어 있습니다.

딸아이는 어렸을 때 오빠와 똑같이 아토피성 피부염으로 고생을 많이 했었습니다. 그때 딸의 꿈은 한의사가 되는 것이었습니다. 거의 매일 한의원에 가서 침을 맞고 뜸을 뜨는 일이 일상이었던 시절에 여자 한의사 원장님이 친절하고 멋있어 보였을 겁니다. 또 엄마가 의사 직업에 관한 이야기를 종종 하였었기에 한의사에 대한 호감을 가지고 있었을 겁니다.

조금 더 커서는 '검사'를 주제로 다룬 드라마를 보고 굉장히 흥미로워하더니 조용히 묻더군요. 검사가 되려면 무엇을 준비해야 하는지를… 검사가 되고 싶으면 우선 법대에 들어갈 정도로 공부를 잘해야 하고 논리력을 키우기 위한 수학 공부와 법조문을 잘 이해하기 위한 한자 공부를 해야 한다는 아빠의 말씀에 한 달에 한 학기씩 수학 공부를 마스터하고, 일주일에 한 번씩 방문 수업으로 한자 공부를 상당히 오래도록 열심히 하였습니다.

홈스쿨을 하고 있었던 시절, 집에 TV를 설치하지 않았는데 할머니 댁에서 예능 프로그램을 보고 온 어느 날, 딸은 개그맨이 되고 싶다는 이야기를 해서 식구들이 모두 웃었던 기억이 있습니다. 딸아이는 조그맣고 얌전한 아이였는데 어떻게 그런 생각을 했는지 가족들은 이해가 되지 않았습니다. 하지만 아빠가 재미있는 분이고 아들과 딸도 워낙에 밝은 성격에 날마다 깔깔 낄낄 웃는 일이 많았던 시절이라 개그맨이 되고 싶으면 그보다는 개그 작가가 되는 것이 어떤지 아이의 생각을 물었습니다. 그랬더니 또 개그 작가가 되려면 무엇을 어떻게 준비해야 되는지를 진지하게 묻더군요. 책을 많이 읽고 상상을 많이 해야 작가가 될 수 있다고 이야기 해주었더니 정말 열심히 책을 읽기 시작하였습니다.

그러던 어느 날은 미국 드라마를 보다가 번역된 자막이 없으니 본인이 직접 자막을 입히고 싶다고 하였습니다. 그래서 아빠가 컴퓨터에 자막 프로그램을 설치하고 방법을 조금 알려주었더니 딸은 한참 동안 미국 드라마를 보며 매일매일 번역을 하고 자막을 입히기 시작했습니다. 물론 그 드라마 한 편만 번역하고 다른 드라마로 진전 없이 끝을 냈지만, 우리 부부가 엄청나게 칭찬을 해주었더니 자존감이 높아져 하늘로 쑥 올라갈 정도로 아주 기뻐하였습니다. 이때의 영상편집 경험이 계기가 되어, 영상공부에 관심이 생기고 결국 대학에서 영상관련학을 전공하게 되었습니다.

대학 시절에는 공부도 열심히 하고 친구들과 UCC도 만들어 대회도 나가고 입상도 하며 신나게 공부하였습니다.

졸업 후에는 엔터테인먼트 회사에 취직을 하였는데, 전공과는 다르게 영상 전문직이 아니라 기획을 배우고 작가로서 활동을 하게 되었습니다. 준비하고 계획했던 것과 진로가 달라져 살짝 고민도 하였지만, 영상을 위해 글을 쓰고 기획을 하는 일을 새롭게 배운다는 것이 도전이자 설렘이었기에 정말 열심히 배우고 또 배웠습니다. 결국은 회사 내에서 연예인들의 유튜브 작업을 직접 도와 일하게 되면서 생각지도 못했던 일들로 경험이 더욱 풍부해졌습니다. 스스로 주도적으로 기획하여 스토리 라인을 잡고 영상을 이끌고 나가는 일, 협업으로 다른 작가를 돕는 일까지 다양한 일을 접할 수 있었습니다.

이렇게 사회인으로서 직장 동료와 상사들에게 인정을 받으며 맡은 일을 열심히 해나갔습니다. 하지만 인생은 항상 순항만 있는 것이 아닙니다. 좋지 않은 사건이 벌어지고 누군가에 의해 딸아이는 자존감을 상실하는 상황을 여러 차례 만나게 되었습니다. 혼자 1년 가까이 견디며 버티다가 도저히 참기 힘들었는지 어렵게 얘기를 꺼냈습니다. 사회생활을 하다 보면 아무리 최선을 다하여도 자존심 상하는 일, 자존감이 무너지는 일 등이 생길 수 있지요. 하지만 정도가 좀 심하여 딸아이가 속병이 들게 되는 상황까지 온 걸 알고 나서 저희 부부는 퇴직할 것을 권유하였습니다. 우선

쉬면서 천천히 다른 일을 알아보자고 이야기하였습니다. 딸아이는 한참 동안을 곰곰이 생각하고 친구와 선배들로부터 여러 가지 일들을 살펴보더니 전혀 새로운 일인 3D 작업으로 지도를 만드는 회사로 전직하게 되었습니다.

물론 그곳에서도 일이 너무 많아 녹록지 않은 상황도 있지만 지난 직장에서 사람 상대하는 경험을 많이 한 후라 동료들과 잘 지내며 잘 생활하고 있는 듯합니다. 부정적인 영향을 주는 환경에서 벗어나 자신을 지킬 줄도 알아야 하고 또 새로운 도전을 하며 감당해낼 수도 있어야 함을 딸아이는 지금도 잘 배워나가고 있습니다.

> "인생이 정말 힘들 것이라 가정하고, 해낼 수 있는지 물어보세요. YES라면 당신은 승리한 것입니다."
>
> _기업인 찰리 멍거

"왜 우리는 일하는가?"

그 이유 중 하나는 서로 돕도록 만들어진 이 사회의 일원이 되기 위해서라고 생각합니다. 나를 세우고 상대가 세워지도록 도울 수 있는 일이라면 꿈이 여러 번 바뀌어도 괜찮습니다. 우리의 발걸음들이 사회에 도움이 되고 결국엔 나에게 도움이 되는 일이라면 여러 상황을 경험하며 지내는 것도 행복하게 살아갈 수 있는 방법입니다.

한두 가지 꿈을 꾸고 그 꿈을 위해 지속적으로 전진하는 것은 멋진 일입니다. 또한 여러 가지 꿈을 꾸며 이곳저곳을 기웃거리며 경험해 보고 자신이 가장 즐겁고 신나고 또 정성을 들이며 할 수 있는 일을 찾아보는 것도 참 멋진 일입니다.

인생에는 정답이 없습니다. 오늘 하루를 최선을 다해 즐겁게 살아간다면 그 자체로 우리의 인생은 이미 성공한 삶입니다. 그러니 모든 삶의 순간들에 정성을 들이고 또 즐겨보며 나에게 끌림이 있는 일들을 찾아본다는 것, 그것이 필요하고 또 중요한 일이라고 말해주고 싶습니다.

Episode 3.

이번엔 아들의 경우를 통해 자신의 진로를 쟁취해 나가는데 필요한 고수를 만나는 방법을 이야기하고 싶습니다.

아들은 홈스쿨을 하면서 한동안 공부와는 좀 멀리 있었습니다. 밖에서 친구들과 신나게 뛰어놀고, 축구를 무척 좋아해서 거의 일주일에 한 번씩은 공을 쫓아 몇 시간씩 뛰어다녔고, 한때는 격투기도 집중해서 연습하고 대회까지도 나갔었습니다. 자전거로 아라뱃길에서 낙동강 하류까지 국토 종주도 경험하였습니다. 그리고 오케스트라에서 첼로를 몇 년 동안 연주하며 솔리스트 경험까지도 해 보고, 드럼과 베이스 기타도 열심히 리듬을 맞추면서 정말 재밌게 학창 시절을 보냈습니다. 홈스쿨 모임에서 함께 도전하는 프로젝트도 여러 번 참여하며 국내외 여행도 종종 하였습니다. 이렇게 공부 빼고는 본인이 좋아하고 잘하는 모든 활동을 아주 열정적으로 즐기며 지낸 시간이 꽤 오래 흘러갔었습니다.

그러던 어느 날, 아들은 식탁에서 갑작스러운 발언을 합니다. 영화를 보았는지 무엇 때문인지 평소에 공부도 안 하고 본인이 즐거워하는 일만 신나게 찾아서 하던 아이가 갑자기 전투기 조종사가 되고 싶다는 이야기를 꺼낸 겁니다. 그러니 공군사관학교를 가야겠노라고 말입니다. 남자들은 전투기 조종에 대한 로망이 있는 것 같습니다. 스피디(speedy)하고 박진감 넘치는 전투기 조종이 멋있어 보였나 봅니다. 그 말을 듣고 아들이 너무 순진해서 공군사관학교를 동네 친구 집 정도로 아는 건 아닌지, 저는 밖으로 티를 내지 않으려고 애썼지만 속으로 피식 웃음이 나왔습니다. 혹시 그런 저의 표정에 현실을 파악하고 의기소침해지는 건 아닐까 싶어 살짝 걱정이 되기도 하였습니다.

그런데 그때, 이 기회를 놓치지 않고 아빠가 아들을 격려합니다. "그래! 아빠도 영화 탑건을 보고 조종사가 멋져 보이더라. 예전에 아빠도 공사를 갈까 살짝 고민해 본 적이 있었어. 네가 진짜로 전투기 조종을 하고 싶으면 한번 도전해봐. 아빠가 공부하는 거, 좀 도와줄게." 수학 선생님인 남편은 가능성이 무척 낮은 상황이란 걸 뻔히 알았지만, 아들의 도전에 응원하며 옆에서 불을 지펴주었습니다. 이번이 공부를 경험할 절호의 기회라고 생각했던 겁니다.

아빠의 응원에 신이 난 아들은 그 후 10개월 정도 지금까지와는 완전 다른 사람으로 변했습니다. 물론 이전에 운동하거나 악기를 연주할 때 하루에 몇 시간씩 몰입하며 연습한 적은 있었지만, 교과목 공부를 이렇게 진지하게 해본 경험은 없었습니다. 아들은 목표를 정하고 마음을 딱 잡고 나서는 제일 먼저 스톱워치를 준비하였습니다. 첫날 8시간부터 시작하더니 시험 직전에는 하루 17~18시간까지 공부시간을 늘렸습니다. 하루 세 끼 식사하고 화장실 가고 잠자는 시간 외에는 그동안 못했던 공부를 원 없이 하는 걸 부모 눈으로 목격하게 되었습니다. 육사, 공사, 해사를 희망하는 친구들을 밴드를 통해 전국에서 모으더니 본인이 방장이 되어 자료를 공유하고 친구들을 격려하며 모범이 되었습니다.

진지하고 열심히 노력하는 아들의 태도에 감격해서 저는 정말 아들이 공사에 합격할 것으로 착각할 정도였습니다. 공군사관학교 시험 응시 날, 저녁에 끝나고 집에 와 맛난 음식으로 보상을 받고 난 후 아들은 가채점을 하고 나서 일주일 동안 고민하는 시간을 보냈습니다. 그러곤 부모인 우리에게 심각하게 이렇게 말하더군요. "저는 전투기 조종사, 경호원, 경찰, 군인 중에서 제 진로를 선택하고 싶어요. 이번에 전투기 조종사는 최선을 다해 도전해 보았는데 안타깝게도 성공하지 못했으니 지금부터 경호학과를 가기 위한 준비를 하고 싶어요." 우리 부부는 아들이 실망해서 다른 일에 새로운 도전을 하지 않으면 어쩌나 걱정했었는데, 그 이야기를 듣고 아들이 하고 싶은 다음 단계로 넘어가는 것을 응원한다며 기쁘게 박수를 치면서 격려해 주었습니다.

아들은 그해 12월에 유도 체육관에 등록을 했습니다. 본인이 생각하기에 이제 수능은 어느 정도 준비가 가능할 것 같으니 준비하지 못했던 무도 종목을 해야겠다고 생각했던 겁니다. 운동을 좋아하기는 하나 태권도나 유도, 검도 같은 무도는 배운 적이 없어 현실적으로 본인이 가장 잘 준비할 것 같은 유도를 결정한 것입니다. 체육관에 간 지 한 달도 채 되지 않아 그곳에서 유도공인 6단인 유도계에서 유명한 선생님의 특강을 한 시간 듣는 기회가 있었나 봅니다.

우연한 그 만남을 아들은 적극적인 도전의 기회로 잡았습니다. 연락처도 알지 못했던 한 번의 특강 선생님을 아들이 페이스북으로 찾아 메시지를 보냈던 겁니다. "저는 홈스쿨러이고, 이런저런 배경으로 살았고, 지금은 경호원이 되고 싶어 용인대 경호학과 유도부를 지망합니다. 저는 유도 경험이 없지만, 합격을 간절히 원합니다. 그래서 선생님의 조언을 듣고 싶습니다. 저를 한 번만 만나주시길 부탁드립니다." 이 메시지를 받고 감사하게도 그분은 이놈이 어떤 녀석인지 궁금하셔서 아들의 요청에 응해주셨습니다.

아들과 만나 어느 카페에서 몇 시간 동안이나 대화를 나누고 나서, 유도계의 전설이신 그 선생님께서 아들에게 유도를 사사해 주시기로 약속하셨습니다. 레슨비도 받지 않고 일주일에 한 번씩 체육공원에서 만나자 하셨다고 아들이 집으로 뛰어 들어오며 흥분해서 입에 거품을 물고 이야기했습니다. 그 말을 듣고 저희 부부는 처음에 그렇게 시작해 놓고 나중에 고액과외비를 요청하시는 건 아닐지 그분을 의심했습니다. 그런데 아들은 그분이 그럴 분 아니라며 혹여 이런 금쪽같은 기회를 놓칠까 봐 걱정하며 저희 부부를 적극적으로 설득하였습니다. 그때까지 어떤 일이든 부모인 우리는 아들의 안전에 대한 울타리 역할에만 충실하며 스스로 결정하고 일을 진행하는 걸 지켜 보아온 터라 우선은 그 상황을 허락하고 그냥 두고 보기로 했습니다.

그런데 정말 그분에게 아들의 진심과 간절함이 제대로 전달되었던 것 같습니다. 약속대로 일주일에 한 번씩 레슨을 해주셨습니다. 대신 합격하면 누구의 제자였다는 것을 밝히고 선생님 체육관에 와서 후배들을 위해 도와줘야 한다고 하셨던 겁니다. 정말 아들에게 축복이 내려진 것입니다. 결국, 공사 시험 준비를 했던 경험으로 수능시험에서 기대 이상의 점수를 받고, 또 유도계 대부님께 실기 훈련을 받아 아들은 용인대학교 경호학과에 장학생으로 합격하게 됩니다.

배우고 싶은 분야가 있을 때, 적극적이고 도전적인 그러나 예의 바른 태도로 접근하면 고수도 감명을 받아 필요한 부분을 도와줄 수 있습니다. 아이들의 이야기에 귀를 기울여주시고 문제 될 일이 아니라면 우선 적극적으로 격려해주세요. 자신이 주도적으로 생각하고 결정해야지만 스스로 책임도 질 수 있습니다.

ONE POINT LESSON

마음에 품은 한 가지 꿈으로 계속 진로를 맞추어 갈 수도 있으나, 다양한 꿈을 꾸며 여러 시도를 거쳐 자신의 진로를 찾아갈 수도 있답니다. 아이들이 자기주도적으로 생각하고 결정한다면 스스로 책임도 질 수 있습니다. 인생에는 정답이 없습니다. 눈앞에 놓인 과제를 해결하며 나아가는 해답만 있을 뿐입니다. 오늘 하루를 최선을 다해 즐겁게 살아간다면 그 자체로 우리 인생은 이미 성공한 삶입니다.

마음의 소리에 귀 기울이면 길이 보인다.

"선생님, 저는 이 세상에서 저희 이모부가 제일 좋아요. 저를 가장 잘 이해해 주고, 사랑해 주는 분이세요. 저희 아버지는 학교 선생님이신데, 어렸을 때부터 아버지에게 맞고 자랐어요. 빨리 집을 벗어나고 싶었고, 선생님이라는 직업을 가진 사람도 모두 싫었어요. 그래서 학교도 다니기 싫었고, 학교에 다니는 동안도 선생님들과 계속해서 갈등을 일으켰어요."

몇 해 전 고등학교 복학을 앞둔 학교 밖 청소년을 만나 상담할 때의 일이었습니다. 굉장히 예의가 바르고, 진중한 태도를 가지고 있는 학생이었습니다. 그런데 아버지의 가정폭력과 학교 내에서 교사와의 갈등으로 학교를 그만두고 2년 정도 아르바이트를 하며 지내다 복학을 결정한 것입니다. 이러한 결정을 하는데 있어 아이의 이모부께서 큰 도움을 주셨습니다. 이모부는 그동안 바르게 살아왔던 아이가 한순간 학교를 그만두고 방황하는 것이 마음에 걸렸다고 합니다. 그래서 이모와 상의하여 이 아이의 보호자가 되기를 자처하고, 아이와 함께 생활했다고 합니다. 아이는 아버지와 떨어져 이모부와 생활하면서 정서적으로 안정감을 찾기 시작했습니다. 많은 시간을 함께 보내며 이모부와 대화를 통해 온전히 자신을 바라보는 시간을 가졌다고 합니다.

"저는 고등학교를 졸업하고 군인이 되고 싶어요. 사실 육군사관학교에 가고 싶다는 꿈이 있었는데, 현재로서는 성적 때문에 불가능해요. 그래도 부사관이나 다른 방향으로 직업군인이 될 수 있는 방법을 찾고 있어요. 늦었지만 다시 공부도 시작했고, 요즘엔 책을 많이 읽고 있어요."

이 아이는 불행한 가정환경으로 자신의 꿈을 포기하고 살았지만, 이모부를 만나 자신의 내면을 들여다볼 수 있는 시간을 갖게 된 것입니다. 그래서 아주 오래전 자신이 군인이라는 직업을 꿈꾸며 준비하던 시간을 떠올리고, 다시 한번 그 꿈을 향해 나아가기로 결정한 것입니다.

저는 이 학생과의 상담을 끝내며 저의 어린 시절을 떠올려 봤고, 새삼 이 학생이 대단하게 느껴졌습니다. 자신의 환경과 재능, 그리고 마음을 들여다보는 충분한 시간을 가진 후 스스로 결정을 내릴 수 있었으니까요. 어려운 환경 속에서도 고민의 시간을 통해 진짜 자신이 하고 싶은 것을 찾은 것이죠.

사람들은 누구나 '어떻게 살 것인가?'에 대해 고민합니다. 어린 시절엔 막연한 꿈을 꾸며 고민하고, 대학입시를 앞두고는 나의 꿈을 잘 펼치기 위해서 어떤 학교, 어떤 학과에 진학할 것인가를 고민합니다. 나이가 들어 직장 생활을 하면서도 '나는 지금 잘 살아가고 있는가?'에 대한 고민을 끊임없이 합니다. 더 잘 살아가기 위한 과정일 겁니다. 그런데 만약 어릴 적 꿈을 선택하는 과정에서 부모님 혹은 타인의 고민을 통해 자신의 꿈이 결정되었다면 성인이 되었을 때 어떤 삶을 살아가게 될까요? 아마도 자신의 '일'과 '삶' 자체에 대해 고민하는 혼란의 시기를 보내게 될 가능성이 높을 겁니다.

저희 부모님은 제가 어떤 결정을 내리더라도 저의 의견을 존중해 주는 분들이었습니다. 그런데 문제는 제가 부모님 믿음에 걸맞게 진로에 대해 진지하게 고민하는 사람이 아니었다는 겁니다. 저는 고등학교에 진학한 후 잠시 부모님을 원망한 적도 있었습니다. '내가 좀 더 열심히 공부하도록 옆에서 관리해 줬더라면 내가 선택할 수 있는 것들이 더 많았을 텐데'라는 생각 때문이었습니다.

명확한 꿈이 없던 저는 공부를 하고자 하는 동기가 부족했습니다. 그러다 보니 공부하다 어려운 순간이 오면 포기하길 반복했습니다. 고등학교에 진학하여 꿈을 갖고 열심히 노력하는 친구들을 보니 마음이 조급해졌습니다. 그동안 하지 않은 공부를 하며 그 친구들과의 간격을 줄여보고자 노력했습니다. 그런데 한번 벌어진 간격은 좀처럼 줄어들 기미가 보이지 않았습니다. 조급함은 또 다른 포기를 불러왔습니다. 나는 이런 상황들을 온전히 '나를 관리해 주지 않은 부모님의 탓'으로 돌리며, 노력하지 않은 나 자신을 정당화하려고 하였습니다.

입시 철이 다가오자 친구들 사이에서는 대학 진학에 대한 이야기들이 주로 오갔습니다.

"너는 어디 대학에 원서 쓸 거야?"

"나는 A 대학, C 대학, G 대학에 원서 쓸 거야."

대부분의 친구들은 자신의 꿈과 성적에 맞춰 지원 가능한 대학과 학과에 대해 고민하고 진로를 결정한 상태였습니다. 그러나 저는 그 시기 특별히 하고 싶은 것도, 가고 싶은 학교도 없었습니다. 내가 하고 싶은 일이 뭔지 알 수 없으니, 어떤 결정이 내 꿈에 도움이 되는지 알 수 없었습니다. '대학에 진학하는 게 내 삶에 도움이 될까?'라는 의구심도 들었지만, 부모님의 결정에 의해 대학을 진학하게 되었습니다.

공부를 열심히 하지 않은 저로서는 성적이 좋지 않았기 때문에 선택할 수 있는 학교나 학과가 한계가 있었습니다. 저는 성적에 맞춰 국어국문학과를 진학했습니다. 저는 책 읽는 것을 좋아하거나, 글을 쓰는 것을 좋아하지 않았습니다. 그러나 그 당시 나에겐 국어국문학과가 성적에 맞는 최상의 선택이었습니다. 나의 꿈과 나의 선택은 아니었지만, 대학 4년을 다닌 후 졸업하면서 스스로 자랑스럽게 생각했던 부분이 있었습니다. 그것은 바로 '성실성'이었습니다.

신입생이 되면 술 마실 기회가 많아집니다. 이런저런 모임을 핑계로 술자리가 늘어나고, 술을 마시다 보면 다음날 학교에 가는 것이 매우 힘들어집니다. 친구들은 그런 이유로 학교를 빠지거나, 제때 과제를 제출하지 않거나, 학생의 복장에 맞지 않는 불량한 모습이 원인이 되어 'F'를 맞는 경우가 허다했습니다. 그런데 저는 시험공부를 제대로 하지 않아 ‘A^{+}’의 성적을 받지 못하더라도, 특유의 성실함으로 기본 성적을 유지하며 ‘F’를 맞은 적은 없다는 것이었습니다. 대단한 성적도 아닌데 ‘F’를 맞지 않는 게 무슨 자랑이냐고 반문할 수도 있습니다. 그런데 저는 결혼을 일찍 하였습니다. 대학교를 다니며 남편과 연애를 하였고, 대학교 3학년 때 첫아이를 낳았습니다. 학교를 다니며 결혼과 출산을 했던 것이었습니다. 남들보다 특출난 어떤 성과를 내지는 못했지만, 인생에서 큰 변화를 겪으면서도 낙오되는 과정 없이 제때 학교를 졸업했다는 것은 제 자신에게는 큰 자랑거리였습니다.

여러분은 모두 ‘오프라 윈프리’에 대해 아실 것입니다. 그녀는 2018년 미국 타임지 선정 ‘세계에서 가장 영향력 있는 100인’에서 거인 부문에 선정되었습니다. 그녀는 빈민가에서 태어나 지독한 가난, 성폭행과 마약 중독, 임신과 조산 등의 고통을 겪었습니다. 우리가 상상할 수 있는 수준 그 이상으로 너무나 끔찍하고 어려운 환경에서 살았던 것입니다. 그러나 현재는 방송인으로 활동하며 막대한 영향력을 행사하고 있습니다. 특히 그녀는 격식을 차리지 않는 특유의 편안한 분위기로 개인의 이야기를 풀어내는 데 탁월함을 드러냈습니다. 그녀는 힘든 인생을 자신의 힘으로 견디고 이겨내며 경험을 통한 많은 어록을 남겼습니다.

"당신이 누구인지, 무엇을 할 수 있는지, 무엇을 원하는지 알아야 합니다."

_방송인 오프라 윈프리

진로는 '내가 원하는 삶'이라고 표현할 수 있습니다. 사람들은 자신이 원하는 삶을 살고 싶어 합니다. 그런데 내가 속한 가정, 학교, 사회의 영향에 의해 내 결정이 아닌 타인의 결정으로 삶을 살아가는 경우도 많습니다. 결국 시간이 흐르고 가장 많이 후회하는 것이 자신이 하지 못했던 것들에 대한 후회라고 합니다.

고등학교에 다닐 때 굉장히 성격이 밝고 자신감이 넘치는 친구가 있었습니다. 얼굴이 예쁜 것도 아니고, 몸매가 날씬한 것도 아니고 그렇다고 공부를 잘하는 것도 아니었습니다. 타인의 기준에 맞춰 누구와 비교해도 잘난 것이 없는 그런 친구였습니다. 그럼에도 불구하고 그 친구가 항상 밝고 긍정적이며, 자신감이 넘쳤던 이유는 바로 부모님의 태도 때문이었습니다. 그 친구는 위로 언니와 오빠가 있는 삼 남매 중 막내였습니다. 언니와 오빠는 공부를 잘해서 각각 약대와 의대를 진학했습니다. 그런 형제들과 비교해 이 친구의 성적은 형편없었습니다. 다른 사람들 기준에서는 속 썩이고, 모자란 막내딸이었을 것입니다. 그런데 부모님이 바라보는 막내딸은 막내딸만이 가지고 있는 강점이 있는 아이였습니다. 이 아이가 공부를 못해도, 다른 형제들과 비교하지 않았습니다.

"OO야, 넌 뭘 할 때 가장 즐거워? 언니나 오빠는 공부하는 게 좋고, 자신만의 꿈이 있어서 약대나 의대에 간 거야. 너는 언니나 오빠랑은 달라. 에너지도 넘치고, 항상 즐겁게 사는 모습이 보기 좋다. 그러니까 공부해야 된다는 스트레스 받지 말고, 네가 즐겁게 할 수 있는 일이 뭔지 찾아봐. 주변에서 뭐라고 해도 신경 쓰지 말고."

고등학교 졸업할 때까지 특별한 꿈이 없던 그 친구는 이것저것 자신이 해보고 싶은 것, 가고 싶은 곳 등을 다양하게 경험하고 여행하며 결국 자신의 꿈을 찾았습니다. 대학에 진학하지 않고 살 빼기 위해 시작했던 에어로빅에서 재능을 보이며, 에어로빅 강사로서 제2의 삶을 살고 있습니다. 물론 부모님만큼 자신을 사랑해 주는 남편을 만나 알콩달콩 두 사람만의 신혼을 지금도 즐기고 있습니다. 형제들과 비교하지 않고 그 친구만의 강점으로 할 수 있는 일을 찾을 때까지 지원해 주고, 지지해 준 부모님 덕분에 그 친구는 항상 자신감이 넘쳤고, 자존감도 강했습니다. 높은 자존감으로 연애를 할 때도 상대방에 휘둘리지 않고, 상대방을 존중하며 자신의 감정을 자유롭게 표현하는 사람이 되었습니다. 그러다 보니 결혼생활을 할 때도 '부부'에게 중요한 것을 먼저 생각하고 실천하고 있습니다.

내가 어떤 직업을 갖고, 어느 정도의 돈을 버는지도 매우 중요합니다. 그러나 이 친구를 보면서 진짜 자신이 하고 싶은 일을 찾아서 직업으로 삼았을 때, 얼마나 즐겁고 만족하는 삶을 살 수 있는지 알게 되었습니다.

저는 어린 시절 꿈과 진로에 대해 진지하게 고민하지 않고, 흘러가듯 나의 삶에서 주어진 것들을 해내며 지금 이 자리에 왔습니다. '더 깊은 고민을 통해 내가 더 잘할 수 있는 것, 내가 더 즐겁게 할 수 있는 것을 찾을 수 있지 않았을까?'라는 마음에 가끔은 아쉬운 생각이 들기도 합니다. 그러나 지금의 이 일은 부모님이나 주변 사람들의 선택이나 강요가 아닌 나의 선택으로 이루어진 것입니다. 그래서 지금까지 이 일을 하며 힘든 순간들도 잘 견딜 수 있었습니다.

적극적으로 자신의 꿈을 찾기 위해 고민했던 나의 친구와 소극적이지만 삶의 순응하며 꿈을 찾은 나의 삶을 돌아봤습니다. 어떤 과정을 겪었든 결과적으로 자신의 선택이라는 점에서 의미 있는 삶이라는 생각이 들었습니다. 그래서 저는 두 아이들을 키우며 내가 원하는 직업을 아이들에게 강요한 적이 없었습니다. 부모의 마음은 아이들이 안정적인 직업을 통해 잘 살기를 바랍니다. 그러나 그런 나의 바람이 아이의 바람과는 다를 수도 있다는 생각을 항상 가지고 있었습니다. '내가 모든 것을 경험한 것이 아니니, 내 경험이 항상 옳은 것은 아니다.'라는 생각으로 내 의견만을 고집하는 엄마가 되지 않으려고 했습니다. 그래서 항상 아이들과 대화하고 귀 기울여 들으려 노력했습니다. 아이가 무엇에 관심이 있는지, 무엇을 해보고 싶은지, 어떤 사람이 되고 싶은지 항상 궁금해 하며 대화하였습니다.

큰아이는 6학년이라는 늦은 나이에 운동을 시작했습니다. 늦게 시작한 만큼 어려움이 많았습니다. 운동을 시작하기 위해 6학년 2학기에 다른 지역으로 전학을 가게 되었습니다. 아이는 진학할 중학교 근처의 초등학교로 전학을 하고, 중학교 축구부 숙소에서 생활하게 되었습니다. 1년 정도 그곳에서 운동한 아이가 어느 날 다른 학교로 전학가고 싶다고 이야기했습니다.

"엄마, 저 OO 중학교로 전학을 가고 싶어요."
"갑자기 전학을 왜 가고 싶어?"

"이곳은 제 수준에 안 맞아요. 아이들이 너무 잘해서 제가 뛸 수 있는 기회를 잡을 수가 없고, 경기를 뛰지 못하다 보니 경기 감각도 키울 수가 없어요. 제가 부족한 부분을 현장에서 뛰면서 체크해야 되는데, 그런 기회를 전혀 잡을 수가 없으니 자꾸 의기소침해져요. 제가 전학 가고 싶은 OO 학교에는 저랑 친한 친구가 다니고 있어요. 그런데 그 친구 말로는 현재 제가 다니고 있는 학교보다는 실력이 조금 뒤처지는 학교지만, 제가 조금만 노력하면 충분히 주전을 할 수도 있을 거라고 했어요. 그리고 부모님과 떨어져 운동하면서 숙소 생활을 하다 보면 힘든 점들이 많은데, 친한 친구가 있으면 서로 의지하면서 잘 견딜 수 있을 것 같아요."

아이의 말을 들으며 저는 잠깐 고민을 했습니다. 사실 아이가 다니고 있던 학교의 감독님과 전학을 가고 싶어 하는 학교의 감독님은 사이가 좋지 않았습니다. 학교에 전학 얘기를 전했을 때 현재 감독님의 부정적인 반응이 예상되었습니다. 전학을 진행하는 과정이 매우 불편하고 어렵겠다는 예상이 들자, 마음에서 주춤거리는 것이 느껴졌습니다. 그때 저는 생각했습니다.

'내가 처음 큰아이를 운동시켰던 이유는 무엇이지?'

저는 큰아이가 운동을 하고 싶다고 이야기할 때 기쁜 마음이 들었습니다. 아이는 훌륭한 축구선수를 꿈꾸며, 운동선수의 길을 선택했습니다. 그러나 아이의 이야기를 듣는 저는 마음이 달랐습니다. 엄마와 떨어지기 싫어하던 아기 같던 큰아이가 스스로 엄마와 떨어지는 것을 선택할 정도로 하고 싶은 것이 생겼다는 것이 기뻤습니다. 학생 선수는 운동과 공부를 병행해야 합니다. 그래서 육체적, 정신적으로 매우 많은 스트레스를 받게 됩니다. 그럼에도 아이가 스스로 선택했다는 사실이 나와는 다른, 자신의 삶에 고민하는 적극적인 모습으로 생각되어 행복한 감정을 느끼게 하였습니다. 운동선수가 되는 결과가 아닌 선수가 되기 위한 과정을 견디며, 자신의 선택에 집중하고 온전히 책임을 질 줄 아는 아이로 성장하기를 기도했습니다. 그리고 그 과정에서 행복하길 바랐습니다. 그래서 처음 그 마음을 떠올리며 아이가 행복한 길을 선택하기로 마음먹었습니다. 저의 예상대로 전학을 진행하는 과정은 순탄치 않았습니다. 아이가 주전 선수로 뛰는 중요 선수가 아님에도 불구하고 전학 갈 학교의 감독님과의 불편한 관계 때문에 전학을 반대했습니다.

"왜 하필 그 학교로 전학 가려고 하시는 거예요? 그 학교 말고도 좋은 학교도 많이 있지 않나요?"

"감독님이 그 학교 감독님과 불편하다는 것을 전해 들어서 알고 있습니다. 그런데 저는 아이가 대단한 축구선수가 되는 것을 바라서 운동시킨 것이 아니에요. 아이가 운동하는 동안 즐겁고 행복하길 바라서 아이의 선택을 지지해서 시작한 겁니다. 아시다시피 저희 아이가 이 학교에서는 주전으로 뛸 수 있는 실력이 아니잖아요. 아이도 자신이 노력하면 노력한 만큼 좋은 결과를 얻어 자신감 가지고 운동하게 하고 싶습니다. 그리고 그 학교에는 아이의 가장 친한 친구가 다니고 있어요. 힘들 때 서로 의지하며 운동할 수 있을 것 같아서, 꼭 그 학교로 전학 보내고 싶습니다."

"저는 그 학교로 전학 가는 것 동의 못합니다. 다른 학교 소개해 드릴 테니 그 학교로 가시든지, 아니면 그냥 다니세요. 그 학교로 전학 가면 아이가 앞으로 운동하지 못하도록 손쓸 거니까 그렇게 아세요."

저는 감독님의 협박성 이야기를 듣는 순간 너무나 화가 났습니다. 아이가 성장할 수 있는 미래의 상황보다는 자신의 불쾌한 감정이 더 중요한 것처럼 느껴졌습니다. 저는 아이가 자신의 선택을 통해 좀 더 성장하길 바랐습니다. 그런데 감독님의 개인적 감정 때문에 그 상황이 잘못되는 것을 참을 수가 없었습니다. 저는 아이를 위해 갈등을 일으키지 않고 잘 해결해 보려고 저자세로 나가다가 태도를 바꿨습니다. 교육청에 의뢰해서 감독님의 태도가 잘못된 부분은 없는지 따져서 해결하겠다고 엄포를 놓은 것입니다. 결국 감독님은 어쩔 수 없이 저희 아이가 원하는 학교로 전학 동의서에 도장을 찍어주셨습니다. 힘들게 전학한 학교에서도 아이는 쉽게 주전 선수로 뛰지는 못했습니다. 그러나 이전과는 달리 힘든 운동을 하면서도 즐겁게 해 나가는 모습을 보였습니다. 그리고 6개월 뒤, 수비수로 주전을 차지하고 자신의 역할을 해내는 선수가 되었습니다. 성인이 된 큰아이는 지금도 자신이 선택한 분야에서 조금씩 성장해 나가고 있습니다. 부모의 결정에 따르는 것이 아닌 스스로 결정하고 책임지는 책임감 있는 아이로 성장했습니다.

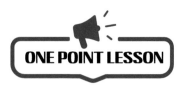

ONE POINT LESSON

① 나는 아이와 대화할 때 자존감을 올려주는 대화를 하는지, 나의 '대화 스타일'을 점검해 보세요.
② 아이가 동기부여 될 수 있는 관심 있는 분야는 무엇인지, 아이 마음에 귀 기울여보세요.
③ 내가 꿈꾸는 '내 아이의 미래'는 어떤 모습인지 상상해 보세요.

나는 진짜 무엇을 하고 싶지?

고등학교 생활기록부에는 진로희망과 진로활동을 적는 공간이 있습니다.

우리 학생들은 이 부분을 힘들어 합니다. 대부분의 친구들은 그제서야 '나의 진로가 뭐지?' 라고 생각하게 됩니다. '나는 장래 무슨 일을 할까?'에 대한 답을 하기 전에 '나는 무엇을 잘할까? 무엇을 좋아할까?'라는 질문이 선행되어야 할 것입니다. 이렇듯 '나'에 대한 탐색이 기초가 되어야 하는 것입니다.

나의 가치관을 세우고 나의 관심을 알아내는 것이 중요합니다. 그 후 자신이 좋아하는 것과 세상이 필요로 하는 것이 서로 연계되어야 합니다. 하지만 내가 뭘 좋아하는지를 알기는 힘듭니다. 세상이 다양하고 복잡해지면서 자신이 뭘 선택해야 진정으로 행복할지 잘 모른다는 것입니다.

그래서 우리 학생들은 자신만의 충분하고 깊은 고민 없이 부모님이나 선생님의 조언을 듣고 의무감으로 진로를 적어내는 경우가 많습니다. 수만 가지 선택지 중에서 나만의 선택을 위한 중요한 일에 미리 관심을 갖고 준비했어야 하는데 그 때는 잘 모르고 그 시간들을 지나쳐 온 것입니다.

오늘 날 직업의 종류는 100만 가지가 넘는다고 합니다. 세상이 점점 더 전문화 될수록 이 현상은 증가될 것입니다. 그래서 자기를 살펴야 한다는 것입니다. '나'를 파악하고 시행착오를 거치면서 끊임없이 찾아야 합니다. 초등학교, 중학교 시절 자신의 재능을 치열하게 여러모로 찾아보고 '나'를 알아가는 과정을 경험한다면 더할 나위 없이 좋을 것입니다.

현이는 어려서부터 유달리 호기심이 많았습니다.

하고 싶은 일도 많았고요. 유아시절부터 습관이 된 다양한 독서가 간접경험을 불러일으킨 결과인 것 같습니다. 유아부터 중등까지 10여년에 걸쳐 미술, 피아노, 발레, 수영, 뮤지컬, 과학실험, 독서토론, 예술공연관람, 스피치대회, 각종 탐구대회와 체험활동, 합창단, 교회활동 등등 현이는 너무 열심히 다양한 활동을 즐겨하였습니다. 그래서 이 아이는 늘 움직이는 생동감이 있었습니다.

부모님은 이 아이가 유아시절 많이 병약하였기에 '건강하고 밝게'라는 모토로 하고 싶은 것을 지지해 주었습니다. 초등학교 시절에는 친구들이 "너는 연예인이 되려고 하니?"라고 할 정도로 많은 분야의 호기심을 행동으로 표현 하면서 지냈던 것 같습니다. 몸이 약한 이유로 늘 제한받았던 에너지를 하고 싶은 분야에 충분히 소진하면서 행복함을 느끼는 것 같았습니다. 그러다보니 초등시절 정작 학교 교과 공부를 열심히 할 시간은 많이 부족하였습니다. 국영수과 같은 학습에 있어 충분한 현행과 선행이 안 되어 있는 상태였습니다.

하지만 중학생이 되고 학교생활에 흥미를 느끼게 되면서 학습 동기가 만들어진 것 같았습니다. 고유의 그 호기심으로 중학교 입학 후 여러 활동들을 모두 참여 하면서, 관심 분야에 대한 공부의 필요성을 느꼈고 강도 높게 공부하기 시작하였습니다. 예를 들어 '과학탐구대회'를 친구와 한 팀으로 나가고 싶었는데, 현이의 과학 실력이 문제였습니다. 과고를 준비하고 있던 그 친구에게 피해가 가지 않으려면 현이의 역할이 중요했던 것입니다. 그래서 현이는 과학을 꽤 잘 했던 그 친구와 학교 과학 선생님의 도움을 받으며 할 수 있는 노력을 다 했습니다. 관련 책과 정보를 열심히 찾고 정리하였고, 시행착오도 겪으면서 정성을 기울였습니다. 현이는 정리해서 글을 잘 썼고 그 친구는 과학 지식이 많아서 두 사람은 서로의 장점을 잘 활용했습니다. 실험과정의 내용을 이론과 지식을 적절하게 사용하여 잘 설명하고, 최종 실험 보고서를 깔끔하고 명확하게 작성해서 칭찬을 받았고 수상도 하였습니다.

수상 이후 그 친구는 이렇게 말했습니다. "처음에는 너랑 함께 팀을 나가는 것이 많이 불안했었어. 그런데 나는 내 지식만 뽐낼 줄 알았지 잘 정리하고 핵심을 찾아내는 것이 많이 부족했다는 것을 너를 보면서 알게 되었어. 참 고맙다. 네 덕에 나는 가고 싶은 학교 가는 데에도 이 경험이 많은 도움이 될 것 같아. 고등학교 가서도 추억으로 많이 생각날 것 같아."

친구를 보조하면서 성장한 현이도 그 다음 해부터는 독립적인 주체가 되어 대회에 참가하게 되었습니다. 그 때 현이는 자신의 성장에 대해 참 기쁘고 뿌듯함을 느꼈다고 합니다. 현이가 부족한 교과지식을 문제 삼아 도전하지 않았다면 그 행복감을 느끼지는 못했겠지요?

또 영어스피치 대회를 나가고 싶어 '모리와 함께 한 화요일'이라는 책과 영화를 열 번 이상 반복해서 보고, 할 수 있는 만큼 영작문을 하여 교회선생님께 또 아는 언니에게 첨삭을 받으면서 열정을 품었습니다. 수상 여부와 관계없이 활동 과정 속에서 도전의 기쁨을 느꼈습니다.

현이의 경우, 어릴 때 예능과 문화 활동들은 사교육의 도움을 받았지만 교과 공부를 시작하면서부터는 자기주도적인 공부로 깊이를 만들어 갈 수 있었습니다. 열심히 공부의 양을 채워가면서 대학 전공을 선택하는 과정에서 현이는 2년에 걸쳐 깊은 고민을 하게 됩니다. 휴학을 하면서까지 고민의 늪에 빠지기도 하였습니다. 부모님은 처음에 이 아이가 독서를 많이 좋아하여 '문학과 예술'에 강한 아이라고 알고 키웠는데, 부모님의 예상과는 다르게 어릴 때부터 중고등 시절까지 이어 온 다양한 활동을 통해 전혀 새로운 영역의 탐구로 자신의 역량을 키우게 되었습니다.

현이가 중학교 1학년이었을 때, 피아노 선생님께서 현이 엄마께 "현이는 피아노를 전공으로 이어가도 좋겠습니다. 재능이 많이 있습니다."라고 하셔서, 엄마는 현이에게 그 의향을 물었더니 현이는 이런 말을 했습니다. "엄마, 내가 피아노를 많이 좋아하고 음악을 즐겨 하지만… 그것은 행복한 나의 인생을 위해 꼭 필요하지만… 만일 음악을 전공해서 피아노가 매일매일 나의 일이 된다면 그것은 지루한 일이 될 것 같아."라는 답을 했습니다.

좋아하는 것과 직업으로 삼아야 하는 일의 구분이 생기기 시작했던 것 같습니다. 그 때는 '진로'라는 말을 사용하지도 않았고 잘 몰랐지만, 자연스럽게 비교과 활동을 지속하게 된 경우입니다. 비교과 활동을 통해 관련 교과의 필요성을 느끼고 자발적으로 공부하게 된 경우입니다. 현재 대학원생인 현이는 자신의 진로를 '습지연구'로 정하고 아직은 우리나라 학문 분야에서 많이 미개척된 분야의 공부를 계속하고 있습니다. 하다보면 또 다른 길로 갈 수도 있겠지만 지금은 이 공부가 많이 고되지만 재미있고 보람 있다고 합니다. 현이가 좋아했던 영어와 탐구대회로 관심이 많이 생긴 과학이 지금의 현이 전공이 되었던 것 같습니다. 그리고 종종 현이는 피아노를 치면서 휴식과 재충전의 시간을 갖는다고 합니다.

사람이 '나'를 들여다보면서 뭘 해야 하는지를 정하기는 누구나 어렵습니다.

'나'를 들여다 본다는 것이 어려운 일이기 때문입니다. 내가 나를 알려면 많이 부딪혀 보아야 하는 데 어린 학생들의 경우는 그 부분이 더욱 어렵습니다. 하지만 사소한 부분에서라도 어려워하고 힘들어 하는 부분이 있다면 이것이 기회가 될 수 있다고 생각합니다.

글쓰기를 유독 어려워하는 어린이가 있습니다. 오늘도 친구들과 책 읽고 글을 쓰는 데 이 아이는 많이 우울해 했습니다. 자기표현을 하려는 노력보다는 '친구들은 다 잘 하는데….'라는 마음이 앞서서 '뭘 표현해야 할지' 생각이 나지 않았습니다. 글쓰기 문제가 아니라 자신을 건강하게 드러내는 것이 우선일 것 같습니다.

나를 알려면 자신에 대해 편안한 마음을 갖는 것이 중요합니다. 친구들을 의식하지 않고 건강하게 좋은 생각으로 자신을 드러내는 일이 먼저 필요합니다. 그 후 어떤 문제나 상황에 대하여 자신의 생각을 정리해 보는 것이 좋을 것입니다.

이 어린이는 그림을 좋아하고 잘 그립니다. 그림으로 자신을 충분히 나타내고 자신이 좋아하는 게임 스토리를 만들어 보고 발표로 이어가도 좋을 것 같습니다. 이 친구의 지도 선생님은 '아이의 엄마와 대화하기'를 통해 아이의 성장을 돕고자 하십니다. 선생님은 사랑의 마음으로 아이들을 기다려 주신다고 합니다. 마음의 여유가 사람의 성장을 돕는 경우가 있습니다. 마음의 여유가 있는 사람은 자신이나 타인을 들볶지 않습니다. 조급함의 폐해를 아는 사람은 흔들릴 때에 마음의 평정을 위해 노력합니다.

요즈음 초등학교 부모님들을 만나는 경우가 종종 있습니다. 그 때 '진로'라는 말씀을 드리면 대입을 먼저 떠올리시기 때문에 대부분 아직 멀었다고 생각하십니다. 하지만 인생과정 자체가 진로이기에 태어나면서 진로 교육이 시작되는 것입니다. 진로는 특정 학습이 아니라는 것을 알기에 아이와 함께 행복하게 성장하시길 권유해 드리고 있습니다. '독서'를 통해 진로교육의 시작을 강조하고 있습니다. 뭘 하는 것이 좋을지, 나는 어떤 분야에 관심이 있는지, 진짜 좋아하는 것이 무엇인지를 찾기 위해 관련 도서나 잡지를 먼저 찾아보는 것이 제일 쉬운 일일 것 같습니다. 도서 탐색을 충분히 한 후에 관심 활동으로 이어질 수 있다고 봅니다.

부모는 아이와 함께 하는 많은 시간들 속에서 조용히 아이를 관찰하고 아이의 마음으로 다가가 눈높이 대화를 하며 미래를 그려보는 것이 중요합니다. 말 한 마디 한 마디 허투루 하지 않고 나의 말이 자녀의 인생을 바꿀 수 있다는 의식을 갖는 것이 중요합니다. 아이가 스스로 장점을 찾아낼 수 있도록 지혜로운 조력자가 되어야 할 것입니다. 세상은 많은 것을 보여 주고 들려주지만 그 안에서 나의 것을 찾고 성실히 그 길을 향해 노력하는 삶, 그것이 자신만의 진로라고 할 수 있겠습니다.

ONE POINT LESSON

누구나 무엇을 해야 할지에 대한 답을 구하기는 어렵습니다.
부단히 노력하며 자신을 들여다보는 과정이 우선입니다.
부모나 선생님의 조력을 통해 함께 성장할 수 있습니다.

PART III

앞으로 세상은 어떻게 변할까요?

앞으로도 계속 기술은 발전할 것이고,
그때마다 계속 유망 직업들은 바뀔 거예요.
어떤 직업이 살아남을까가 아니라
어떤 상황에서도 살아갈 수 있는
역량이 그래서 중요합니다.

하지만, 아직까지도 진로교육은
직업탐색에 국한되는 경우가 많습니다.

아이들에게 꿈이 무엇인지 질문하면,
'크리에이터', '연예인', '선생님' 등의 직업을 이야기합니다.
변화의 소용돌이에서 우리 아이들이
현재 꿈꾸는 직업은 보장받지 못할 수도 있습니다.

우리의 진로 교육은 '무엇으로 살까?'보다는
'어떻게 살까?', '왜 살까?'에 대한
답을 생각할 수 있게 해야 합니다.

미래는 알 수 없지만, 준비는 할 수 있어요!

10년 후, 우리 사회는 어떤 모습으로 변화하게 될까요?

앞으로 어떤 직업이 사라지고, 어떤 직업이 새로 생겨날까요?

인공지능에 대체되지 않고 인공지능을 활용하기 위해서는 어떤 능력이 필요할까요?

당장 내일 어떤 일이 벌어질 지도 모르는데, 10년 후의 모습을 예측한다는 건 어려운 일이죠. 그렇다고 마냥 손 놓고 아무런 준비 없이 살아야 할까요? 그렇지는 않습니다. 다행인 것은 현재의 모습을 자세히 들여다보면, 뭘 해야 할 지 알 수 있다는 겁니다. 즉 예상되는 큰 흐름을 읽을 수 있다면, 준비를 할 수 있다는 것이죠.

자율주행차가 상용화된다면?

2023년 12월 5일 연합뉴스를 통해 서울시가 세계 최초로 심야 자율주행버스를 운행했다는 소식을 접할 수 있었습니다. 현재는 청계천과 청와대 인근에서 시범 운영하지만 2024년에는 청량리역까지 운행구간을 늘릴 계획이라고 합니다. 이런 추세라면 우리는 빠른 시일 내 도로 위를 달리는 수많은 '자율주행차'를 목격하게 될 겁니다.

그렇다면 '자율주행차' 상용화로 인해 우리 삶은 어떻게 변할 수 있을까요?

직접 운전하지 않아도 자동차가 알아서 목적지까지 안전하게 이동하고 주차까지 알아서 해주는 상황이 발생할 겁니다. 그야말로 영화에서나 볼 수 있었던 모습이 현실에서 구현되는 것이겠죠. 차 안에서 잠을 잘 수도 있고, 식사를 할 수도 있습니다. 장거리 여행 시 운전하느라 피곤할 일도 없을 거고요. 또한 자동차 상태를 실시간 확인할 수 있어, 문제가 발생하기 전 선제적 대응을 할 수 있을 겁니다. 더이상 정비소에 찾아가지 않아도 된다는 것이죠. 실제로 자동차가 스스로 정비를 한다면, 정비업계는 큰 피해를 보게 될 수도 있습니다. 과학 기술의 발전으로 인해 사라지는 일자리가 발생하게 되는 겁니다. 물론 새롭게 만들어 지는 직업도 있을 겁니다.

그럼 '자율주행차'가 상용화 되었을 때, 어떤 일자리가 사라지고 생길까요?

먼저 사라지게 될 직업은 운전기사가 될 수 있을 겁니다. 택시 기사, 버스 기사, 물류 운송 기사 등 완전히 사라지지 않더라도 분명 직접적인 영향을 받게 될 겁니다. 또 운전 교육 강사, 주차 관리 직원 등도 사라지게 될 직업에 포함될 수 있습니다.

그렇다면 반대로 자율주행과 관련한 소프트웨어 개발자, 시스템 엔지니어, 데이터 분석가, 보안 전문가 등의 새로운 직업이 생길 겁니다. 또한 자율 주행 관련 정책 전문가도 필요할 거고요. 이처럼 새로운 기술이 상용화된다는 것은 생각보다 더 큰 변화를 가져오게 된다는 겁니다.

> 여러분이 어른이 될 때 즈음에는 지금은 상상도 할 수 없는 직업이 생길지도 모르겠네요. 시대의 변화를 보면서 세상이 필요로 하는 직업이 무엇이고 자기에게 맞는 직업이 무엇인지 시간을 두고 천천히 생각해봅시다.
>
> _학연플러스 편집부, 『14살부터 시작하는 나의 첫 진로 수업』 중

영화 속에 비친 미래 모습

50년 후 이 세상은 어떤 모습일까요? 사람들은 호기심을 가지고 먼 미래에 대해 다양한 상상을 하는데요. 이런 모습을 증명하듯 영화 속 여러 장면들은 미래 사회를 보여주고 있습니다. 단순히 재미로만 생각할 것이 아니라 어쩌면 우리 아이들이 살아가게 될 세상일 수도 있을 겁니다. 특히 아래 3편의 영화는 우리에게 많은 시사점을 주고 있습니다.

첫 번째 영화는 2014년 스파이크 존즈 감독이 만든 'HER'입니다. 공허한 삶을 살아가던 주인공 '테오도르'는 인공지능 운영체계 '사만다'를 만나게 되고, 사랑에 빠지는 모습이 나옵니다. 인공지능을 통해 행복을 찾기 시작한 주인공의 모습을 보며, '어떻게 인공지능을 연인처럼 생각할 수 있을까'란 의문이 생겼던 기억이 있는데요. 하지만 앞으로 1인 가구의 증가와 다양한 삶의 방식 등을 고려한다면, 충분히 일어날 수 있을 겁니다. 말 한마디에 많은 것을 대신 해주는 인공지능에 의지하는 것이 그리 불가능한 모습은 아니니까요. 더욱이 태어날 때부터 디지털에 익숙한 세대라면, 그럴 수도 있지 않을까요?

두 번째 영화는 '아이언맨'입니다. "I am Iron Man."이라는 대사를 알고 있는 분이 많을 텐데요. 이 영화를 보면 4차 산업혁명 이후 등장한 새로운 기술들이 정말 많이 나옵니다. IoT(사물 인터넷), 헬스케어 기술 등 과학기술의 발전과 신산업 성장을 잘 보여주고 있습니다. 슈트 하나만 입고 있으면, 하늘을 날수도 있고 신체를 보호할 수 있습니다. 몸 상태를 감지해서 아픈 곳을 사전에 치료하기도 하고요. 불가능하다고 생각했던 것들이 슈트 하나만 있으면 천하무적이 되는 겁니다. 이 엄청난 모습이 과연 영화 속 상상으로만 그칠까요?

세 번째 영화는 '투모로우'입니다. 지구의 이상 기후가 사람들에게 어떤 영향을 미치는지에 대해 잘 보여주는 영화인데요. 우리 모두에게 경각심을 심어주는 대사가 기억에 남습니다.

> "우리는 깨달았습니다. 분노한 자연 앞에서 인류의 무력함을… 인류는 착각하고 있었습니다. 지구의 자원을 마음대로 쓸 권한이 있다고… 허나 그건… 오만이었습니다."
>
> _롤랜드 에머리히 감독, <투모로우> 중 백커 부통령의 연설 내용

지구에 잠시 머물다 가는 지구인으로서 자연 보존을 위

한 노력이 얼마나 중요한지에 대해 깨닫게 합니다. '건강한 지구'를 미래 세대에게 전해주는 것이 최고의 선물이 아닐까요?

영화 속 장면들이 현실화 될 거라고 확신할 수는 없습니다. 다만, 우리 주위를 살펴보면 비슷한 현상을 쉽게 찾아볼 수 있기에, 미래를 어느 정도 예측할 수는 있을 겁니다. 주변에 보이는 현상들을 그냥 보고 지나치지 말고, 어떠한 의미가 있는지 관찰해보는 것이 필요할 겁니다. 평소 아무것도 아닌 것들도 다양한 관점으로 살펴보면 특별한 의미로 다가올 수 있으니까요.

세상이 어떻게 돌아가는지 알아야 한다.

아이들이 자기 탐색을 통해 자신을 이해하고, 자신에게 맞는 진로를 설계하는 과정에서 반드시 필요한 것이 있습니다. 그건 바로 외부 환경에 대한 정보입니다. 미래 사회의 특징과 직업세계에 대한 이해 그리고 요구되는 인재상에 대해 알고 있다면, 자신과 외부를 연결시키는 데 현명한 의사결정을 할 수 있습니다. 앞으로 발생될 수 있는 사회 변화에 대해 지속적으로 확인할 필요가 있다는 것이죠.

먼저 많은 전문가들이 예측하는 미래 사회의 핵심 특징은 다음 3가지로 볼 수 있을 겁니다.

첫째, 삶의 다양성 증가 및 네트워크 확장이 예상됩니다. 1인 가구 증가와 함께 다문화 가족, 비혼 가족 등 다양한 형태의 가족이 증가될 것이며, 디지털 기술의 발달로 인해 사람들 간의 연결성이 더욱 편리해질 것으로 보입니다.

둘째, 기술 중심의 발전이 이루어질 겁니다. 미래 사회는 인공지능(AI), 빅데이터, 사물인터넷(IoT), 로봇공학 등 첨단 기술의 급속한 발전을 기반으로 일상생활뿐만 아니라 산업, 의료, 교육 등 다양한 분야에서 혁신을 가져올 것으로 예상됩니다.

셋째, 지속 가능성과 환경 의식이 증가될 겁니다. 재생 가능 에너지, 친환경 건축, 지속 가능한 농업 등이 중요한 이슈로 부상하며, 이에 따른 새로운 정책과 기술이 개발될 것으로 전망합니다.

이러한 특징들은 이미 우리 주변에서 쉽게 관찰되고 있으며, 관련된 일들은 유망 직업으로 자리 잡게 될 것입니다. 그럼 직업 세계는 어떤 변화가 있을까요?

2023년 세계경제포럼(WEF)에서 발간한 『미래 직업 보고서 2023-일자리 지형 전망』을 통해 5년 내 사라지는 일자리는 8천 300만 개이고, 새로 생기는 일자리는 6천 900만 개로 전망하였습니다. 현재 일자리 규모 대비 가장 빠르게 줄어들 것으로 예상하는 직업 1위는 은행 창구 직원입니다. 그리고 이어서 우편서비스 직원, 캐셔 및 티켓 창구 직원, 정보 입력원, 사무·행정 비서직으로 나왔습니다. 여기서 유추할 수 있는 것은 많은 사람들이 매뉴얼을 통해 배울 수 있으며, 비슷한 행위를 반복적으로 하는 업무라는 겁니다. 또한 스트레스도 크게 받을 수 있는 일이라는 것이죠. 이런 특징을 가진 직업을 스트레스를 받지 않는 인공지능에 의해 대체될 가능성이 높다는 것을 의미합니다. 반면 인공지능 전문가, 친환경 에너지 기술자, 빅데이터 분석가 등은 새로 생겨나는 일자리인데요. 미래 사회 변화의 특징을 반영한 직업임을 알 수 있습니다.

이처럼 조금만 관심을 가지면, 우리 아이에게 필요한 정보를 쉽게 확인할 수 있습니다. 사회가 요구하는 인재상은 어떤 특징이 있는지, 직업 세계는 어떻게 변화될 것인지, 대학에는 어떤 계열과 전공이 있는지 등에 대해서 말이죠. 중요한 것은 필요한 정보를 찾아 활용할 수 있어야 합니다. 앞으로 새로 생기는 일자리가 무엇인지 알았다면, 요구하는 인재상에 대해 생각해봐야 한다는 겁니다.

과거에도 시대에 따라 인재상은 변해왔습니다. 우리나라 교육제도의 흐름만 봐도 알 수 있습니다. 학력고사에서 수학능력시험, 그리고 학생부종합전형과 고교학점제 등 과거에는 암기 위주의 학습을 중요시 했다면, 지금은 학생 개개인성을 고려하여 다양성을 인정하려고 합니다. 이제는 정보와 지식을 많이 알고 있다는 것만으로는 인재라 할 수 없기 때문입니다. 그렇다면 우리 아이게 필요한 역량은 무엇일까요? 무엇보다 '변화대처능력'을 갖춰야 할 겁니다. 급변하는 세상에서 어떠한 한 가지만을 고수하는 사고방식보다 변화에 대처할 수 있는 능력이 더욱 중요하기 때문입니다.

'변화대처능력'을 키우는 방법은?

과학기술의 발전 그리고 삶의 다양성이 증가됨에 따라 변화대처능력은 그 어디 때보다 중요해졌습니다. 그렇다면, 어떻게 하면 변화대처능력을 향상시킬 수 있을까요?

첫째, 회복 탄력성을 강화시켜야 합니다. 역경과 도전에 직면했을 때 긍정적으로 대처하고 이로부터 회복하는 능력을 키우는 것이죠. 이를 위해서는 자신의 감정과 느낌을 외면하지 않고 집중할 수 있어야 합니다. 어떠한 상황으로 인해 갖게 되는 부정적 감정을 생각으로 누르지 않고 자신의 감정을 있는 그대로 바라볼 수 있어야 합니다. 예를 들어 공부가 잘 안 되고 집중력이 떨어진다면, 무엇 때문에 그랬는지 스스로 자신의 상태를 바라보고 기록해보는 겁니다. 그러다보면 객관적으로 그 이유를 알게 되고, 마음을 추스르게 되는 경우가 많습니다. 부정적 감정을 회피하지 않고 직면함으로써 비우거나 긍정적으로 전환시키는 습관을 가진다면, 누구보다 큰 성취를 이룰 가능성이 높을 겁니다.

둘째, 성장형 사고방식을 가져야 합니다. 영어 50점을 받았다고 후회하고 자책만 하는 것이 아니라, 어떻게 하면 문제를 해결하고 개선할 수 있을 지를 생각하는 것이 성장형 사고방식입니다. 공부하는 과정에서 발생할 수 있는 여러 상황에 적극적으로 대응하면서 새로운 기회를 모색할 수 있습니다. 또한 상황에 필요한 능력을 개발하는 데 매우 유용한 사고방식입니다.

셋째, 새로운 것을 배우려는 태도를 유지해야 합니다. 기술 습득과 지식 확장에 개방적이어야 하는 것이죠. 이는 적응력을 강화하고 변화하는 환경에서도 성공할 수 있는 기반을 마련하는데 도움이 됩니다. 요즘 새롭게 등장한 직업이 메타버스 크리에이터입니다. 가상세계라는 공간에서 필요한 것들을 만들어내는 일을 하는 것이죠. 예를 들면 아바타의 옷을 디자인하는 일도 이에 해당합니다. 실제로 제페토 크리에이터 '렌지 氏'는 아바타 아이템 제작으로 월 1,500만 원을 벌었다고 합니다. '나 때는 이랬는데'라고 말하기 보다는 '새로운 것을 배워야지'라고 하는 자세가 필요한 때라는 것을 보여주고 있습니다.

앞으로 무슨 일이 벌어질지 알 수 없지만, 분명한 것은 급격한 사회 변화가 일어나고 있다는 겁니다. 현실세계뿐만 아니라 가상세계에서도 활동하며, 새로운 수입원을 만드는 세상에서 살고 있으니까요. 따라서 무엇보다 미래를 준비해야 하는 청소년들에게는 새로운 것을 받아들일 수 있는 유연함이 필요할 겁니다. 또한 주변 변화에 대해 관심을 갖고 이것저것 시도해볼 수 있는 도전 정신도 갖춰야 합니다. 가능하면 다양한 경험을 쌓아보세요. 그래야 자신만의 강점을 바탕으로 인공지능에 대체되지 않을 역량을 키울 수 있습니다.

그렇다면 인공지능과 함께
살아가는 세상에서 갖춰야 할 역량은 뭘까요?

"회사는 누구를 남겨야 해? AI가 못하는 상담을 하는 상담사. 즉, 감정적인 고객을 감성적으로 풀어주고 응대할 수 있는 상담사." tvN 드라마 〈박성실씨의 사차산업혁명〉(2021)에서 나왔던 대사입니다. 콜센터 회사에 인공지능 상담원이 도입됨에 따라 많은 직원들이 일자리를 잃게 되고, 어떻게든 직장을 지키기 위해 고군분투하는 장면을 보여주고 있습니다. 드라마 속 이야기이지만 어쩌면 우리 아이들이 겪어야 할 미래의 모습일 수도 있습니다.

> 미래의 직업인에게 정확히 어떤 능력이 필요한지 100% 맞추는 건 불가능한 일이지만 두 가지는 확실합니다. 첫째는 AI가 할 수 없는 능력을 갖추라는 것입니다. 둘째는 AI를 잘 활용할 수 있는 능력을 키우는 일입니다. 그것이 우리가 노동의 미래를 준비하는 데 있어서 가장 먼저 해야 할 일입니다.
>
> _윤석만, 『챗 GPT·바드 인공지능이 바꿔놓을 핵심역량 4가지』 중

'인공지능에 대체될 것인가?', '인공지능을 활용할 것인가?'에 대해 충분히 고민해봐야 합니다. 인공지능과 함께 살아가야 할 사회에서 우리가 무엇을 해야 할 지에 대해 미리 준비할 필요가 있다는 것이죠. 그 해결책은 위에 언급한 드라마의 대사처럼 인간만이 할 수 있는 능력, 즉 인

공지능이 할 수 없는 능력에 있을 겁니다. 고객의 마음을 알아주는 공감능력, 새로운 것을 만들어내는 창의력, 도덕적 판단을 할 수 있는 인성 역량은 앞으로 더욱 중요해질 겁니다.

저 또한 제가 하는 일이 인공지능에 의해 대체될 수 있다는 위기의식을 갖습니다.

'지금 내가 하는 강의를 인공지능이 대신 한다면, 나는 무엇을 해야 인공지능보다 뛰어날 수 있을까?'란 질문을 저 스스로에게 해봅니다. AI는 저보다 더 많은 정보와 지식을 가지고 있어, 정확하고 분명하게 학생들에게 설명할 수 있을 겁니다. 상황에 따라서 음색을 달리 할 수도 있을 것이고, 어떠한 질문에도 실시간으로 매우 정확하게 답변할 수 있을 겁니다. 하지만 겉으로 보이지 않는 상대방의 마음을 파악하고 대응하며, 청중의 반응에 따라 유연하게 수업을 진행시키거나, 어울리지 않는 것들을 연결하여 기존에 없었던 새로운 방식으로 수업하는 것은 인공지능이 하기 어려울 겁니다. 이것이 제가 인공지능에 대체되지 않는 생존전략이 될 겁니다.

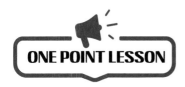

ONE POINT LESSON

인공지능을 활용하기 위해 필요한 3가지 습관

ChatGPT의 기술력이 점점 더 성장하고 있는 상황에서 인간에게 필요한 능력은 무엇일까요? 아래 3가지 습관은 우리 아이들이 인공지능을 잘 활용할 수 있도록 도움을 줄 겁니다. 자녀가 좋은 습관을 갖게 하는 가장 좋은 방법은 부모의 솔선수범입니다. 먼저 실천하는 모습을 보여준다면, 우리 아이는 달라질 수 있습니다.

1. 독서하는 습관

단순히 읽는 것만으로 끝나는 독서가 아닌, 읽고 쓰고 재정의할 수 있어야 합니다. 그래서 책은 3번 읽어야 한다고 했습니다. 처음에는 문장의 의미를 이해하고, 그 다음에는 작가와 대화하며 글을 작성한 숨은 의도를 파악하고 마지막에는 작가의 문장을 사라지게 하고 자신의 문장으로 재탄생시키는 독서가 되어야 합니다. 그래서 읽고 쓰고 재정의하는 독서를 해야 하는 것이죠. 이를 통해 인공지능을 활용하는데 무엇보다 중요한 사고력과 언어능력을 향상시킬 수 있습니다.

2. 질문하는 습관

독서와 마찬가지로 질문은 사고력을 확장에 도움이 됩니다. 또한 문제해결능력도 향상시킬 수 있습니다. "가장 큰 문제는 문제를 정확히 모른다는 것이다."와 같이, 문제를 정확히 파악하기 위해서는 질문을 잘해야 하며, 이는 질문하는 습관을 통해 개선시킬 수 있습니다. 그래서 질문 노트 작성을 추천합니다. 자신의 질문을 기억으로 다 담지 못하기 때문에 반드시 기록을 남기는 것이 좋습니다. 어릴 적부터 질문노트를 통해 기록하는 습관을 갖는다면, 생각의 폭이 매우 넓어지게 될 겁니다.

3. 낯선 단어를 연결하는 습관

이는 창의성 개발에 효과적인 방법입니다. 전혀 어울리지 않는 것들을 연결시켜 새로운 것을 만들어 내는 것이죠. 예를 들어, 인공지능하면 떠오르는 단어 5개를 작성해보세요. 그리고 5개의 단어를 사용하지 않고 인공지능에 대해 정의하는 겁니다. 그러다 보면, 뜻밖의 단어들을 찾게 되고, 기발한 문장을 만들 수 있습니다. 기존에 가졌던 관념을 깨고 새로운 관점으로 전환시킬 수 있습니다. 물론 쉽지 않습니다. 그렇기 때문에 청소년 시기부터 습관을 갖는 것이 필요한 겁니다.

우리는 왜 지나고 나서 후회할까?

학생들을 대상으로 강연할 때 자주 보여주는 표가 있습니다. 예전 MBC 방송사에서 국민들을 대상으로 '내 인생에서 가장 후회되는 일'에 대해 설문조사한 결과입니다.

내 인생에서 가장 후회되는 일 (남자)

구분	10대	20대	30대	40대	50대	60대	70대
1위	공부 좀 할걸	공부 좀 할걸	공부 좀 할걸	공부 좀 할걸	공부 좀 할걸	돈 좀 모을걸	아내 눈에 눈물 나게 한 것
2위	엄마한테 대들지 말걸	엄마 말 좀 잘 들을걸	돈 모아 집 사둘걸	술 어지간히 먹을걸	겁 없이 돈 날린 것	술 줄이고 건강 챙길걸	노후 자금 모아둘걸
3위	친구랑 다투지 말걸	그 여자 잡을걸	그 회사 그냥 다닐걸	땅 좀 사둘걸	아내한테 못할 짓 한 것	아내한테 못할 짓 한 것	배우고 싶었는데

4위	게임 끊을걸	돈 좀 아껴쓸걸	그 여자 잡을걸	그 여자 잡을걸	인생 대충 산 것	배우고 싶었는데	애들 공부 더 시킬걸
5위	욕 배우지 말걸	사고치지 말걸	아랫 사람에게 잘해줄걸	아내한테 못할짓 한 것	부모님께 효도할 걸	노는 것 좀 배워둘걸	술 줄이고 건강 챙길걸

(출처: MBC, 「설문조사-내 인생에서 가장 후회되는 일」)

내 인생에서 가장 후회되는 일 (여자)

구분	10대	20대	30대	40대	50대	60대	70대
1위	공부 좀 할걸	공부 좀 할걸	공부 좀 할걸	공부 좀 할걸	애들 교육 신경 더 쓸걸	애들에게 더 잘할걸	배우고 싶었는데
2위	엄마한테 거짓말 한 것	엄마 말 좀 잘 들을걸	이 남자랑 결혼한 것	애들 교육 신경 더 쓸걸	결혼 잘못한 것	배우고 싶었는데	죽은 남편한테 더 잘해줄걸
3위	친구랑 싸우지 말걸	친구랑 싸우지 말걸	전공 선택 잘못한 것	내 인생 즐겨볼걸	공부 좀 할걸	돈 좀 모아 놓을걸	돈 좀 모아 놓을걸
4위	학교 잘못 고른 것	더 화끈하게 놀걸	결혼 후 직장 그만둔 것	결혼 잘못한 것	남편 바가지 긁은 것	이 집안에 시집온 것	부모님께 잘할걸
5위	좋은 친구 사귈걸	사표 낸 것	부모님께 잘할걸	부모님께 잘할걸	돈 좀 잘 굴릴걸	부모님께 잘할걸	평생 고생만 한 것

(출처: MBC, 「설문조사-내 인생에서 가장 후회되는 일」)

대부분의 연령대에서 1위를 차지한 게 '공부 좀 할걸'입니다. 어른들은 그렇다 치고 공부하기 싫어하는 우리 아이들은 왜 '공부 좀 할걸'하고 후회할까요? 시험이 끝나고 성적표를 받고 하는 후회일 수도 있지만 본능적으로 사람은 누구나 배움과 성장에 대한 욕구를 가지고 있습니다.

매슬로우 욕구 5단계 이론 중 가장 마지막 단계인 '자아실현 욕구'는 자신의 잠재력을 최대한 발휘하고자 하는 욕구입니다. 자아실현 욕구를 충족하려면 지속적인 배움과 성장이 필요합니다. 설문조사 결과에서 보듯 우리는 삶에서 배움의 가치가 얼마나 중요한지 알고 있습니다.

A+에 목숨 거는 아이들

영어 시험을 보고 온 동준이는 화가 잔뜩 난 얼굴입니다.

"선생님, 이 문제 좀 봐주세요.
오늘 서술형 영작 시험을 봤거든요. 제가 이렇게 썼어요."
"어디 보자. 응, 맞게 잘 썼는데? 그런데 왜?"
"그죠? 제가 쓴 것도 맞죠? 그런데 감점 받았어요."
"응? 감점이라고? 왜지?"

"글쎄요. 영어 선생님이 수업 시간에 가르쳐 준 그대로 써야 만점이고 다른 표현은 감점을 준 거예요. 말이 안 되죠?"
"음… 그러게. 동준이가 쓴 표현도 맞는 표현이긴 한데, 그런데 동준아 선생님은 아마도 수업 시간에 선생님이 가르쳐 준

표현을 학생들이 기억하는지 확인하려고 문제를 출제하신 것 같아. 너희들의 영어 실력을 평가하려는 게 아니라 수업을 얼마나 성실하게 들었는지 말이야. 그래서 시험은 늘 출제자의 의도를 생각해서 답을 써야 해."

시험이 끝나면 정답을 두고 이런 일들이 종종 일어납니다. 그래서 시험을 준비할 때 아이들의 귀에 못이 박힐 정도로 강조하는 게 있어요.

"선생님이 시험 문제를 내실 때는 내 수업을 누가 가장 열심히 잘 들었는지 그걸 확인하고 싶은 거야. 그러니까 수업 시간 선생님 말씀은 토시 하나 빼먹지 말고 무조건 다 받아 적어야 해. 너희 생각을 쓰는 게 아니라 선생님이 뭐라고 설명하셨는지 그걸 똑같이 써야 해."

이렇게 말하면서 마음은 참 씁쓸합니다. 교육 현장에서 아이들을 가르친 지 햇수로 19년째인데 예전이나 지금이나 시험 때마다 아이들에게 똑같은 말을 하고 있어요. 고등학생들이 수능 국어 시험에서 가장 많이 틀리는 문제가 있습니다. "다음 중 가장 적절한 것을 고르세요."와 같은 문제입니다. 아이들은 늘 두 개의 선지를 놓고 헷갈립니다. 채점을 하고 나면 왜 1번만 답인지, 왜 3번은 답이 될 수 없는지 묻는 아이들이 있어요. 제가 봐도 가끔 두 개 모두 답일 수 있다는 생각이 드는 문제가 있습니다. 하지만 답을 정해놓고 아이들에게 설명 같은 설득을 합니다. 그때 해주는 말이 늘 똑같아요.

"문제를 풀 때 너의 생각을 버리고 출제자의 의도와 생각에 맞는 답을 찾아야 해."

이 순간 아이들에게 가장 미안한 말이 "너의 생각을 버려!"라는 말입니다. 생각하는 존재인 사람에게 "생각을 버려라!"라는 말 만큼 잔인한 말이 있을까요?

세계 최고 대학인 하버드 대학 신입생 중 한국 학생 비율은 6%로 높은 편이라고 합니다. 매해 미국 수능시험인 SAT 성적과 내신 성적도 우수한 평가를 받고 입학하지만, 입학 후 시험에서는 낙재생 열 명 중 한국 학생 비율은 아홉 명이나 될 정도로 높다고 합니다. 하버드대학만의 이야기는 아닙니다.

몇 해 전 EBS에서 교육대기획 '시험'이라는 주제로 6부작 프로그램을 방영한 적 있습니다. 6부작 중 4부 주제는 '서울대 A+의 조건'이었습니다. 제목만 보면 우리나라에서 공부를 가장 잘하는 서울대 학생들의 공부 비법을 소개할 것 같지만 방송 내용은 전혀 다르게 흘러갔습니다. 방송은 서울대와 미시간대라는 두 명문대 학생과 교수를 인터뷰하고 연구한 내용이었는데, 같은 명문대지만 정반대의 교육과 평가를 받고 있어 다소 충격적이었습니다. 그 내용은 방송에 출연한 서울대학교 이혜정 교수가 쓴 『서울대에서는 누가 A+를 받는가』 책에 자세히 설명되어 있습니다.

서울대에서는 누가 A+를 받을까요? 이혜정 교수팀이 서울대학교 학생 1,111명을 대상으로 조사해 본 결과 서울대에서는 창의력이 높고 비판적 사고력이 높을수록 학점이 낮다는 응답이 많았습니다. 서울대에서 A+를 받는 학생들은 교수님의 말을 그대로 수용해 똑같이 답하는 학생들이었습니다.

> "교수님께서 얘기하시는 걸 말의 형태로 그대로 적어요. 요약하는 게 아니라 교수님 말씀을 완성된 문장 그대로 똑같이 적는 거예요. 단어도 그대로 똑같이. 교수님 '말'이 제일 중요해요."
>
> _이혜정, 『서울대에서는 누가 A+를 받는가』 중

서울대에서 학점이 높은 학생들의 87%가 수업 시간에 교수의 말을 한 마디도 놓치지 않고 적어야 A+를 받기 때문에 교수의 기침과 농담까지 적는다고 응답했습니다.

반면, 미시간대에서는 교수의 말을 그대로 적을 경우 오히려 낙제 점수를 받는다고 합니다. 교수의 생각을 비판적으로 수용하고 자기만의 창의적인 생각을 적어야 A+를 받을 수 있습니다. 이렇듯 한국과는 너무 다른 교육과 평가 방식으로 인해 한국 유학생들은 토론과 질의응답에 참여하지 않고 에세이나 논문을 쓰는 것도 어려워한다고 합니다.

> "아시아 유학생들을 보면 다들 너무 똑똑하고 열심히 공부하는데 문제는 수업 시간에 너무나 자기 의견이 없고 결정적으로 논문을 제대로 쓰지 못해요."
>
> _이혜정, 『서울대에서는 누가 A+를 받는가』 중 미시간대학교 스테파니 티슬리 교수

서울대에서 A+를 받으려면 학생들은 예습보다 복습에 치중한 공부를 해야 합니다. 예습을 통해 궁금증을 가지고 수업에 능동적으로 참여하는 것보다 수업 시간 교수에게 수동적으로 전달받은 지식을 수업 후 완벽하게 복습하는 게 학점을 잘 받는 비결이기 때문입니다. 이런 교육에서 가장 많이 배우는 사람은 학생이 아니라 교수일 수밖에 없다고 이혜정 교수는 말합니다. 반면, 미시간대 학생들은 복습이 아닌 예습 위주의 공부를 한다고 합니다.

예습과 복습은 배움의 본질이 다릅니다. 예습은 배우지 않은 내용을 스스로 이해하고 습득하는 과정입니다. 따라서 예습은 자기주도적이고 능동적인 학습이며 예습 과정에서 스스로 생각하는 힘과 질문하는 힘이 생깁니다. 반면 복습은 선생님의 수업을 대부분 그대로 받아들이기 때문에 선생님 주도하에 따라가는 수동적인 공부에 가깝습니다. 복습의 과정에서는 스스로 생각하는 힘이나 질문하는 힘이 생기기 어렵기 때문입니다.

교육의 패러다임이 바뀌고 있다

4차 산업혁명 시대, 세상의 많은 것들이 빠르게 변하고 있습니다. 지식의 가치가 달라졌고, 직업과 일의 패러다임이 바뀌고 있습니다. 『유엔미래보고서 2045』에 따르면 우리 아이가 30-40대가 되는 2045년에는 지금 우리에게 친숙한 많은 직업이 사라지고, 전체 직업 중 70%는 현재 없는 새로운 직업이 생길 것이며, 한 사람이 거치는 일자리가 보통 20-30개 되는 세상이 올 거라고 예측합니다. 따라서 미래는 평생직장, 직업의 개념이 없고 끊임없이 전환되는 직업을 위해 '새로운 배움에 익숙해지는 것'이 중요하다고 합니다. 이 보고서가 2015년 1월 15일 발매되었는데 보고서에서 예측한 대로 정말 세상은 빠르게 변하고 있습니다.

"속도가 빠른 미래 사회에 적응하기 위해 새로운 배움에 익숙해지는 것이 중요하다"

제롬 글렌, 테드 고든 외 2명, 『유엔미래보고서 2045』 중

세상의 변화로 인해 미래 사회가 원하는 인재상도 바뀌었습니다. 이제 세상은 예전처럼 지식이 많은 사람을 필요로 하지 않습니다. 손에 들고 있는 휴대폰만 몇 번 터치하면 우리가 필요로 하는 지식과 정보를 너무 쉽게 찾을 수 있는 시대입니다. 우리는 지금 사람보다 똑똑하고 지식과 정보를 무한대로 딥러닝(Deep Learning)하는 인공지능(AI)과 함께 살아가고 있습니다. 공교육과 사교육 모두 앞다투어 AI기반 학습 플랫폼을 개발하고 있고, 이미 인공지능과 로봇에게 배우는 시대가 시작되었습니다. 따라서 미래는 지식을 가진 사람이 필요한 게 아니라 지식을 찾아 활용하고, 새로운 지식을 창의적으로 만들어내는 사람이 필요합니다.

지식의 생존 주기가 짧아진 지금, 지식을 머리에 넣을 시간도 없고 넣을 이유도 없습니다. 미래가 원하는 인재는 자기주도적이고 능동적으로 학습하는 인재, 변화와 혁신에 도전하고 새로운 지식과 기술을 만들어내는 창의적인 인재, 소통과 협업으로 가치를 창조해 세상을 이끌어가는

인재입니다. 빠르게 생겨나고 사라지는 새로운 지식을 끊임없이 학습해야 하는 평생 배움의 시대에 맞게 배움의 의미와 교육도 달라져야 합니다.

> "교육은 더 이상 지식 전달에 주력할 게 아니라 새로운 길을 택해 인간 잠재력을 발산하게 해야 한다"
>
> _교육자 마리아 몬테소리

2015개정 교육과정과 2022개정 교육과정 모두 4차 산업혁명 시대가 원하는 인재를 양성하기 위한 미래형 교육입니다. 미래형 교육을 실현시키기 위한 정책 중 하나가 2025년부터 전면 시행되는 고교학점제입니다. 고교학점제는 미래 사회가 요구하는 인재상, 즉 자기주도적이고 창의적이며 문제해결 능력을 갖춘 인재를 양성하기 위한 제도입니다. 고교학점제의 핵심은 학생이 자신의 진로와 흥미에 맞게 능동적, 자율적으로 과목을 선택하도록 진로 선택권을 강화한 것입니다. 고교학점제에서 학생들은 자신의 진로에 보다 집중할 수 있고 개개인에 맞는 진로결정과 맞춤형 교육을 받을 수 있습니다. 자신이 배우고 싶은 과목을 스스로 선택함으로써 자신의 선택에 대한 책임감을 갖게 될 것이며, 스스로 계획하고 공부하는 자기주도적 학습 역량을 키울 수 있을 것입니다. 무엇보다 자기 스스로 선택한 공부이기 때문에 학습 동기 또한 높아질 것을 기대하고 있습니다.

입시제도 역시 미래 역량을 갖춘 인재를 선발하기 위한 제도로, 고입 '자기주도학습전형'과 대입 수시 '학생부종합전형'이 대표적인 미래형 입시 제도입니다. 고입, 대입 전형 모두 학생의 자기주도적 학업 역량과 진로 역량, 문제해결 역량, 소통 역량 등을 평가합니다. 학생부종합전형의 경우 공정성 문제로 인해 평가 항목의 축소와 선발 비율의 변화를 겪기도 했지만, 서울대를 포함한 서울 상위권 대학의 경우 여전히 가장 많은 비중을 차지하는 대입제도입니다. 특히 서울대 수시 전형은 100% 학생부종합전형으로 선발하고 있고, 학생부종합전형 안내 책자에 학생부종합전형의 의미를 자세히 설명하고 있습니다.

> "점수 위주의 선발 방식에서는 매우 미미한 점수 차에 의해 합격과 불합격이 결정됩니다. 이 같은 방식은 간단하고 편리한 선발 방법이지만 4차 산업혁명 융복합 시대의 대학과 사회에서 필요로 하는 인재 선발에 부응하는 적절한 방식인지는 의문입니다. 서울대학교는 학생들의 학업능력과 발전 가능성을 면밀히 평가하기 위해 수치의 단순한 합산을 넘어서는 평가 방법을 고민하게 되었습니

다. 그 결과 '학교생활기록부 등 제출서류에 기반을 둔 종합적이고 다면적인 평가'를 도입하게 되었습니다. 이는 교과 성적, 교내 활동의 결과만을 평가하는 것이 아니라 그 동기와 과정까지 다면적이고 심층적으로 평가하는 방법입니다."

_서울대학교 학생부종합전형 안내 책자 중

미래 사회가 요구하는 인재는 지식을 단순히 암기하는 능력보다는, 새로운 지식을 창출하고 비판적으로 사고하며 문제를 해결하는 능력을 갖춘 인재입니다. 4차 산업혁명 시대의 변화는 우리 교육의 패러다임을 근본적으로 재고하게 합니다. 예습과 복습의 본질적 차이에서 보듯이, 학생들이 스스로 질문하고 탐구하며 배우는 과정이 무엇보다 중요합니다. 이를 위해 우리 교육은 보다 창의적이고 자기주도적인 학습 환경을 제공해야 합니다.

고교학점제와 같은 제도적 변화는 이러한 방향성을 제시하는 중요한 첫걸음입니다. 학생들이 자신의 진로와 흥미에 맞게 과목을 선택하고, 자기주도적으로 학습할 수 있도록 하는 것이 핵심입니다. 더불어, 미래형 입시 제도 역시 학생들의 다면적 역량을 평가하고, 창의적이고 능동적인 학습을 할 수 있는 방향으로 나아가야 합니다.

교육의 본질은 학생이 자신의 잠재력을 최대한 발휘하고, 변화하는 사회에 유연하게 대응할 수 있는 능력을 키우는 것입니다. 앞으로의 교육은 지식 전달에 그치지 않고, 새로운 지식을 창조하고, 비판적으로 사고하며, 협력하여 문제를 해결하는 능력을 배양하는 데 집중해야 합니다. 이러한 교육의 혁신은 우리 아이들이 미래 사회에서 주도적인 역할을 할 수 있도록 하는 가장 중요한 준비가 될 것입니다.

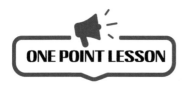

ONE POINT LESSON

1. 세상의 변화에 대해 자녀와 함께 공부하세요.

과학, 기술, 경제, 사회 등 세상 모든 것이 빠르게 변하고 있습니다. 이러한 변화를 이해하기 위해 관련 뉴스를 찾아 보고, 책을 읽고 공부하는 시간이 필요합니다. 아이와 함께 미래 사회 변화와 진로 관련 책을 정해 함께 읽고 미래를 대비할 수 있는 통찰력을 길러보세요.

2. 아이에게 스스로 할 수 있는 기회와 책임감을 부여해주세요.

미래 사회는 자기 관리 능력을 갖춘 책임감 있는 인재를 원합니다. 아이에게 작은 것부터 스스로 할 수 있도록 기회를 주세요. 예를 들어, 자신의 방을 정리하거나, 집안 일을 함께 함으로써 일상생활 속에서 책임감을 배울 수 있습니다. 이러한 경험은 아이가 자기관리 능력을 향상하는 데 도움이 됩니다.

3. 공동체 활동을 통해 함께 하는 가치를 경험하게 해주세요.

미래 사회는 공동체 역량을 갖춘 인재를 원합니다.
아이가 학교 동아리 활동, 스포츠 팀, 지역사회 봉사 등 다양한 공동체 활동에 참여하도록 지원하고 격려해주세요. 이러한 활동들은 아이가 다른 사람들과 협력하고, 공동의 목표를 향해 노력하는 중요한 경험을 얻게 될 것이며, 타인과의 관계에서 책임감과 팀워크의 중요성을 배울 수 있습니다.

당신의 실패는 안녕하십니까?

2016년, 세기의 대결이라는 '이세돌 vs 알파고' 대국이 있었습니다. 대다수의 예상과 달리 인간의 1승 4패라는 결과를 받고 충격에 빠졌던 해입니다. 인공지능에 대한 생소한 개념이 우리의 삶에 얼마나 많은 변화를 줄 수 있는지 실감했던 일이기도 합니다. 이에 한국고용정보원이 직무 대체 확률(2016, '보도자료-AI와 로봇이 직업세계 미칠 영향')을 조사했습니다. 예전에는 밥 먹고 살기 힘들다는 소위 '딴따라'가 로봇에 대체 확률이 낮은 직업으로 선정되었습니다. 창조적인 작업들을 하는 예술가들이 이제는 밥 먹고 살아갈 수 있는 직업이 된 것입니다.

자동화 대체 확률 높은 직업		자동화 대체 확률 낮은 직업	
1순위	콘크리트공	1순위	화가·조각가
2순위	정육원·도축원	2순위	사진작가·사진사
3순위	고무·플라스틱 제품 조립원	3순위	작가 및 관련 전문가
4순위	청원경찰	4순위	지휘자·작곡가·연주자
5순위	조세행정사무원	5순위	애니메이터·만화가
6순위	물품이동장비 조작원	6순위	무용가·안무가
7순위	경리 사무원	7순위	가수·성악가
8순위	환경미화원·재활용품수거원	8순위	메이크업 아티스트·분장사
9순위	세탁 관련 기계조작원	9순위	공예원
10순위	택배원	10순위	예능 강사
11순위	과수작물재배원	11순위	패션디자이너
12순위	행정·경영지원 관련 서비스	12순위	국악 및 전통 예능인
13순위	주유원	13순위	감독·기술감독
14순위	부동산 중개인	14순위	배우·모델
15순위	건축도장공	15순위	제품디자이너

(출처: 한국고용정보원, 『보도자료-AI와 로봇이 직업세계 미칠 영향』, 2016.03.25)

그리고 2022년, 생성형 인공지능의 등장으로 이 직업들도 대부분 대체 가능이 되었습니다. 불과 6년만의 일입니다.

생성 AI(Generative AI) 등장으로 사라질 직업들

2016년 한국고용정보원이 꼽은 인공지능 대체 가능성 낮은 직업		2023년 생성 AI 등장 후 전망
1위 화가 및 조각가	▶	달리2(Dall-E2)·미드저니·오픈아트 등 이미지 생성 AI로 대체 가능
2위 사진작가 및 사진사	▶	현실 사진 촬영은 대체 불가·사진 합성은 가능
3위 작가 및 관련 전문가	▶	챗GPT 등 텍스트 생성 AI로 대체 가능
4위 지휘자·작곡가 및 연주가	▶	스플래쉬·무버트 등 음악 생성 AI로 일부 대체 가능
5위 애니메이터 및 만화가	▶	달리2(Dall-E2)·미드저니·오픈아트 등 이미지 생성 AI로 대체 가능

(출처: DAUM 머니투데이, 〈의사도 위태롭다?…2023년 '생성 AI' 등장 후 사라질 직업들〉, 2023)

제가 학습코칭을 하면서, 제 인생의 변화를 주었던 말이 있습니다. 『제3의 물결』의 저자로 유명한 앨빈 토플러가 "한국의 학생들은 하루 15시간 동안 학교와 학원에서 미래에 필요하지 않을 지식과 존재하지도 않을 직업을 위해서 귀중한 시간을 낭비하고 있다"라고 한 말입니다. '과연 내가 학습코칭을 제대로 하고 있는가?', '나는 이 사랑스런 아이들의 귀중한 시간을 낭비하고 있게 하는 건 아닌가?'라는 고민에 빠져들게 했고, 그 이후 제 코칭의 변화가 시작되었습니다. '성과' 중심의 기술 연구에서 '역량' 중심으로 바뀌기 시작한 것이죠. 즉 어떤 역량을 갖추면 도움이 될

지에 대한 연구에 집중하게 되었고, 그래서 학습코칭에 멘탈코칭과 습관코칭을 접목하게 되었습니다.

앞으로도 계속 기술은 발전할 것이고, 그때마다 계속 유망 직업들은 바뀔 거예요. 어떤 직업이 살아남을까가 아니라 어떤 상황에서도 살아갈 수 있는 역량이 그래서 중요합니다. 하지만, 아직까지도 진로교육은 직업탐색에 국한되는 경우가 많습니다. 아이들에게 꿈이 무엇인지 질문하면, '크리에이터', '연예인', '선생님' 등의 직업을 이야기합니다. 변화의 소용돌이에서 우리 아이들이 현재 꿈꾸는 직업은 보장받지 못할 수도 있습니다. 우리의 진로 교육은 '무엇으로 살까?'보다는 '어떻게 살까?', '왜 살까?'에 대한 답을 생각할 수 있게 해야 합니다.

> 진로탄력성(Career Resilience)이란 진로 문제와 관련하여 주변의 여건이나 환경 등으로 인한 위기나 어려움에도 불구하고 자신이 세운 진로목표를 상황에 맞게 다시 수정하여 추구하는 능력과 태도를 말한다(서울특별시교육청, 2019)
>
> 류윤식, 『서울교육-[진로]N잡러의 시대, 진로탄력성으로 미래를 준비하다』 중

불확실한 미래에 살아갈 아이들에게 가장 필요한 진로역량은 바로 '진로탄력성'이 아닌가 합니다. 현재 한 우물만 파

는 전문가나 '평생직장'이라는 말들은 어느새 사라지고, 융합 전문가와 이직러 또는 N잡러 등으로 바뀌고 있습니다. 변화의 연속선 상에 있는 삶, 우리들에게 새로운 변화를 받아들이고, 변화에 적응하고, 실패도 즐기는 훈련이 필요한 이유죠.

진로탄력성을 5가지로 분류해본다면 다음과 같습니다.

영역	정의	세부항목
자기이해	자신을 긍정적으로 인식하며 자신의 내·외적 특성을 자기 스스로가 올바르게 이해하는 것	자기인식, 자기효능감
긍정적 태도	자신과 미래 환경에 대해 어려운 상황을 극복할 수 있다는 긍정적 믿음과 부정적 감정을 잘 다스리는 태도	감사하기, 미래지향
자기조절	자신의 감정과 행동을 인식하고 이를 바람직한 방향으로 스스로 조절하는 능력	정서조절, 진로자립
적응성	급변하는 사회 환경에서도 적응할 수 있는 유연한 대처능력을 의미하며 변화하는 상황을 기꺼이 받아들이고 적극적으로 진로 목표를 달성해 나가는 것	진로 유연성, 변화 수용, 도전 정신
대인·정보관계	사람-사람, 사람-사물 간의 사회적 관계망·연결망을 형성하며, 상호 관계를 맺고 상황과 맥락 안에서 긍정적인 관계를 유지하며 진로를 개척하는 것	공감 능력, 연결성, 협력

(출처: 서울특별시교육청, 『초등 진로교육 중심 교육과정 편성운영 지원자료』, 2020)

이 5가지를 경험할 수 있는 활동이 저에게는 '유쓰망고 체인지메이커(changemaker)'였습니다. 2018년 제주에서 아동·청소년 대상으로 체인지메이커 촉진자로 활동할 수 있는 귀한 경험을 했어요. 아쇼카 설립자인 빌 드레이튼이 처음 사용한 체인지메이커는 빠르게 변화하는 세상에서 '변화의 대상'이 되기보다, 문제를 해결하는 '변화의 주체'가 되어 세상을 바꾸는 사람들이라는 의미입니다.

일상과 주변사회에서 '문제를 발견'하고 '솔루션을 찾고', '행동하고', '퍼뜨리기' 과정을 통해 진로 탄력성의 5가지를 익힐 수 있어요. 중요한 점은 실패의 가치를 아는 겁니다. 가장 많이 알려진 사례는 바로 무지개 식판인데요. 중학생들이 학교 급식의 절반 이상 잔반으로 버려지는 문제에서 출발했습니다.

조금 먹고 싶은 날, 급식 선생님께 "조금만 주세요."라고 이야기 했을 때 원하는 양만큼 맞춰 받은 경험이 있을까요? 각자의 조금만이 다르기 때문에 딱 맞춰 받지 못하는 경우가 더 많았을 거예요. 그렇다고 덜거나 더 달라고 하기엔 뒤에 줄이 너무 길어 그냥 넘어가게 되는 경우도 있었을 겁니다. 그러다보니 잔반이 너무 많아지는 거죠. 수북이 쌓인 잔반에서 눈살을 찌푸리게 하는 불편함을 발견하는 것, 그것이 '문제발견'입니다. 무심코 넘길 수도 있지만, 이 학생들은 문제를 발견하고 자기들에게 이 문제가 어떤 의미인지 그리고 이것이 해결되면 친구들과 학교에 어떤 영향을 끼칠지 생각해볼 수 있었겠죠?

'솔루션 찾기'란 이 불편함이 정말 해결해야 할 진짜 문제인지 체크하고 나뿐 아니라 우리가 공감할 수 있는 문제를 해결할 아이디어를 찾는 것이 핵심입니다. 정답은 없어요. 아이디어를 마구마구 발산해내며 우리가 가진 장점과 연결하는 과정이지요. 프로토타입도 만들어보고, 급식 선생님들을 인터뷰하고, 촉진자 선생님과의 멘토링도 받으며 실제적인 행동으로도 이루어집니다. 밥을 뜨는 숟가락, 국을 뜨는 국자, 숟가락과 젓가락 크기를 줄여보기 등 많은 시도들을 했지만 실패로 남았었죠. 그러나 이 과정을 낙담하거나 좌절하기보다는 즐겼다고 합니다. 발명가 에디슨도 "난 한 번도 실패한 적이 없다. 다만 999번의 새로운 방법을 찾은 것뿐이다"라고 한 것처럼 여러 가지 시도를 통해 새로움을 배우는 솔루션 찾기 과정입니다.

'행동하기'는 찾은 솔루션들을 실제 해보는 거예요. 이때 중요한 것은 어려움을 극복하고 자원을 확보하는 겁니다. 실제 어떤 어려움에 부딪쳤는지, 그것을 극복하기 위해 함께 할 수 있는 것을 무엇인지 서로 대화를 나누는 거예요. 그러면서 필요한 물품이 있다면 어떻게 확보할 것인지, 또는 필요한 사람이 있다면 어떻게 요청드릴 것인지 등 실행에 대한 피드백과 구체화 단계를 통해 개선하고 다듬어가는 겁니다. 채택된 아이디어는 바로 기존 식판에 무지개 형태로 선을 그어 안내선에 맞게 정량의 밥과 반찬을 담을 수 있게 만든 무지개 식판이었습니다. 10일 동안 프로토타입을 만들어 시행한 결과, 1인당 130g의 잔반이 10g 이내로 줄어들게 되었습니다.

이후 삼성 투모로우 솔루션 공모전에 참여하며 최우수상을 받고 전문가의 피드백으로 개선된 제품이 군부대 및 많은 급식현장에서 사용되고 있습니다. 물론 모든 학생들이 이런 결과를 얻지는 않습니다. 다시 한 번 말하지만, 무지개 식판은 아주 유명한 사례입니다. 보통은 학교에서 이런 경험에 대한 공유회를 가지며 피드백을 주고받는 시간을 가지는 것으로 '퍼뜨리기'가 마무리가 됩니다.

혹시 이 경험들 안에서 진로탄력성의 5가지가 녹아져 있는 게 보일까요? '문제발견-솔루션 찾기-행동하기-퍼뜨리기'를 실천하다보면, 자연스럽게 '자기이해', '긍정적 태도', '자기조절', '적응성', '대인·정보 관계' 역량을 활용하게 되는 것이죠. 결국 어떤 변화가 오더라도 우리의 주변에는 문제점들이 발생될 것이고, 그 안에서의 변화를 만들어내는 주체가 되어 대응을 해본다면 앞으로의 어떤 미래도 받아들이고 나아갈 수 있을 거예요.

또한 이 경험이 단지 경험에 머물지 않습니다. 내 주변에서 문제를 발견하고 그 문제를 해결하는 것이 경제적 가치를 가질 때, 경험이 사업이 됩니다. 금융회사 '토스' 역시 오피스 빌딩 사이의 직장인들이 은행 업무를 보러갈 여유가 없다는 이슈를 발견하고 쉽고 간편하게 모든 금융을 할 수 있는 서비스로 확장해가고 있지요. 택시 잡기 어려워서 만들어진 '우버', 월세 낼 돈이 없어서 아이디어를 찾던 중 집 근처에 커다란 협회가 열리는 정보로 여행객들에게 자신의 집을 빌려주고 아침식사를 제공하자는 아이디어로 시작한 것이 바로 '에어비앤비'입니다.

위의 사업 사례들만 본다면 '저들이니까 했겠지'라고 생각할 수 있지만, 성공 앞에는 문제를 발견하고 많은 시도와 실패를 경험한 과정들이 있었다는 점이 성공의 공통점입니다. 진로탄력성이 없었다면 우리는 이런 사업들을 만날 수 없었겠지요. 실패의 가치를 알고 과정을 즐길 줄 안다면, 우리는 미래에 만나게 될 변화들에 좌절보다는 헤쳐나가는 힘을 가질 수 있을 거예요.

여러분이 다양한 실패를 통해 진짜 세상을 살아가고, 그것이 진짜 진로가 되어가길 바랍니다.

ONE POINT LESSON

아래에 제시된 '청소년 체인지메이커의 모험 로드맵'은 문제발견-솔루션 찾기-행동하기-퍼뜨리기 과정을 경험할 수 있는 유용한 툴입니다. 각 단계별 질문에 해답을 찾아가는 시간을 가져보세요.

(출처: 아쇼카한국, 『청소년 체인지메이커들을 위한 가이드북』)

1. 문제 발견하기

내가 해결하고 싶은 문제는?	
왜 이 문제를 해결하기 원하는가?	
이 문제에 공감하게 하려면?	

2. 솔루션 찾기

내가 찾은 문제는 진짜 문제인가?	
내가 가진 장점이나 강점은?	
해결할 수 있는 방법은?	

3. 행동하기

행동하지 못하게 하는 벽은?	
나에게 필요한 자원은?	
일단 한번 해보며 시행착오에서 배우기	

4. 퍼뜨리기

발견한 나의 이야기는?	
무엇을 배웠는가?	
세상은 어떻게 변할까?	

경험은 건강한 직업을 선택하게 하는 나침반입니다.

돈의 의미를 뛰어넘어야 진짜 일이 됩니다.

학창 시절 직업 세계에 대한 정보와 지식을 제대로 알 수 있다는 것은 매우 중요한 일입니다. 성인이 되어 선택한 직업은 우리 삶의 방향과 만족도에 큰 영향을 미치기 때문입니다. 직업 선택에 따라 업무에 대한 열정과 재능 발휘는 달라질 것이며, 이는 일의 성공과 만족에 직결되기에 인생에 있어 매우 중요한 부분입니다.

돈에 대한 경제적 측면도 직업에서 매우 중요합니다. 돈을 벌기 위해 택한 직업보다 좋아하는 일로 택한 직업이 타인에게도 선한 영향력을 주기 때문입니다. 경제적 측면이라고 하면 단순히 금전적 의미만 생각하기 쉽습니다. 하지만 경제적이라는 것은 자신의 정신적인 부분과 타인과의 관계에서 형성되는 긍정적 에너지의 총합이기도 합니다.

가령 돈을 많이 버는 사업가가 사회적으로 옳지 않은 일을 행하면서 돈을 번다면 본인은 돈 버는 의미에서는 흡족할 수 있을 겁니다. 하지만 삶을 함께하는 가족과 동료들을 생각한다면 과히 경제적 측면을 고려한 직업이라 말하기 어려울 것입니다.

경제적인 측면은 그 일을 왜 하느냐가 우선되어야 합니다. 이것은 일하는 시간과 노력에 비례하여 심리적 보상까지 받을 수 있으며 장기적으로는 안정적인 기반을 마련할 수 있기 때문입니다. 아이들에게 원하는 직업을 얻고 나면 그 뒤에 무엇을 더하고 싶은지 물었습니다.

"얘들아, 의사가 되고 싶어서 의사가 되거나, 교사가 되고 싶어 교사가 되었다면, 그다음엔 무엇을 하고 싶을 거 같니?"

이 질문에 아이들의 대답은 두 가지로 나뉩니다.

하나는 "글쎄요. 선생님 그 부분까지는 생각을 아직 해 본 적이 없는데요." 나머지 하나는 "돈 벌어야죠." 결국, 아직 모르거나 그냥 돈을 벌고 싶거나 둘 중 하나의 입장입니다.

어릴 때는 방송이나 책에서 보았던 직업을 갖고 싶어 하고, 성장하면서는 타인이 보기에 괜찮은 직업을 갖고 싶어 합니다. 돈을 많이 버는 직업과 사회적으로 안정되고 인정받는 것과는 별개인데 말입니다. 직업이 돈과 연결된 것은 맞지만 돈이 전부가 아님을 학생들이 아직 알지 못하기 때문에 좋은 어른들의 조언이 절실합니다.

스물셋 교은이는 경험으로 꿈을 그립니다.

영어학원 원장실 옆 작은방은 교은이가 하교(下校)해 원장인 엄마를 기다리는 쉼터입니다. 약 10년간 엄마의 영어학원, 같은 건물에 있는 수학학원 그리고 주변 예체능 학원에 다니면서 성장한 교은이는 엄마가 하라는 대로 잘하는 듯했습니다. 사춘기가 시작되었는지 슬슬 하기 싫은 것은 하기 싫다고 얘길 하기 시작합니다. 친구와 노는 것이 더 좋아지고 학원보다는 다른 것을 배우면 더 재미있을 것 같다고 합니다. 그러던 어느 날, 웹툰을 그리고 싶다고 갑자기 미술학원을 보내 달라 합니다.

"교은아, 웹툰을 배우려면 특성화 고등학교에 가야 하는데 기숙사 생활 할 수 있겠어? 그리고 그 뒤엔 무엇을 하고 싶은 거야?"

엄마가 묻는 말에 교은이는 "그냥 웹툰을 좋아하니까 배워 보려고."

엄마는 그 뒤에 무엇을 상상하고 있는지가 궁금했고
딸은 그냥 지금 하고 싶은 것을 하길 바랄 뿐이었습니다.

처음으로 무언가를 하고 싶다는 모습에 얼른 등록해준 학원은 몇 달 되지 않아 다른 지역으로 이전을 하게 되었고 그나마 배우고 싶다고 했던 딸은 흥미를 잃어버렸습니다. 아무래도 오래 앉아 있는 것이 어려웠던 모양입니다.

고등학교 진학을 고민하던 중 미디어 고등학교에 관한 정보를 듣고 디자인을 하겠다고 하며 자신이 원하는 고등학교에 진학하겠다고 합니다. 다행히 교은이는 원하는 학교와 학과에 진학하며 처음으로 자신이 생각하고 결정한 일을 해낸 기쁨을 맛보며 행복했습니다.

엄마가 딸에게 원한 건 단 하나였습니다. 특성화 고등학교의 특성상 진학과 취업을 나누어야 하는 선택이 있기에 그 어떤 선택이어도 다 응원하고 지지해 줄 테니 반드시 3년 동안 반장을 하라는 것이었습니다. 학교라는 공간에서 리더의 자리를 경험하는 것은 여러 문제의 상황을 해결하고 통솔하는 경험을 쌓을 수 있는 아주 좋은 기회이기 때문입니다.

그 후 3년 동안 반장을 경험하며 울고 웃고 아파하는 과정에서 교은이는 정말 많이 성장했습니다. 어느새 진학과 취업을 선택해야 하는 시기가 왔습니다. 사실 교은이는 학교 공부를 즐기지를 않아 진학이 아닌 취업을 선택해야 했습니다. 그러나 그것도 제대로 준비되지 않아 만만하지 않았습니다. 그냥 졸업 후 외국어를 배우기 위해 미국이나 중국으로 가겠다고 결정했습니다.

디자인 전공을 하며 획득한 자격증만으로 취업한다는 것도 만만한 일은 아니기에 졸업 후 영어 공부를 시도했지만, 한 번도 배우지 않았던 토플을 한다는 것은 산 너머에 산을 올라야 하는 부담이었습니다. 게다가 코로나로 인해 해외 출국은 무산되었습니다.

결국, 미디어 고등학교 디자인과를 졸업하고 20살이 된 교은이는 바로 운전면허를 따고 아빠의 사업을 돕기 시작합니다. 식품공장을 하는 아빠의 일을 도우려고 떡 만드는 것을 배우고 한 번도 배운 적 없는 일을 하기 시작합니다. 공장 매장에 걸려 오는 주문 전화를 받아 배송과 택배 처리도 해야 하고, 전화를 받다가 계산도 하면서 주문을 찾으러 오는 다양한 손님을 응대해야 하니 항상 긴장해야 했습니다.

새벽 일찍 출근해 떡도 만들어야 하고 포장하고 일하는 아주머니들의 일정 관리도 해야 하며 자주 바뀌는 사람들에게 일을 모두 처음부터 알려줘야 하는 것까지 정말 무수히 많은 일을 하기 시작합니다. 미리 따놓은 운전면허로 차를 운전할 수 있게 되니 배달도 직접 하는 경우가 많았습니다. 속이 상하고 그만두고 싶어도 마음대로 할 수 없던 교은이는 수없이 많은 날을 늘 혼자서 배우고 터득해야 했고 많이 울어야 했습니다.

어느덧 23살이 된 교은이는 아직도 자신의 직업과 진로에 대해 고민합니다. 아빠의 일을 도왔던 지난 3년간 사이버 대학교에서 디지털 영상 디자인학과 학사 학위를 받은 후 대학원 진학을 기대하고 있습니다. 학업과 일을 병행하는 것은 결코 쉬운 일은 아닐 겁니다. 하지만 덕분에 시간을 소중하게 아끼고 쪼개 쓰는 연습을 할 수 있었습니다.

이는 자신이 진심으로 원하는 일을 찾으려 노력하는 과정임이 분명합니다.

가끔 포기하고 싶은 교은이는 통곡하며 엄마에게 말합니다.

"엄마, 난 왜 이 일을 해야 하는지 모르겠어. 디자인을 공부했는데 내가 왜 떡을 만들어야 해? 그리고 운전면허를 땄더니 그걸로 배달해야 하는 건 내가 하고 싶었던 일이 아니야."

짜증으로 가득한 딸에게 엄마는 다시 수능을 보고 원하는 것을 찾아보라고 권하기도 했지만 정작 본인은 다시 공부하기도 쉽지 않다 느꼈나 봅니다. 그러던 어느 날 아빠의 유통 사업의 아이템이 떡에서 젤리로 바뀌게 되면서 교은이는 자신이 무엇을 잘하는지 그리고 무엇을 할 수 있는지를 알게 됩니다.

전국 백화점이나 플리마켓에 젤리를 팔러 다니기 시작합니다. 미리 포장하고 자신의 차에 젤리를 가득 싣고 마켓이 시작되기 전 장사를 준비하기 위해 이것저것 세팅을 하고 종일 젤리를 팔기 시작합니다. 하루 매출은 기대 이상이었고 그 경험을 통해 온라인 스마트 스토어도 개설하게 됩니다. 상세페이지와 다양한 상품 스티커 디자인도 직접 하며 자신의 진로와 직업에 대해 생각하게 됩니다.

"엄마, 내가 오늘은 내 친구와 함께 둘이 3일 동안 젤리를 팔았는데 총매출이 얼마게?"
"글쎄, 얼마나 했어?"

경험이 없어 많이 팔지 못했을 것으로 생각한 엄마는 딸의 말을 듣고 놀라지 않을 수 없었습니다.

"엄마, 놀라지 마. 나 600만 원 팔았어."
"정말? 600만 원?"
"그리고 엄마, 오늘 일을 마치고 친구를 데려다주는 데 친구가 내가 너무 부럽다고 하더라고. 난 장사를 배워서 장사도 잘하고 어른들과 일을 해서 어른들에게 어떻게 말을 해야 할 줄도 알고, 차도 있어 운전도 하고, 3년 동안 사이버 대학에서 디지털 영상 디자인도 배워서 이 일에 직접 활용하고 있다면서 내가 너무 부럽다고 했어."
"그랬어? 기분 좋았겠네. 엄마가 봐도 울 교은이는 판매를 너무 잘하는 거 같아. 어쩜 그리 말을 잘할까?"
"엄마 난, 떡 공장에서 일한 게 너무 힘들었었어. 혼자서 이일

저일 다했고, 지금 이일은 그 일보다 10배는 쉽게 느껴져. 그리고 저녁이 되면 오늘 매출은 얼마일까? 하면서 집에 오는 길이 너무 좋아."

"정말 다행이다. 우리 딸. 그럼 교은이가 판매하면서 어떻게 말하고 고객을 대하는지 녹음을 한번 해봐. 다양한 상황에서 어떻게 판매가 이루어지는지 교은이만의 기술을 책으로 출판해 보는 거 어때? 엄마가 도와줄게. 제목은 『하루에 600만 원 파는 스물셋 세일즈 스피치 기술』 이런 거 너무 좋겠지?"

"정말? 그럼 나 책도 쓰는 거야?"
"그럼, 이제 너만의 유통 사업을 꿈꿔봐. 아빠에게 배운 유통 스킬과 너만의 세일즈 스킬 그리고 이미 가진 디자인 재능과 온라인 스마트 스토어 관리 능력까지 다 갖추었으니 사업을 꿈꾸고 그 일을 해낼 상상으로 제대로 준비해 보자. 어때?"

교은이는 이렇게 스물셋에 자신의 재능을 녹여 낼 사업 분야를 발견하고 사이버 대학 졸업 후엔 경영 대학원 진학도 꿈꾸고 있습니다.

세상은 아주 많은 다양한 직업을 요구하고 그 일을 펼칠 수 있는 장을 열어줍니다. 무엇을 하기 위해 어떻게 준비하느냐가 너무 중요하기 때문에 자신이 주력으로 집중할 분야를 정하는 것이 우선되어야 합니다. 교은이는 식품 유통 분야를 찾았고 그 안에서 유통 사업가, 온라인 쇼핑몰 운영자, 도매를 통한 가맹사에 정보와 판매 스킬을 전달해 주는 컨설턴트 그리고 상세페이지와 다양한 디자인을 만들어 내는 디자이너, 마지막으로 이것을 디지털로 발행하는 세일즈 스피치 책을 쓴 작가가 될 수 있습니다. 나중에는 자신의 노하우를 강의로 전달하는 훌륭한 마케터와 강사도 될 수 있습니다.

경험이 있어야 직업이 살아납니다.

고등학교 시절에 직업 선택을 고려한다면 우선 '성인이 되어서도 필요한 부분일까?'를 고려하고, '커뮤니케이션 및 협업 능력, 문제 해결 능력, 리더십 등과 같은 소프트 스킬도 발휘할 수 있는가?' 그리고 '다양한 경험이 타인을 위한 콘텐츠가 될 수 있는가?'를 고려해야 합니다.

직업을 선택하기 위해서는 경험이 정말 중요합니다. 경험하지 않고 선택한 직업은 그 자체가 더 큰 것을 향한 경험일 뿐입니다. 그래서 경험은 자신의 주력 분야를 확보하며 뿌리는 내리는 확실한 과정으로 보아야 합니다.

경험은 살아가는 지혜와 기술이 되어 결국 자신을 통한 타인의 삶을 이롭게 합니다. 학교에서 제공하는 직업 탐색 활동에 적극적으로 참여하고, 직업 관련 강연, 직업 체험 행사에 참여할 기회가 있다면 무조건 참여하는 것이 좋습니다.

ONE POINT LESSON

한평생 하나의 직업으로 사는 사람들은 없습니다. 다양한 직업을 택할 수 있다는 의미입니다. 자신이 좋아하고 잘할 수 있는 일을 찾기 위해 다양한 일의 경험을 갖는 것이 진정한 행복을 찾는 나침반임을 기억해야 합니다.

경험의 밀도

"모두 다 경력만 찾으면 신입은 어디서 경력을 쌓나?!"

어떤 시트콤에서 취준생이 신입사원 면접장에서 경력직 같은 신입을 찾는 면접관에게 외친 말입니다. 신입사원 면접 자리에서 울분을 토하듯 외치는 그의 말 한마디에 전국의 취준생들이 엄청나게 공감을 했었습니다. 아마도 시트콤이다 보니 조금 과장되고 코믹하게 그려진 장면이라는 생각도 듭니다. 면접관이 원한 것은 관련 분야의 경험을 해봤냐는 질문일수도 있으니까요. 물론 저의 개인적 추측입니다.

경험은 밀도의 차이

우리는 살면서 많은 경험을 합니다. 다람쥐 쳇바퀴 돌듯이 반복되는 경험이든, 찰나와 같은 경험이든, 경험은 우리의 삶을 계속 이어 나갑니다. 물론 모든 경험이 의미가 있는 것은 아닙니다. 또한 매일 색다른 경험을 해야만 의미가 있는 것도 아닙니다. 엄마 등살에 못 이겨 새벽에 일어나 억지로 공원에서 운동했던 경험과 친구들과 뜻을 모아 함께 배낭여행을 떠난 경험도 그 경험에서 무엇을 깨닫고 얻었는지에 따라 달라집니다.

경험이란 자의에 의한 것인지, 타의에 의한 것인지에 따라서도 많은 편차가 생깁니다. 다이어트를 하고 싶은 학생이 스스로 운동 계획을 세우고 식단을 정해 살을 뺀 경험과 부모님에 의해 헬스장이나 병원을 다니며 살을 빼야 했던 학생의 경험은 큰 차이가 있습니다. 이처럼 경험에는 밀도의 차이가 존재합니다.

우리가 읽는 책도 마찬가지입니다. 그저 손에 잡힐 때마다 간간히 읽은 책과 나의 것으로 만들기 위해 내용을 스크랩하고, 중요 문구들을 정리해서 내 생각으로 다시 변환시킨 책은 같은 독서일까요? 경험은 이와 같습니다. 경험이란 것은 앎을 실행함으로써 나만의 지식을 만들 수 있게 합니다.

'경험보다 좋은 스승은 없다'라는 말처럼 경험의 두께는 사고의 깊이와 비례합니다. 그래서 사람을 판단할 때, 그 사람의 경험을 묻고 알고자 하는 것은 당연한 일입니다. 그렇기에 면접관들은 면접자들에게 많은 질문을 하며 개개인의 경험치를 확인하는 작업을 거치게 됩니다. 그런 부분이 면접자들에게는 큰 압박이 될 순 있겠지만, 간과할 순 없는 부분이라 할 수 있겠습니다.

우리가 흔하게 접하는 게임은 경험치를 쌓으며 레벨이 올라갑니다. 레벨이 높다는 것은 그만한 경험치가 쌓여 있다는 것을 반증합니다. 그렇다면 현실 세계에서 레벨을 알 수 있는 방법은 무엇일까요? 게임 속에선 상대방 캐릭터 위에 레벨이 보이거나 확인할 수 있는 창이 현실세계에선 없습니다. 그것을 알 수 있는 방법이 바로 대화를 통한 사고의 깊이를 파악하는 것입니다.

경험의 레벨 업

이제 내가 잘하는 것을 찾았다면 그 다음은 잘하는 것을 어떻게 레벨 업 시킬 수 있는지에 대해 알아봐야 합니다. 관련 분야의 전문가를 만나거나, 관련 유튜브를 찾아보거나, 관련 서적을 통해 지식을 습득합니다. 그리고 내 진로에 도움이 될 수 있도록 다양한 활동에 도전 해봐야 합니다. 아르바이트, 자원봉사, 서포터즈 등등 다양한 활동을 경험해볼수록 내가 선택한 진로가 나에게 맞는지를 계속 확인해볼 수 있습니다. 직접적인 활동이 아니어도 괜찮습니다. 간접적으로나마 도움이 된다 싶으면 과감히 도전해보기를 권합니다.

자신이 뭘 잘하는지를 잘 모르겠다면 또 한 가지 추천하는 방법은 바로 자신의 성향진단을 해보는 것입니다. 성향을 안다는 것은 내가 어떤 직무에 가장 최적화 되어있는지, 선호하는 업무 방식은 어떠한지를 알 수 있다는 것입니다. 성향분석솔루션 TPA 진단은 29개의 적은 문항으로 타고난 기질과 현재 성격을 알 수 있고, 더불어 업무관계 성향과 대인관계 성향을 분석해줍니다. 타고난 기질은 본능적인 상황에서 발현되는 내 모습을 말해주며, 현재 성격은 지금 겉으로 보이는 내가 선택한 성격을 말합니다.

진단을 하고 나면 자신의 성향에 맞는 각 관계 별 강점을 알려줍니다. 우리가 선택하는 많은 업종은 디테일하게 세분화된 업무들을 포함하고 있습니다. 예를 들어 간호사가 된다 해도 간호사 하나의 업만 있는 것이 아닙니다. 보건복지 관련 업무들을 포함해서 병원 행정, 민원, 외래, 연구실 등등 다양한 간호 관련 업무들 중에 나에게 맞는 것을 선택해야 하는 것입니다. 희망하는 직업 중 어느 쪽 업무에서 내 강점이 발휘하는지를 안다면 취업 면접에서 훨씬 좋은 결과를 만들 수 있을 겁니다. 그렇기에 성향진단은 개개인에게 더 유효한 경험을 하도록 도와주는 디딤돌이 됩니다.

경험은 곧 연륜

이렇듯 경험은 내가 하나하나 쌓아 올리는 나만의 나이테 같은 것입니다. 나이테에는 나이 말고도 나무의 성장 과정이 오롯이 기록되어 있습니다. 성장 당시의 온도와 강수량, 주변 환경에 따라 나무의 생장량이 다르기 때문에 나이테로만 알 수 있는 정보들입니다. 나무의 나이테를 한자로는 '연륜'이라고 합니다. 해 년(年)자에 바퀴 륜(輪)자를 쓰는 것이고 해마다 둥근 바퀴 모양의 테가 하나씩 생기는 것을 말합니다. 계절의 변화가 적은 열대 지방 나무는 나이테가 잘 안 나타납니다. 날씨의 변화가 별로 없다는 것은 그만큼 나무가 자람에 있어 큰 어려움이 없다는 뜻이지요. 나무의 나이테를 보면 나이테의 폭이 유난히 넓은 해도 있고, 폭이 좁은 해도 보입니다. 유독 나이테의 폭이 좁을 때는 그 해에 가뭄이 심하게 들었다는 것을 추측할 수 있습니다. 또 나이테의 상처가 난 부분을 보며 산불이나 해충의 피해를 받았던 때까지 알 수 있다고 합니다. 이처럼 나이테, 곧 연륜이라는 것은 여러 해 동안 쌓은 경험에 의해 이루어진 숙련의 정도를 말합니다.

나무에게 나이테가 있듯이 사람도 경험을 통해 자신의 성장 과정이 기록됩니다. 한 해 한 해 자랄 때 마다 그 사람의 모든 과정이 연륜으로 고스란히 남게 되는 것이죠. 자신이 선택한 목적을 이루기 위해 남들보다 더 많은 시간을 투자하며 애를 썼던 기록도 눈으로 보이지 않는다고 해서 남지 않는 것이 아닙니다. 우리는 목표를 향해 달리다가 넘어져 실패하게 되는 경우, 마치 지난 모든 수고와 노력이 헛되게 되는 것같이 느껴져서 좌절하고 실망합니다. 다시는 일어서지 못할 것이라는 부정적인 생각에 압도되어 주변의 또 다른 기회를 보지 못하기도 합니다. 하지만 또 다른 나이테를 만들 수 있다면, 지난 과오와 실패를 이겨나갈 수 있습니다. 큰 맘 먹고 도전했던 일이 잘 풀리지 않아서 안 좋은 결과를 가져왔더라도 그것은 인생 전체를 놓고 봤을 땐, 작은 나이테 한 줄에 불과할 뿐입니다. 수없이 많이 겹겹이 쌓여 있는 나무의 나이테를 보며 그 모든 일은 살아가는 한 과정일 뿐이라는 것을 기억해야 합니다.

실패한 경험을 나의 강점으로 전환하기

누구나 살면서 결핍과 어려움을 겪습니다. 모든 결핍은

그 당시에는 너무나 괴롭고, 극복하기 힘들게 하는 걸림돌처럼 느껴집니다. 성장하면서 생기는 결핍은 당사자에게 씻을 수 없는 큰 트라우마를 남기기도 하지만, 오히려 그로 인해 새로운 인생의 문이 열리거나, 새로운 기회를 찾게 해주기도 합니다. 입사 면접 시, 종종 면접관이 이러한 질문을 할 때가 있습니다.

"실패한 경험이 있습니까?"

왠지 면접에서는 나의 장점과 잘하는 것 등 긍정적인 것 위주로 말을 해야만 할 것 같습니다. 그런데 실패한 경험을 묻는 경우에 우리는 그 짧은 순간, 마음속으로 수 없이 많은 번뇌가 스쳐 지나갈 것입니다. 대부분의 면접관들이 면접 자리에서 실패 경험에 대해 묻는 이유는 간단합니다.

과제 수행 시 이 사람은 주도적으로 행동하며 해결해 나갈 역량이 있는 사람인가?

실패를 통해 성장을 할 수 있는 사람인가?

이와 같은 정보를 알 수 있기 때문에 실패 경험을 어떻게 다루었는지 여부가 지원자의 역량을 알아보는 좋은 방법입니다.

**실패 경험에 대해 답변을 할 때에는
몇 가지 노하우가 있습니다.**

첫 번째, 실패 경험 속에서 스스로 무엇이 실패의 원인이었는지 파악하고 이 경험을 통해서 배운 점을 어필하는 것입니다. 유의할 점은 너무 사소한 일들을 실패 경험 사례라고 말하는 경우, 자칫 작은 일에도 역경이라고 느끼는 멘탈이 약한 사람으로 보여 질 수 있으니 유의해야 합니다.

두 번째, 앞서 말한 자신의 사례를 왜 역경이라고 느꼈는지에 대한 이유를 객관적으로 판단할 수 있는 근거를 함께 제시해야 합니다. 종종 면접 장소에서 과한 긴장을 한 탓에 횡설수설하게 되는 경우가 많은데 면접을 앞두고 있다면 미리 이런 질문에 대한 대비를 하고 가는 것이 좋습니다.

세 번째, 단순히 "이러이러해서 어려움을 겪었다"라고 말하는 것이 아닌, 문제를 해결하기 위해서 주도적으로 어떤 노력을 했는지 여부가 잘 드러나도록 답변하는 것이 좋습니다. 문제 해결 능력이 돋보이는 대답을 한다면 실패 사례를 말하더라도 오히려 면접관들에게 좋은 인상을 남길 수 있습니다.

네 번째, 이러한 역경을 통해 성장한 자신이 이 후 어떤 것들을 해냈는지에 대해 덧붙여 말하는 것입니다. 이러한 대답은 실패 사례라는 질문에 자신의 빛나는 성장을 어필할 수 있는 아주 좋은 기회일 것입니다.

수월하게 아무 문제없이 해낸 경험보다 이처럼 실패했던 뼈아픈 경험은 사람을 두 배 이상 성장하게 만듭니다. 우리는 코로나19라는 전대미문 적인 팬데믹을 겪었습니다. 전염병이 전 세계적으로 유행하는 일은 살면서 겪기 힘든 일일 수도 있는데, 바로 그러한 일이 우리에게 벌어졌던 겁니다. 코로나19는 사랑하는 가족, 친구, 지인들을 앗아가고, 많은 사업장들이 영업난으로 문을 닫게 만들었습니다. 이런 엄청난 역경 속에서 우리는 속절없이 견뎌야만 하는 수많은 시간들과 마주했었습니다. 하지만 그런 시련을 맞이하며 새로운 환경에 적응하기위해 많은 변화를 일으켰습니다. 소비문화부터 교육체계까지 많은 것들이 온라인화 되고 디지털 기술 도입이 활성화 되는 상황을 만들었습니다. 또한 여러 생성형 AI가 등장하면서 사회 전반에 걸쳐 긍정적인 변화가 생겼습니다. 이렇듯 역경을 통해 또 다른 기회의 문을 연 것처럼 개개인의 삶에도 고난의 아픔을 통해 더 성장하고 발전하는 그런 삶을 꾸려나가야 할 것입니다.

ONE POINT LESSON

경험은 우리 아이들에게 큰 자산을 가져다줍니다. 진로와 관련된 경험을 주도적으로 찾아 수행함으로써 성장할 수 있는 것이죠. 또한 역경이라는 어려움이 찾아왔을 때, 현명하게 극복함으로써 강점을 만들어 낼 수도 있습니다.

아래 질문은 경험의 밀도를 높이는데 도움이 되니, 학생과 학부모 각각 작성해보세요. 학부모는 자녀 입장에서 생각하고 작성합니다.

1. 희망하는 전공과 관련된 직·간접적인 경험에 대해 작성해보세요.

2. 희망하는 전공 관련 경험을 통해 어떤 교훈을 얻었나요?

3. 실패한 경험이 있나요? 있다면 어떻게 대처했나요?

어디로 가서 뭘 하지?

아주 오래전 20대 때, 스페인 바로셀로나에 있는 피카소 박물관에 간 적이 있었습니다.

그때 제가 생각했던 피카소의 그림과는 상당한 차이가 나서 놀랐던 기억이 있습니다. 박물관에는 피카소의 어린 시절 그림만이 전시되어 있었는데, 일반 사람들이 보기에 충분히 이해가 되는 화풍이었습니다. 제 눈에는 꽤나 그림을 잘 그리는 귀여운 아이가 보였습니다. 많은 사람들이 피카소를 생각하면 입체주의만을 생각하기가 쉬운데, 그곳에서 본 그림들은 전혀 그런 종류의 작품이 아니었습니다.

피카소는 화가였던 아버지가 자신의 일을 그만두고 아들을 뒷바라지했을 만큼 일찌감치 천재적 재능을 보였다고 합니다. 바르셀로나에 있는 라 롱하 예술학교의 입학시험을 볼 때 그렸던 그림은 14살 소년이 그린 것이라고 믿기 어려울 정도로 뛰어난 천재성을 인정받았다고 하니까요. 그렇게 장래가 촉망되었던 피카소가 20살이 되자 문화의 중심지인 파리로 건너갔습니다. 꿈을 안고 갔지만, 그곳에서는 10대 때 누렸던 명성과 재능을 제대로 인정받지 못하여 패배감 가득한 현실 속에서 어디로 가야 할지를 몰랐다고 합니다. 그러나 피카소는 그런 방황의 시간 중에도 그림 그리기는 쉬지 않았다고 합니다. 자신보다 더 잘 그리는 화가들을 모방하면서 끈질기게 새로운 시도를 멈추지 않았습니다. 드디어 그는 26살에 〈아비뇽의 처녀들〉이라는 작품으로 최초의 입체주의 작품을 내놓게 되었습니다. 하지만 처음 그런 화풍의 그림을 본 사람들은 하나같이 혹평뿐이었다고 합니다. 그 시대로서는 처음 보는 화풍의 그림을 이해하기가 어려운 것이 당연했을지도 모릅니다.

그런데 여기서 잠깐 멈추어 생각을 해보면 피카소가 과거의 방식을 그대로 고집했더라면, 또는 새로운 모험을 시도하지 않았더라면, 그는 새로운 발자국을 만들어 낼 수 없었을 것입니다. 창의력은 기존과는 다른 관점으로 바라보는 새로운 시각에서 비롯됩니다. 그는 하루에 평균 7개의 작품을 만들었고, 그가 평생 남긴 작품 수는 대략 5만점에 달합니다. 사방의 혹평과 비난 속에서도 끊임없이 도전하는 그의 모습이 참으로 경이롭습니다.

"상상력이 지식보다 중요하다."라는 아인슈타인의 말처럼 기존의 익숙한 것에서 멈추지 않고 상상력을 발휘해보세요. 과거의 전통을 생각 없이 무조건 따라가기만 해서는 새로운 길을 만들 수 없습니다. 커다란 벽에 가로막혀 있다면, 새로운 시도를 끊임없이 시도한 피카소의 용기를 생각해보시면 좋겠습니다.

저는 남편과 고등학생 때부터 친구로 지낸 후, 7년 연애 끝에 결혼하게 되었습니다.

당시 남편은 아직 학생이었기에 결혼식 후 1박 2일의 짧은 신혼여행을 강원도로 다녀왔습니다. 그리고 남편의 기말고사가 끝난 다음 날, 우리는 배낭 하나씩 메고 유럽 7개국 자유여행을 출발했습니다.

그곳에서 보았던 세계는 26년간 보았던 저의 작은 세상과는 너무도 달랐습니다. 영국의 런던, 프랑스의 파리와 스트라스부르, 이탈리아의 로마와 베네치아, 독일의 하이델베르크, 스위스의 루체른, 오스트리아의 잘츠부르크, 헝가리의 부다페스트 등 생애 처음 마주하는 아주 신기한 세상을 호기심 가득한 눈으로 바라보며 즐겁게 여행했습니다.

특히 프랑스 동부 스트라스부르에서는 대학 선배 오빠의 소개로 유학생들과 함께 유럽 동부 여행을 함께 다닐 수 있었습니다. 우리 부부는 결혼 전부터 유학에 대한 관심이 많았지만, 경제적 여건이 마련되지 못했기에 마음속에 바람만 품고 있었습니다. 그런데 프랑스 유학생들과 함께 며칠 동안 여행을 하면서 실제적인 유학 생활에 관해 여러모로 대화를 나누게 되었습니다. 프랑스 국립대학에서는 이론 위주의 교육을 하는데 육성회비만 내면 졸업 때까지 학비가 무료라는 사실을 그때 알게 되었습니다. 그 사실은 새로운 삶을 살고 싶었던 우리 부부에게 정말 귀한 정보가 되었고, 프랑스 유학을 결심하는 계기가 되었습니다. 새로운 시도의 첫발을 내딛게 된 것이죠.

역시나 첫 단추는 우리의 시나리오와는 다르게 전개가 되었지만, 우여곡절 끝에 남편은 스트라스부르에서 프랑스 대학생들과 어깨를 나란히 하며 오디오 비주얼(Audio Visual) 과정을 공부하였습니다. 물론 몇 년간의 유학 생활만으로 삶 전체의 지축이 흔들릴 만큼 커다란 개혁이 있었던 것은 아니지만, 저희 부부 인생의 토양에는 커다란 변화가 생기게 되었습니다.

나와 네가 다르고, 다른 우리가 만나, 서로 적이 아니라 합력하여 선을 이룰 수 있는 귀한 존재들이라는 것을 유학 생활을 통해 깊이 배웠습니다. 어느 곳에서든지 사람을 만나면 눈으로 먼저, 그다음은 볼과 입으로 반갑게 인사하는 비주(bisou_볼키스) 습관부터 언어·문화·환경이 다른 사람들을 이해하고 포용하는 자세를 익혔습니다. 물론 국내에서도 그런 수용과 포용력은 충분히 습득할 수 있지만, 저희 부부는 새로운 땅에서 적극적인 시도와 도전으로 삶을 대하는 태도가 더욱 풍부해졌습니다. 떠날 수 없었던 여러 환경에 눌려, 시도하지 않고 그대로 머물러 있었더라면 지금보다는 조금은 덜 넓은 마음의 크기를 가지고 있었을지도 모릅니다.

> "파리 뒤를 쫓으면 변소 주변이나 어슬렁거리고, 꿀벌 뒤를 쫓으면 꽃밭을 함께 거닐게 된다."
>
> _tvN, 〈미생〉 중

물은 어떤 그릇에 담느냐에 따라 모양이 달라지지만, 사람은 누구를 만나느냐에 따라 운명이 결정된다는 말입니다. 그렇게 저희는 만나는 사람을 바꾸고, 사는 환경을 바꾸기로 결심하였기에 유익한 영양분을 즐겁게 마음 판에 담게 되었습니다.

"하고 싶은 일이 있다면, 만나고 싶은 사람이 있다면, 또 가고 싶은 곳이 있다면 그 자리에 머무르지 말고 일어나 도전하고 시도하십시오. 새로운 세상이 두 팔 벌려 여러분을 기다리고 있을 겁니다."

2014년 9월, 조선일보에 '스튜던트 푸어(Student Poor) 34만 명 시대'라는 기사가 보도되었던 적이 있습니다. '스튜던트 푸어'란 대학을 졸업하더라도 취업 준비생, 고시생, 수험생으로 남아 '사실상 학생' 신분에서 벗어나지 못한 사람 중 빈곤한 상태에 머물러 있는 사람들을 지칭하는 말입니다.

스튜던트 푸어에는 4가지 유형이 있습니다.

첫 번째, 취업에 필요한 스펙을 쌓느라 수천만 원을 쓰는 청년 구직자들입니다.

두 번째, 행정 고시, 공무원 시험, 교원임용 시험 등에 뛰어든 수험생들입니다.

세 번째, 변호사와 의사 같은 고소득 전문직종을 노리며 전문대학원에 입학한 학생들입니다.

네 번째, 처음부터 스튜던트 푸어로 시작해 그 상황에서 벗어나지 못하고 그대로 빈곤층으로 진입하는 경우입니다. 저소득층 출신 학생 상당수가 이 경우에 속합니다. 결국, 취업 준비의 장기화로 이어지면서 스튜던트 푸어들의 문제가 갈수록 심각해지고 있습니다.

전문가들은 스튜던트 푸어의 악순환을 이렇게 분석합니다. "취업을 위한 지출이 증가한다. 비용 마련을 위한 저임금 노동과 빈곤한 생활이 이어진다. 취업에 실패한다. 그러니 취업 준비가 장기화 된다." 결국은 저임금 노동과 빈곤한 생활이 고착화하는 것입니다.

경영학자 톰 피터스의 책 『톰 피터스 에센셜 인재』에 따르면, '평생직장은 없고, 평균 5~7개의 직장을 옮겨 다니고, 2~3개의 직업을 가지며 평생 자기 고용 상태에 머물게 된다. 우리는 모두 독립 노동자다. 더 이상 배울 게 없는 직장이라면 나와서 배울 게 있는 다른 직장으로 옮기면 되고, 그렇게 직장을 옮기며 훈련하면 나중에는 어떤 일을 하든 충분히 훈련된 자신을 만날 수 있다. 그때부터가 자신의 이름으로 하는 일에 책임을 질 수 있는 진짜 승부수를 던질 때다.'라고 강조합니다. '독립 노동자'로서 평생 자기 고용 상태에 머물기 위해서는 무엇을 해야 할까요? 스스로 독립적으로 사고하고 행동하는 능력이 필요할 겁니다.

특히 인공지능과 함께 생활해야 하는 우리 아이들에게는 더욱더 중요합니다. 문제를 찾고, 해결책을 도출할 수 있는 능력, 즉 생각하는 힘이 필요합니다. 모두가 가는 길이라 쫓는 것이 아니라, 자신의 길을 만들어 갈 수 있어야 합니다. 더불어 자신의 재능과 성과를 눈으로 보여줄 수 있어야 합니다. 온·오프 채널을 통해 지속적으로 증명할 수 있어야 하는 것이죠. 원하는 분야를 찾고, 그 분야에서 성장하기까지 견디다 보면, 어느새 여러 개의 직업을 가지거나 전문가로서 인정받는 자신과 만나게 될 겁니다.

새로운 시대에 인정받는 인재가 되기 위해서는 세상을 알아야 합니다. 그래야 타인에 의한 판단이 아닌 스스로 합리적 결정을 할 수 있습니다. 다음 3가지는 우리 아이들이 현명한 결정을 내리는 데 도움이 되는 방법입니다.

첫째 책을 읽는 것입니다. 관심 분야의 책을 읽고 내용을 정리하면 세상을 더 넓게 보며 이해력도 향상시킬 수 있습니다.

둘째, 다른 사람을 만나는 것도 중요합니다. 이미 꿈을 이룬 사람들에게 질문하고 그들의 경험과 이야기를 듣는 것으로 동기부여와 목표 설정을 도출할 수 있습니다.

셋째, 자신의 생각을 글로 표현하는 것 역시 필요합니

다. 글을 쓰면 생각을 명확히 정리하고 자신을 더 확고하게 만들어줍니다.

투자의 귀재인 '워런 버핏'은 고등학교 졸업 전에 100권 이상의 경제 서적을 읽었다고 합니다. 그는 많은 독서와 사고를 통해 자신을 발전시키며 투자 분야에서 성공한 사례자입니다. 20세기 가장 위대한 동기부여 전문가 '나폴레온 힐' 역시 성공한 사람들을 인터뷰하고 조사하여 성공 원리를 추출한 후 성공학 저서를 저술하였습니다. 20세기 말 경영 사상을 대표하는 인물이자, 현대 경영학의 창시자인 '피터 드러커'는 지속적인 공부와 글쓰기를 통해 경영학 분야에서 최고의 지위를 차지한 인물 중 하나가 되었습니다.

관심 있는 분야의 책을 읽고, 사람을 만나고, 글을 써보는 겁니다. 이를 통해 미래가 원하는 인재로서 자신의 길을 나아갈 수 있게 될 겁니다.

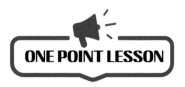

ONE POINT LESSON

세상을 새롭게 바라보며 새로운 발자국을 떼어봅시다. 익숙했던 것들로부터 멀어지며 가능성을 키울 때, 비로소 새로운 성장이 시작됩니다. 새 시대 인재가 되기 위한 가장 강력하고 단순한 전략은 읽고 만나고 기록하는 것입니다.

종이 위에 나의 관심 분야를 적어봅니다. 그중 가장 관심 있는 주제 하나를 정합니다. 우선 그 분야 지식을 얻을 수 있는 책을 찾아 읽습니다. 그와 관계된 분들을 만나 직접 인터뷰합니다. 만날 수 없을 땐 그분들의 책을 찾거나 영상을 찾아 간접적으로라도 궁금증의 답을 찾아봅니다. 그리고 이와 관련된 글을 써보고 블로그와 같은 온라인에 지속적으로 기록을 남깁니다. 그러면 관심을 갖고 연구하는 분야에 좀 더 확실하게 다가갈 수 있고 축적된 기록으로 자신을 증명할 수 있게 됩니다.

나만의
길을 찾아서

"윤정아, 너는 커서 뭐가 되고 싶어?"

그날은 동네 아주머니들이 우리 집에 모인 날이었다. 엄마는 내게 꿈을 물어봤습니다. 나는 주저 없이 대답했습니다.

"나는 커서 판사 될 거야."

나의 대답에 엄마는 우쭐한 기분을 느꼈을 것입니다. 아직 4살밖에 안 된 아이의 입에서 '판사'라는 직업이 나오자, 아주머니들은 감탄과 부러움 섞인 눈빛으로 엄마를 바라봤습니다. 나는 사실 '판사'라는 직업이 뭘 하는 것인지 몰랐습니다. 그렇지만 엄마가 좋아할 것이라는 생각에 선택했던 직업이었습니다.

나는 어려서부터 호기심이 많았습니다. 해보고 싶은 것, 갖고 싶은 것, 가고 싶은 곳 등 처음 보거나 듣는 것들에 대해서는 꼭 관심을 가졌습니다. 그러다 보니 하고 싶은 직업도 다양했습니다. 학년이 올라갈 때마다 새로운 직업들이 나의 관심을 자극했습니다. 초등학교에 들어간 후 나의 꿈은 사업가로 바뀌었습니다. 사업가가 뭘 하는지 몰랐지만, TV에 나오는 멋진 옷을 입고, 좋은 차를 타고 있는 사업가들이 멋져 보였습니다. 중학교 때 나의 꿈은 직업군인이었습니다. 직업군인들이 입고 있는 제복이 너무 좋아 보였습니다. 각이 잡힌 옷매무새에 반짝반짝 빛나는 단추들이 더욱 그 사람을 빛나게 하는 것 같아 너무나 멋져 보였습니다. 고등학교에 들어가서 나의 꿈은 스튜어디스로 바뀌었습니다. 비행기를 타고 전 세계를 돌아다니는 직업이 너무 부러웠습니다.

지금 생각해 보니 나는 많은 꿈을 꾸면서도, 그 일이 정확히 뭘 하는 것인지, 어떻게 해야 될 수 있는지 깊이 있게 고민하지 않았던 것 같습니다. 어려서부터 다양한 꿈을 꾸었습니다. 그러나 진짜 하고 싶은 일이라기보다는 멋져 보이고 있어 보이는 일이 전부였습니다. 성적에 맞춰 대학에 입학하고, 이른 결혼을 하였습니다. 대학을 졸업할 때쯤 '앞으로 내가 할 수 있는 일이 뭐가 있을까'를 고민하니 앞이 캄캄했습니다. 사회는 빠르게 변하고 변화하는 사회 속에서 많은 직업이 사라지고 새롭게 생겨나고 있습니다. 그런 사회 속에서 '내가 지속적으로 할 수 있는 일이 무엇일까?'를 고민하며, 사회복지 대학원에 진학하게 되었습니다. 앞으로 미래 사회에서 사회복지 분야는 점점 더 확대될 것이라는 기사를 통해 나의 성향과도 잘 맞을 것이라는 생각에 선택하게 되었습니다. 석사를 마치고 박사 과정에 들어가며 운이 좋게도 대학에서 강의를 시작하게 되었습니다.

처음 대학에서 강의를 시작했던 그 순간을 돌아 봤습니다. 그동안 나는 '선생님은 되고 싶지 않다'라는 생각을 강하게 하며 살아왔습니다. 그런데 하고 싶지 않다고 생각한 강의를 통해 선생님이라는 직업을 갖고 있는 내 모습이 조금 우습기도 했습니다. 운이 좋아 대학에서 학생들을 가르치게 되었지만, 사회복지 분야는 내게도 생소하고 어려웠습니다. 박사학위를 따고도 강의할 수 있는 기회를 잡는 것이 매우 어렵습니다. 그런데 박사 과정 중에 강의할 수 있는 좋은 기회가 오니 용기 있게 선택하기는 했지만, 강의하는 것이 언제나 버거웠습니다.

"교수님, 잘하지 못할까 봐 걱정이 돼요."

나는 강의할 수 있는 기회를 주신 박사 과정 담당 교수님께 고민을 털어놨습니다.

"걱정할 것 없어. 강단에 서면 네가 가장 잘 아는 사람인 거야. 자신감을 가져. 마음속으로 '여기에서 내가 제일 잘 알고 있는 사람이다'라고 생각하고 수업 시작하면 마음이 좀 편안해질 거야. 마음이 편해야 네가 준비한 대로 잘해낼 수 있으니까, 자신감 갖고 수업해."

교수님의 응원은 나에게 용기를 주었습니다. 그렇게 몇 년을 버티며 다양한 과목을 강의하게 되었습니다. 같은 과목을 세 번쯤 강의하자 머릿속에서 기억하는 것들이 더욱 많아졌습니다. 그리고 새롭게 알게 된 것들과 융합되며 좀 더 자연스럽게 강의할 수 있는 여유가 생겼습니다. 여유가 생기니 강의하러 학교 가는 길이 즐거웠습니다. 나는 학생들이 조금이라도 더 이해할 수 있도록 이슈가 되는 드라마와 영화, 뉴스의 소재를 많이 활용했습니다. 쉽게 접하는 사건과 스토리를 가지고 설명해 주니 학생들은 재밌게 수업을 들었습니다. '이해하기 쉽고 재밌다'는 학생들의 피드백에 나는 더 신나게 수업 준비를 했습니다. 아는 것이 많아지니 효과적으로 전달하기 위한 방법들을 고민하기 시작했습니다. 그 고민들의 결과로 더 좋은 피드백이 돌아오자 나는 좀 더 자신감을 갖고 다양한 방법들을 시도했습니다. 40대 중반을 넘어선 나는 지금 매우 열정적인 사람으로 변했습니다. 어린 시절 가졌던 호기심에 그치지 않고, 다양한 분야와 사람들로부터 배우고 알아가기 위해 노력하고 있습니다.

2021년 교육 회사를 개원하고 다양한 교육 프로그램을 진행하고 있습니다. 얼마 전, 진로 탐색 및 설계를 위한 프로그램을 기획하여 청소년들 대상으로 진로 교육을 진행했습니다. 짧은 시간이지만 그 시간을 통해 학생들이 자신의 미래에 좀 더 관심을 갖고 고민하길 바라며 수업을 준비하였습니다. 진로 교육 과정을 통해 많은 학교의 학생들을 만나면서 느끼는 감정은 '안타까움'입니다. 수업을 통해 만난 학생들의 대부분은 꿈과 목표가 없었습니다. 고민해 본 적이 없어 뭘 해야 될지 모르겠다는 무기력한 아이들의 모습에 마음이 아팠습니다.

미래 사회에서 요구하는 인재상, 미래 사회에 유망한 직종 등 우리는 살아가며 많은 정보를 얻게 됩니다. 그러나 진짜 내가 하고 싶은 일과 내가 잘할 수 있는 일에 대한 고민이 우선되어야 합니다. 이런 고민 없이 미래에 유망한 직종을 찾아 자신의 직업을 갖게 된다면 결국 그 일을 지속하기 어려울 것입니다. 직업을 갖고 유지해 나가는 과정에는 많은 어려움과 시련이 생기기 마련입니다. 그 어려움과 시련이 닥쳤을 때 견디는 힘은 내 안에 있습니다. 나의 재능과 꿈이 맞닿은 곳에 있는 직업을 선택했을 때, 다른 누구와 비교하지 않고 나만의 방식으로 견뎌낼 수 있습니다. 그러나 나의 고민 없이 선택한 직업에서 어려움이 생기면 쉽게 포기하게 됩니다. 내가 선택한 직업의 진짜 가치를 알지 못하기 때문입니다.

얼마 전, '나 혼자 산다'에 출연한 구성환 배우가 엄청난 인기를 얻고 있습니다. 구성환 배우의 반려견 '꽃분이'의 인기도 급상승하며, 유튜브 채널의 구독자도 급상승했다고 합니다. 사람들이 구성환 배우에게 열광하는 이유는 무엇일까요? 바로 우리의 일상과 비슷한 삶을 살면서도 행복하고 여유로워 보이는 모습 때문입니다. 구성환은 학창 시절 친구들과 노는 것을 좋아하고, 공부를 잘하지 못했다고 합니다. 친구들이 대학에 진학하거나 취업을 할 때도 무엇을 해야 할지 몰라서 많이 방황했다고 합니다. 그러던 중 20살 때 극단 모집 광고를 보고 인생이 달라졌다고 합니다. 극단에 입단해 처음 2년 동안은 무대장치를 만드는 일을 했다고 합니다. 그러다 임권택 감독님의 '하류 인생' 오디션에 붙으며 본격적으로 연기 인생을 시작하게 되었습니다. 그동안 수많은 작품에 출연하면서도 이렇다 할 성과를 내지 못해 조연으로 작품생활을 해왔습니다. 그런 그를 보며 아버지는 기술을 배우라고 끊임없이 말했다고 합니다. 그럼에도 불구하고 그는 연기를 하며 다양한 캐릭터를 연구하고 표현해 나가는 과정이 정말 좋았다고 합니다. 흥행하며 성공한 동료 배우들을 보면서 부럽기도 하고 기가 죽을 법도 한데, 그는 '내가 가장 이상적이다'라고 이야기합니다.

> "하루하루가 낭만이 있고 행복합니다. 좋아하는 음식을 먹고, 꽃분이와 자전거도 타고, 이게 무슨 호사일까 싶어요. 이것만큼 더 행복할 수 있을까 싶어요."
>
> _MBC, <나 혼자 산다-구성환 편> 중

20여 년의 무명 생활을 거쳤지만 얼마 전 '나 혼자 산다'라는 예능을 통해 일상이 공개되며 인기와 인지도가 높아진 배우 구성환을 보면서, '그 사람은 어쨌든 성공했잖아'라는 생각이 들 수도 있습니다. 그러나 그가 견뎠던 20여 년의 무명 기간을 생각하면 그리 쉬운 선택은 아니었을 겁니다. 그럼에도 그 시간을 행복하고 이상적인 삶이라고 생각하고 살아올 수 있었던 것은 주위의 변화에도 흔들리지 않을 자신만의 진정한 삶을 찾았기 때문이라고 생각합니다.

인공지능(AI)의 발달로 미래 사회는 우리가 생각하는 것보다 훨씬 더 빨리 변화하고 있습니다. 이러한 변화는 우리의 직업 선택에도 큰 영향을 미치게 됩니다. 앞으로 인기 있을 것으로 예상되는 직업 분야는 인공지능(AI), 로봇공학, 바이오기술, 재생에너지, 가상현실(VR) 및 증강현실(AR), 사이버 보안 등이 있습니다. 이 분야들은 이미 빠르게 성장하고 있으며, 미래에도 계속 발전할 것입니다. 그렇기 때문에 지속가능성이 높은 직업으로 우리가 많은 관심을 가져야 할 분야이기도 합니다.

미래 사회에서 성공하기 위해서는 기술적 지식뿐만 아니라 문제 해결 능력, 창의적 사고, 팀워크, 윤리적이고 지속 가능한 관점, 정보 기술 활용 능력 등도 필요합니다. 무엇보다 중요한 것은 자신이 진정으로 좋아하고 열정을 가질 수 있는 분야를 찾는 것입니다. 자신의 관심사와 재능을 발견하고 해당 분야에 대한 계획을 세우고 지속적으로 노력한다면, 어떤 직업에서도 성공할 수 있습니다.

야구를 좋아하는 사람이든 아니든 일본 출신의 야구선수 '오타니 쇼헤이'에 대해서 한 번쯤 들어봤을 것입니다. 저는 학생들과의 진로 수업을 진행하면서 오타니 쇼헤이 선수가 고등학생 때 작성했다는 '만다라트'를 가지고 활동을 진행하곤 했었습니다. 수업을 진행하기 위해 오타니 쇼헤이라는 선수에 대해 자료를 조사하며 어린 선수이지만 성공할 수밖에 없는 태도를 보면서 존경하게 되었습니다.

오타니 쇼헤이는 자신의 재능과 관심사에 대해 끊임없이 고민하며 야구선수의 길로 들어섰다고 합니다. 야구를 시작하면서 자신의 장, 단점 파악과 미래의 목표와 목표 달성을 위해 이뤄야 할 것들을 '만다라트'에 세부적으로 정리했던 겁니다. 오타니 쇼헤이 선수는 2013년 닛폰햄파이터즈에 입단해 투수와 타자를 겸업하는 '이도류'로 프로 생활을 시작하였습니다. 2015년 다승·승률·방어율 1위를 달성하며 10년 만에 일본 시리즈에서 자신의 팀이 우승하는데 큰 기여를 하며 MVP를 수상하였습니다. 2018년 LA에인절스에 입단하여 메이저리그 생활을 시작한 오타니는 일본에서와 마찬가지로 투타를 겸업하며 2018년도 아메리칸 리그 신인왕과 2021년, 2023년 아메리칸 리그 MVP를 2회 수상하게 됩니다. 이 수상이 더욱 뜻깊은 이유는 MLB 역사상 최초로 만장일치로 선정되었기 때문입니다. 그는 2024년 LA다저스와 10년 총액 7억 달러(한화 약 9,210억 원)의 초대형 계약을 이끌어내게 됩니다. 자신의 목표대로 하나하나 준비하며, 자신이 계획했던 것보다 더 좋은 결실을 보게 된 것이죠.

청소년들이 미래 사회의 변화를 이해하고 준비하기 위해

서는 관심 있는 분야를 깊이 탐색하고, 필요한 기술과 지식을 습득하며, 창의적 문제 해결 및 협업 능력을 개발하는 것이 중요합니다. 진로를 결정할 때 언제나 주변에서 부정적인 말들이 오갑니다. 그러나 그런 말들에 흔들리지 않고 내면의 생각을 들여다볼 줄 알아야 합니다. 또한, 지속 가능한 발전에 대한 이해와 관심을 가지는 것도 필수적입니다.

결론적으로, 미래 사회에서의 인재는 기술적 지식뿐 아니라 다양한 문제를 해결할 수 있는 창의적이고 유연한 사고, 협력과 소통 능력, 그리고 지속 가능한 발전에 도움이 되는 가치관을 갖춘 사람들입니다. 그러므로 청소년들은 진정으로 관심 있는 분야를 발견하고 그 분야에 대한 열정을 지속적으로 추구하는 것이 중요하며, 부모님들은 이러한 준비 과정을 즐기면서 자신만의 길을 찾아갈 수 있도록 관심과 지원을 아끼지 않아야 합니다.

ONE POINT LESSON

① 타인의 시선이나 기대가 아닌 자신의 진짜 욕구 들여다보기
② 다양한 활동에 적극적으로 참여하기
③ 진로 고민을 나누고 존경할 수 있는 '멘토' 찾기

진로와 진학

고1 친구에게 질문을 했습니다. 공부를 꽤 잘하는 친구였습니다.

"생기부에 기록할 진로는 정했니?"

"아니요, 모르겠어요."

학교생활기록부의 비교과 영역을 잘 구성해야 할 텐데 막막하기만 한 친구들이 많습니다. 그래서 이미 고등 시절을 겪고 성인이 된 대학생들 이야기를 담아 보았습니다.

1. "언어연구원이 되고 싶어요."
- 현재 대학교 2학년 남학생

Q 전공을 선택하게 된 이유는 무엇일까요?

'언어문화연구원'이라는 꿈을 가지고 있는 저는 제가 생각하는 진정한 '언어문화연구'를 하면서 터키 지역전문가의 길을 걷고자 한국외국어대학교 터키-아제르바이잔어학과에 지원했습니다. 제가 생각하는 진정한 '언어문화연구'란 단지 연구개발 활동을 바탕으로 언어문화 학술교류에 이바지 하는 것뿐만 아니라, '지역전문가'의 자질을 함께 지녀 실제 현장을 답사하면서 다양한 언어 교육 자료들을 접하고, 그 나라의 의사소통까지 심화 연구하는 것이 진정한 '언어문화연구'라고 생각합니다.

저는 고교재학 중, 교내 언어 소모임 내에서 '고대 언어'라는 주제를 가지고, 다양한 미분류 언어 중 '갈어'라는 언어를 접하게 되었는데요. 이때 조사 중 '갈어'가 튀르크어족에 속한다고 추정된다는 부분에서 처음으로 터키라는 나라를 알게 되었습니다. 이후 터키에 관심을 갖고 탐구하다 보니 터키어는 다른 언어들과 달리 한국어와 어순도 같고, 문법 체계도 비슷하다는 것을 알게 되었습니다. 따라서 제가 생각하는 진정한 언어문화연구를 토대로 국내 언어교육발전을 이루기 가장 효과적인 언어라고 생각하여 다양한 소수어과 중 터키 아제르바이잔어학과에 지원했습니다.

Q 진로에 대한 고민이나 향후 계획은 어떤 것일까요?

저는 졸업 이후에는 가장 먼저 '한국외국어대학교 투르

크 지역 대학원'에 들어가 '투르크 문학'을 전공하며, 터키의 다양한 문학작품들을 접해보고 직접 분석 해보고 싶습니다. 왜냐하면 언어문화연구원으로서 다양한 문학 작품들을 접해본다면, 후에 터키어 교육자료 분석에 큰 도움이 될 것이라 생각했기 때문입니다. 또한 이후 국내 유일의 중앙아시아 지역 전문연구기관인 한국 외국어대학교 중앙아시아 연구소에 들어가, 터키의 정치, 사회, 문화에 대하여 연구할 뿐만 아니라 주도적으로 '터키어 교육 보급'을 위한 연구에 도전해보고 싶습니다.

궁극적으로 글로벌 시대에 맞는 미래지향적인 외국어교육 연구를 위해 저의 연구 활동을 '특수 외국어교육 진흥 사업'에 기여하며 수준 높은 국내 특수 외국어 교육을 위해 힘을 쓰고자 하는 진로계획을 갖고 있습니다.

위의 학생은 고등학교 때 진로와 관련된 '고대언어'라는 주제를 탐구하였습니다. 그리고 터키어라는 관심분야에 대한 지속적인 탐색을 통해 구체적인 진로를 만들어가는 중입니다.

2. "생명 과학자가 되고 싶어요."

Q 자기소개와 함께 현재 전공을 어떻게 선택하게 되었는지 알려주실래요?

안녕하세요. 동국대학교 식품생명공학과 박사과정에 재학 중인 OOO이라고 합니다. 식품생명공학과는 화학, 미생물학, 공학, 생화학 등의 기초 학문을 바탕으로 식품 산업 기술의 기반을 이루고 있는 가공 및 저장 기술, 식품 분석 및 위생, 식품 생물공학, 식품 기능성 등 응용 학문에 대해서 배우는 학과입니다. 일반적으로 우리가 마트에서 볼 수 있는 식품 제품들을 개발하는 것을 포함하여 유산균과 같은 기능성 식품들을 연구하는 것, 향이나 맛에 대해 연구하는 것 등 넓은 분야에 대한 학업이 가능한 학과입니다.

저는 초등 시절부터 과학 분야에 흥미가 있었습니다. 특히 생명과학에 관심이 많아, 생물 자원관과 같이 생명과학에 대한 다양한 정보를 얻을 수 있는 장소에 많이 방문하였습니다. 흥미가 있으니 자연스럽게 생명과학 관련된 도서도 많이 읽게 되고, 고등학교 때에도 해부학동아리와 같은 생명과학 동아리에서 활동하게 되었습니다. 고3이 되고 학과를 선택해야할 때, 생명과학 분야에서 내가 구체적으로 흥미를 가지고 공부할 수 있는 게 무엇일까 고민하게 되었습니다. 이때 우연히 좋아하던 만화에서 오뚜기 크림스프가 20년 전과 재료는 완전히 다르지만, 맛은 그대로라는 말을 보게 되었고, 하나의 식품 안에도 다양한 기술이 접목되어 있다는 것을 깨달았습니다. 내가 하는 공부가 실질적으로 사람들의 삶과 직접적인 연관이 있었으면 좋겠다는 생각이 들어 식품생명공학과를 선택하게 되었습니다.

Q 생명과학을 꿈꾸는 후배에게, 중고등 때 해야 할 공부에 대해 이야기 해주겠어요?

중고등 때에 저는 진로가 확실하게 정해진 상태는 아니었기 때문에 진로를 위한 특별한 계획 수립 및 공부를 하지는 않았습니다. 하지만 앞서 이야기 한 것처럼 제가 좋아하는 분야의 정보를 얻기 위한 활동은 많이 했습니다(독서나 체험활동). 이 활동이 결국 제가 좋아하는 진로를 찾은 데에 도움이 된 것 같습니다. 다만 저는 학교 교과 학습에 대해서는 항상 성실하게 임해 왔기 때문에 고등 수준의 생명 과학은 충분히 학습이 되어 있었고, 이것이 대학교 학업에서 큰 도움이 되었던 것 같습니다. 고등학교 때 공부하지 않은 과학 분야를 대학 와서 처음으로 공부하느라 힘들어 하는 친구들을 많이 보았거든요. 진로와 관련된 교과 과목은 내신이나 수능 과목이 아니더라도 여유가 있을 때 관심을 가지고 공부해 두는 것이 도움 될 것 같아요.

Q 개인적으로, 진로와 관련된 도서를 추천해 주실 수 있

으세요?

먼저 『과학의 미해결 문제들』이라는 책을 추천하고 싶어요. 이 책은 아직 명확하게 밝혀지지 않은 과학 문제들에 대해 다루고 있는 책입니다. 마취제의 원리나 뱀장어의 번식처, 진화론과 관련된 미해결 문제에 대해 재미있게 풀어내어 생명과학에 대한 흥미를 강하게 만들어줬던 책입니다. 생명과학이 아니라 물리나 지구과학 등 다른 과학 분야에 관심이 있는 후배들도 재미있게 읽을 수 있을 거 같아요.

다음은 『독은 우리 몸에 어떤 작용을 하는가』라는 책인데요. 약이나 독으로 쓰이는 성분들, 예를 들면 복어독이나 곰팡이 독소, 버섯 독 등에 대해 어렵지 않게 풀어낸 책입니다. 제가 연구하는 분야와 연관이 되어 있는 책이라 더 이해하기 쉽고 재미있게 읽었던 거 같아요. 만약 약학이나 독성학에 관심이 있는 친구들이 읽어보면, 해당 분야에 대한 지식을 넓히는 데 큰 도움이 될 것 같습니다.

Q 생명공학 분야를 진로로 생각하고 있는 후배들에게 해주고 싶은 말씀 있으시다면?

생명공학 분야는 아주 넓고 깊은 분야 중 하나라고 생각합니다. 식물, 동물, 미생물 모든 생명과 관련하여 연구할 소재가 많고 다양해요. 실생활에 활용되고 있는 것도 많고요. 본인이 관심이 있는 세부 분야가 확실하게 있다면 충분히 재미있게 공부할 수 있을 거예요. 때문에 만약 생명 분야를 진로로 고민 중에 있다면, 생명과학에는 어떤 분야들이 있는지 알아보고, 그 중 확실한 관심 분야를 막연하지 않게 생각해 두었으면 좋겠습니다. 예를 들면 의약품 개발이나 식품 가공 및 개발, 동물 생태 등등이요. 구체적인 진로는 후배님들이 공부하는 데에 하나의 원동력이 될 거라 생각해요.

위의 학생도 초등학교 때부터 관심을 두고 지속적인 탐구활동 및 동아리 활동을 했던 것이 진로로 이어진 경우라고 볼 수 있습니다.

3. "물리치료센터를 세우고 싶어요." - 물리치료학과 신입생이야기

불과 얼마 전 물리치료 전공을 선택할 때 저는 막막했습니다. 처음에는 부모님께서 간호학과 추천을 해 주셔서 간호학과로 정하려고 하였습니다. 하지만 그 전공이 나와 잘 맞는지 확신할 수 없었습니다. 그리고 졸업 후 내가 이 직업을 오래할 수 있는지, 내가 이 직업을 감당할 수 있는지, 제가 잘할 수 있는 것인지 잘 모르겠어서 고민이 되었습니다.

도서관에서 계속 간호학과 관련 도서를 찾아보았습니다. 좋은 직업이고 훌륭한 학과이지만 저랑 색깔이 맞지 않는 것 같아서 편하지 않았습니다. 부모님께서는 지금은 막막하고 어색하지만 가서 공부하다보면 재미도 있고 보람도 있을 것이라고 말씀해 주셨습니다. 물론 그럴 수도 있겠지만 저한테 꼭 맞는 학과를 가고 싶었습니다. 계속 간호 관련 도서를 읽던 중 물리치료라는 새로운 전공에 대한 관심이 생겼습니다. 그래서 물리치료 관련 도서를 찾아 읽기 시작하였습니다. 특히 『나는 대한민국 물리치료사다』 책을 읽고서 물리치료사란 직업은 움직임에 대한 전문가이고, 인간의 움직임에 문제나 이상을 치료하는 사람임을 깨닫게 되었습니다. 제가 원하는 공부일 수 있겠다는 마음이 생겼습니다. 공부하고 싶다는 강한 마음이 생겼습니다. 부모님을 설득하여 물리치료학과에 입학하였습니다.

지금은 아주 만족하면서 공부하고 있습니다. 그 때 도서관에서 치열하게 읽었던 책에서 큰 도움을 받았고, 혼자 고민한 시간들이 참 유익했다는 생각이 듭니다. 전공 관련 원리를 배우는 것이 재미있고, 교수님들을 보고 롤모델을 세우게 되었습니다. 그리고 처음에는 4년제가 아니라는 아쉬움도 있었지만, 물리치료학과는 3,4년제 구분 없다는 것이 좋고, 내가 노력하는 만큼 나의 성장과 보수가 뒤따른다는 것도 알게 되었습니다. 무엇보다도 물리치료를 통해 생각보다 많은 부분이 환자의 일상생활에 영향을 끼칠 수 있다는 것을 깨닫게 되었습니다.

앞으로 내가 꿈꾸고 있는 진로는 신경계 혹은 근골격계 중 세부 분야를 열심히 공부한 후, 병원에서 실력을 쌓고, 스스로 자부할 수 있는 실력이 되었을 때, 센터를 차리는 것입니다. 센터를 통해서 아픈 사람들에게 더 가까이 다가가 실질적인 운동을 시켜주며, 아픈 부위 통증 해소와 심리적 안정을 도와주고 싶습니다.

위의 학생은 학과 선택 시 도서관에서 관심 있는 분야의 독서와 진로에 대한 고민의 시간을 통해 전공과목을 선택한 사례입니다.

세 학생은 모두 자신의 삶에서 진로를 향해 주체적이고 구체적인 행동을 했습니다. 고민하고 노력한 흔적이 곳곳에서 보입니다. 입시에서 생기부는 이러한 개인의 모습을 담아야 합니다. 더욱이 고교학점제 실시 하에서는 진로에 맞는 노력의 과정이 학생부에 나타나야 하므로 더 중요해질 것 같습니다.

학업역량과 함께 성실하게 노력한 흔적들이 나타나야 합니다. 이 노력들은 방향을 잡고 꾸준하게 하나하나 쌓아야 하는 것들입니다. 하지만 각종 자율 활동, 동아리 활동 같은 비교과를 위해 노력을 하더라도 기본은 학업적 역량이므로 꾸준히 공부해야 합니다. 공부하면서 진로를 향해 마음을 열어두고, 학업 관련 동아리를 신청해서 전공 연계를 해야 할 것입니다. 진로가 중간에 바뀌는 것은 얼마든지 괜찮습니다. 그 진로를 향한 개인의 활동과 깊은 탐구의 태도가 더 중요한 것입니다. 진로상담이나 추천도서 같은 경우는 담임 선생님이나 교과 선생님과 의논을 하는 것이 좋습니다. 원론적인 이야기이지만 기본적인 인성과 예의를 갖추고 열심히 학교생활 전반에 노력하는 태도가 좋은 결과를 가져오는 것입니다. 위의 학생들도 이러한 태도로 자신의 길을 만들어 간 경우라고 볼 수 있습니다. 이러한 진로를 향한 노력이 진학으로 이루어졌습니다.

나희덕 시인의 '귀뚜라미'라는 시가 있습니다.

귀뚜라미

높은 가지를 흔드는 매미소리에 묻혀
내 울음 아직은 노래 아니다.
풀잎 없고 이슬 한 방울 내리지 않는
지하도 콘크리트벽 좁은 틈에서
숨막힐 듯, 그러나 나 여기 살아있다.
귀뚜르르 뚜르르 보내는 타전소리가
누구의 마음 하나 울릴 수 있을까

지금은 매미떼가 하늘을 찌르는 시절
그 소리 걷히고 맑은 가을이
어린 풀숲 위에 내려와 뒤척이기도 하고
계단을 타고 이 땅 밑까지 내려오는 날
발길에 눌려 우는 내 울음도
누군가의 가슴에 실려가는 노래일 수 있을까

나희덕, 『그 말이 잎을 물들였다』 중

누군가에게 감동을 주는 노래를 부르고자 하는 귀뚜라미의 간절한 소망처럼 현재가 힘들더라도 맑은 가을을 기대하며 현재에 최선을 다하는 모습을 자신에게 보여주는 것이 좋겠지요?

한 편 더 읽어볼까요?

백두산을 오르며

백두산에 도착하자 눈이 내리기 시작했다
흰 자작나무 사이로
외롭게 걸려 있던 낮달은 어느새 사라지고
잣까마귀들이 떼지어 날던 하늘 사이로
서서히 함박눈은 퍼붓기 시작했다
바람은 점점 어두워지고
멀리 백두폭포를 뒤로 하고
우리들은 말없이 천지를 향해 길을 떠났다
눈 속에 핀 흰 두견화를 만날 때마다
사랑한다 사랑한다고 속삭이며
우리들은 저마다 하나씩 백두산이 되어갔다
눈보라가 장백송 나뭇가지를 후려 꺾는 풍구(風口)에서
마침내 운명을 사랑하는 사람이 되는 일은 어려운 일이었다
올라갈수록 더 이상 올라갈 수 없는
내려갈수록 더 이상 내려갈 수 없는
눈보라치는 백두산을 오르며
우리들은 다시 천지처럼
함께 살아가야할 날들을 생각했다

정호승, 『내가 사랑하는 사람』 중

백두산에 대한 애정을 가지고 눈이 내리지만 목적지를 향해 묵묵히 갑니다. 우리의 인생 속에도 등산 도중 만나는 흰 두견화처럼 사랑의 존재들이 있습니다. 백두산을 향해 가다보면 어느 순간에 정상에 다다라 있겠지요. 백두산에 오르는 우리들처럼 우리는 서로를 보듬으며 함께 우리의 길을 가야 합니다.

ONE POINT LESSON

진로는 곧 진학입니다. 진로에 대한 개인의 치열한 탐구가 있어야 변화된 입시에도 자신 있게 대응할 수 있는 것입니다. 당장의 대입이 급하더라도 자신의 인생을 길게 보면서 통찰력을 가지고 현재를 성실하게 이루어 가는 것이 중요합니다.

PART

Ⅳ

꿈을 이루기 위해 뭘 하면 될까요?

내가 꿈을 향해 노력하고 집중했던
그 모든 행위는 나부터 존중하고
인정하는 것에서 시작됩니다.

스스로의 작은 결과에 대책 없이
긍정적인 채점을 하라는 것이 아닙니다.

꿈을 이루려고 애썼던 과정과
그 다음으로 한 발을 더 내딛게 만들었던
나의 행위를 스스로가 먼저 칭찬해주세요.

나 스스로를 인정하는 존중과 칭찬은
그 모든 작은 점과 같은 것들이 모여
하나의 선을 만들어내고,
그 선은 내가 이루고자 하는
꿈으로 가는 다리가 될 것입니다.

꿈을 실현하는 방법

꿈과 목표를 갖자!

"속도보다는 방향이 중요하다"라는 말을 자주 듣습니다. 아무리 빠르게 달려가도 잘못된 방향이면 다시 되돌아와야 하기 때문이겠죠. 그래서 진정 자신이 바라는 것이 무엇인지 깨닫는 순간, 인생이 달라질 수 있다고 하는 게 아닐까요? 설령 성적이 바닥으로 추락했을지라도 자신이 무엇을 해야 하는지에 대해 명확한 목표가 있다면 다시 일어설 수 있는 것과 같을 겁니다.

책 『멈추지 마, 다시 꿈부터 써봐』의 김수영 작가는 이런 말을 했습니다. "고등학교 1학년 때 신문을 보다가 우연히 이스라엘과 팔레스타인에 관한 기사를 보고 큰 충격을 받았어요. 내가 우물 안에 개구리였구나. 세상에는 정말 많은 일들이 일어나고 있구나. 어떻게 하면 이 변화를 전달할 수 있을까? 그래서 기자라는 꿈을 갖게 되었고요. 꿈을 이루기 위해서 공부를 시작하게 되었어요." 문제 학생, 반항아라고 불리던 김수영 작가는 꿈과 목표가 생기자 삶이 변화되기 시작했던 겁니다. 사람들이 살만한 세상으로 변화시키는 것이 자신의 존재 이유라는 생각이 들자, 그 꿈을 실현시키기 위해 기자라는 목표를 갖게 된 겁니다.

가끔 김수영 작가와 비슷한 경험을 한 학생들을 만나는 경우가 있습니다.

"선생님 이제야 제가 뭘 해야 할지 알았어요. 그런데 제가 지금 고3인데, 너무 늦었을까요?"

뒤늦게 자신이 무엇을 하고 싶은지, 그래서 되고 싶은 꿈을 갖게 되었지만 현실은 그리 녹록지 않습니다. 오랜 시간 공부와 등을 지고 살아왔기에 도전 자체가 불가능에 가까워 보입니다. 그럼 포기해야 할까요? 그렇지 않습니다. 중요한 것은 뭔가 하고 싶다는 동기가 생긴 것이고, 무엇을 해야 할 지 방향이 정해졌다는 겁니다. 이제는 포기하지 않을 강력한 의지가 필요합니다. "에이, 네가 공부해봐야 뭐가 달라지겠어!", "지금 네 성적으로는 절대 그 대학

갈 수 없을 거야!"라는 주변 시선에 신경 쓰지 않고, 오로지 자신이 바라는 목표를 향해 미친 듯이 공부에 몰입할 수 있어야 합니다. 이런 고된 과정을 딛고 일어서는 학생들은 성취 시기에서 차이가 있을 뿐, 결국 목표를 달성하게 됩니다. 자신이 진짜 원해서 하는 일은 힘들더라도 견디어낼 수 있기 때문이죠. 그래서 우리는 내면의 목소리에 귀 기울이고 진정 무엇을 원하는지 관심 갖고 찾아내야 합니다. 왜냐하면, 다른 사람들은 알 수 없으니까요. 오직 자신만이 할 수 있는 일이기 때문입니다.

공부를 하면 진로가 선명해진다.

"운명을 바꾸고 싶다면, 생각을 성형하라!"라는 말이 있습니다. 생각이 바뀌면 마음가짐과 행동이 변하기 때문에 운명도 달라질 수 있다는 말이죠. 그렇다면 생각을 변화시키기 위해서는 필요한 것이 무엇일까요? 결정적 질문을 할 수 있어야 합니다. 좋은 질문 하나가 남다른 성취와 결과를 만들 수 있기 때문이죠.

예를 들어, 수업 시간에 이런저런 고민으로 집중하지 못할 때 어떻게 해야 할까요? 저마다 중요한 일들이 있기에 고민꺼리가 참 많습니다. 그런데 생각해보면, 대부분 고민한다고 해서 해결이 안 되는 일들이라는 것이죠. 그래서 잡념이 생길 때마다 자신에게 이렇게 질문해보는 겁니다.

"지금 이 고민들을 생각한다고 해서 문제가 해결돼?"

"그렇지 않아, 그럼 어떻게 해야 하지?"

"지금 여기에 집중해!"라는 답변을 얻게 될 겁니다.

질문은 지금 내가 하는 행동이 잘하고 있는 것인지, 잘 못하고 있는지에 대해 확인할 수 있습니다. 그래서 훌륭한 질문 하나는 인생을 바꾸기도 합니다. 또한 앞으로 우리는 인공지능과 함께 살아가게 될 겁니다. 최근 다양한 분야에서 ChatGPT를 적극 활용하고 있습니다. 그럼 ChatGPT를 잘 사용하려면 무엇이 필요한가요? 이때도 질문이 중요합니다. 물론 좋은 질문이어야겠지요.

"진로 관련 강의를 하려고 하는데, 목차를 작성해줘."라고 했을 때와 "대학교 1학년 학생들을 대상으로 1시간 분량의 진로 강의를 진행하려고 하는데, 인문학자 입장에서 '나다움의 중요성'을 발견할 수 있는 내용을 주제로 강의 목차를 작성해줘."라고 했을 때 중 어느 쪽이 좋은 답변을 얻을 수 있을까요? 후자의 질문일 겁니다. 인공지능을 잘 활용하기 위해서는 질문 능력이 중요하다는 겁니다. 그래야 인공지능에 대체되지 않을 테니까요.

그런데 질문은 그냥 잘 할 수 있나요? 그렇지 않습니다. 생각의 깊이가 필요합니다. 그리고 사유하는 능력을 기르기 위해서는 공부를 해야 합니다. 그래서 공부가 중요한 겁니다. 공부는 영어, 수학, 국어, 과학, 사회 등의 교과목 공부만을 의미하는 것은 아닙니다. 어떤 분야든 자신이 좋아하는 것을 찾아 깊이 있게 공부를 하면 됩니다. 한 분야의 전문가가 되면 잘 몰랐던 다른 분야도 쉽게 접근할 수 있습니다. 하지만 청소년기에는 좋아하는 분야를 찾기가 쉽지 않습니다. 그럼 어떻게 해야 할까요? 당장 할 수 있는 공부를 해야 하는 것이죠. 그래서 우선 교과목 공부를 해야 합니다. 또 관심 있는 책을 읽어야 합니다. 그래야 생각하는 능력이 향상되고 여러분 인생의 결정적 도움을 주는 질문을 만들어 낼 수 있습니다. 그러다보면 내가 무엇을 하고 싶은지, 더 빨리 해답을 찾아갈 수 있습니다. 그러니 공부를 하면서 내면의 목소리에 귀 기울이는 것을 멈추지 말아야 합니다.

> 내 안의 목소리에 귀를 기울이지 않은 채 공부에 매달린다면 결정적 순간에 다시 '나는 무엇을 하고 싶은가'라는

> 근본적인 질문으로 돌아가게 될 수 있습니다. 이것이 바로 설령 완벽하지 않더라도, 도중에 조금씩 달라지더라고 질문에 대한 답을 분명히 해야 하는 이유입니다.
>
> 이윤규, 『공부의 본질』 중

그럼 다시 근본적인 질문을 해보겠습니다.
"공부를 왜 해야 할까요?"

첫째, 자기이해와 발전을 위해 필요합니다. 공부를 통해 자신을 더 깊이 이해하고, 잠재력을 발견할 수 있습니다. 가만히 있으면 알 수 없는 일입니다. 공부를 한다는 것은 자신을 성장시키는 중요한 수단이라는 것이죠.

둘째, 공부를 하면 목표 달성을 위한 준비가 가능해집니다. 대학 진학이라는 구체적인 목표를 향해 단계별로 준비하고 그 과정에서 필요한 지식과 기술을 습득할 수 있습니다.

셋째, 사회와 소통하는 능력을 함양시킬 수 있습니다. 공부를 통해 사회 문제에 대한 이해를 높이고, 다양한 사람들과 소통하는 능력을 기를 수 있습니다. 이는 사회 구성원으로서 필요한 소통 능력과 문제 해결 능력을 함양하는 데 중요한 역할을 합니다.

넷째, 비판적 사고력을 증진시킬 수 있습니다. 인공지능을 활용하기 위해 반드시 필요한 능력이 비판적 사고력입니다. 공부를 통해 다양한 정보를 분석하고 판단하게 되고, 이 과정에서 비판적 사고력을 향상시킬 수 있습니다.

다섯째, 꿈을 현실로 만드는 수단이 됩니다. 자신이 꿈꾸는 미래를 실현하기 위해 필요한 지식과 기술을 배우게 되고, 공부를 통해 더 넓은 세계로 나아갈 수 있는 발판을 마련하게 됩니다.

공부를 포함한 어떠한 무언가를 시작하기 전, 왜 그 일을 하는지에 대한 질문을 할 수 있었으면 합니다. 그래야 지치지 않고 오래 할 수 있습니다. 특히 공부라는 것이 쉽게 원하는 성취를 이루지 못할 때가 많습니다. 그래서 좌절하고 자책하게 되는 것이죠. 그렇다고 주변을 탓하고 원망한다고 해서 달라지는 것은 없습니다. 모든 것은 자신의 마음가짐에 달려 있습니다. 그래서 이유를 알아야 합니다. '왜 공부를 하는지?', '무엇이 되고 싶은지?' 원하는 목표를 구체화하기 위해 끊임없이 질문하세요. 그래도 잘 모르겠다면 지금 할 수 있는 범위 내에서 최선을 다하세요. 지금 해야 할 공부를 하다보면, 사유하는 능력이 생기고 올바른 선택을 할 수 있는 역량이 생깁니다.

"내가 가장 흥미를 느끼는 과목이 뭐지?"

"나에게 가장 효과적인 학습방법은?"

"집중력에 방해되는 것은 뭐지?"

"집중력을 좋게 만드는 환경은?"

질문을 통해 효과적인 학습 방법을 찾는 것도 좋습니다.

때로는 아니 종종 마음이 심란해질 때도 있을 겁니다. 그럴 때는 "왜 공부에 집중이 안 되지?", "마음이 불안한 이유가 뭐지?"라는 질문으로 자신의 감정을 마주보고, 기록으로 남기세요. 하루를 마감할 때, 감정일기를 작성하는 것도 좋은 방법입니다.

진로는 여러분이 나아가야 할 모든 과정입니다. 그 안에는 평생 함께할 친구가 있습니다. 그것이 공부입니다. 공부를 하는 사람은 늙지 않는다고 했습니다. 평생 청춘으로 살아가는 것이죠. 무언가 배우고자 할 때, 우리 뇌는 퇴보하지 않는다고 합니다. 그러니 좋아하는 것을 찾아 아름답게 배우며 살아갈 수 있어야 합니다. 평균 수명이 100세 이상으로 길어진 시대에서 20대까지만 공부하고 나머지 인생을 산다는 것은 있을 수 없는 일입니다. 그러니, 자기 주도적인 삶을 살아가세요. 현명한 선택을 하기 위해 지식과 지혜를 습득하세요. 마음이 가는 일을 찾고 지금 하고 있는 것이 맞는 것인지 스스로 질문하고, 자신의 가치를 지속적으로 빛나게 하는 좋은 습관을 가지세요. 이 모든 것의 첫 발은 공부로 시작됩니다.

진로 계획 수립을 통해 진로결정 역량을 키우자.

"20대에 좋은 대학을 나와서 대기업에 취직하고, 30대에는 결혼을 하고 돈을 모으고, 40대에는 서울에서 집 한 채 마련하면 잘 사는 거야!"와 같이 우리 삶은 정해놓은 답안지가 있는 것처럼 보입니다. 실제 많은 사람들이 모범 답안을 따라 살아가기도 하고요. 그런데 왜 우리는 타인이 정해놓은 삶을 살고자 할까요? 그건 아마도 자신의 길을 선택하는 것이 두렵기 때문일 겁니다. 모두가 하는 대로 살면 편안하기에 자신이 진정 바라는 것이 아닌 바람직한 길을 가는 것이지요.

과연 옳은 방법일까요? 자신은 이 세상에 오직 하나뿐인데 남들과 똑같은 삶을 사는 게 맞는 것일까요? 그렇지 않습니다. 우리 아이의 삶은 오직 자신의 선택에 의해 결정되어야 합니다. 물론 올바른 선택을 위해서는 정보와 지식이 필요하겠죠. 조언도 필요할 것이고요. 이때 강요해서는 안 됩니다. "너는 이런 아이니까, 엄마가 말하는 대로만 하면 되는 거야."와 같은 말은 자녀에게 도움되지 않습니다. 스스로 자신이 원하는 것이 무엇인지 찾을 수 있는 시간을 줘야 합니다.

공부는 어렵지만 좋아하는 것을 알아가는 것에는 재미를 느낄 수 있습니다. 그래서 공부 잘하는 학생들은 자신이 좋아하는 것이 무엇인지 잘 알고 있는 편이죠. 마음이 열려야 대화가 되고, 공부할 마음이 생깁니다. 그리고 미래에 대해서 꿈꾸게 되는 것이죠. 그러니 아이가 정말 좋아하고 관심이 있는 것이 무엇인지 찾을 수 있게 도와줘야 합니다. 좋아하는 것을 기록하고 어떤 공통점이 있는지 파악할 수 있어야 합니다. "엄마 저는 강아지가 좋아요. 강아지하고 노는 일을 할 거예요."라는 얘기를 듣게 된다면, 왜 강아지가 좋은지에 대해 물어보세요. 자녀의 얘기에 귀 기울여 주고 공감해주며, 질문을 통해 대화를 이어가세요. 그럼 좋아하는 이유가 명확해지고 해야 할 것들이 생깁니다. 그리고 현실적으로 가능한 범위 내에서 경험하게 해주세요. 직·간접적인 경험을 통해 성취감을 느낄 수 있는 것을 발견하게 될 겁니다.

하지만 청소년 시기에 자신의 진로 방향을 명확히 결정하는 것은 어려운 일입니다. 성인들도 자신이 무엇을 해야 할지 모르는 경우가 많은 것처럼 말이죠. 그래서 진로를 결정하는 것보다 목표를 스스로 결정하고 실행할 수 있는 역량이 중요합니다. 우리가 살면서 진로와 직업은 얼마든지 변할 수 있습니다. 이 때 현명한 선택을 할 수 있는 태도와 행동이 필요하다는 겁니다. 자신의 인생은 스스로 결정해야 한다는 책임을 가져야 할 것이고, 꿈에 대한 한계를 두지 않으면서 현재 가능한 범위 내에서 최선을 다하는 성실함이 필요할 겁니다. 단기/중기/장기적인 관점으로 목표를 정하고 실행할 수 있는 도전 정신도 갖춰야 할 것이고요.

이런 역량을 10대 때 갖출 수 있도록 도와주는 것이 어른들의 역할일 겁니다.

2023년 12월, 전세계 스포츠 역사상 최초로 LA다저스와 10년 7억 달러(한화 약 9,210억 원)에 계약을 성사시킨 선수가 있습니다. 일본 출신의 야구선수 '오타니 쇼헤이'입니다. 160km의 강속구를 던지는 투수이자, 홈런 타자입니다. 마치 만화에나 나올 법한 이력을 가지고 있습니다. 이런 놀라운 결과에 대해 오타이 쇼헤이는 이렇게 얘기합니다. "작은 한 걸음, 한 걸음이 더 큰 목표로 나를 이끌었다."라고요. 어렸을 때부터 구체적인 목표를 정하고 하나하나 실행한 결과라고 얘기하는 것이죠.

특히 우리가 주목해야 할 것은 오타니 쇼헤이가 고1 때 작성한 '만다라트'입니다. 자신이 원하는 목표를 달성하기 위해 구체적으로 해야 할 일들을 빠트리지 않고 꼼꼼하게 작성했다는 겁니다. 그리고 하나씩 실행하며, 부족한 부분은 정확하게 피드백하고 보완하며 행동으로 옮겼다고 합니다. 즉 구체적인 계획, 다양한 방식의 실행 그리고 피드백을 통한 보완이 바로 그의 성공 요인입니다. 사실 이 방법은 모두가 잘 아는 방법입니다. 다만 제대로 하지 않을 뿐이죠.

미래에 대한 목표가 생겼다면, 목표를 단기/중기/장기로 구분하는 것이 좋습니다. 그리고 각 시기 별로 해야 할 일들을 구체적으로 도출해야 합니다. 예를 들어 단기 목표가 'OO대학 OO과 입학'이라면 이 단기 목표를 달성하기 위한 세부 과제를 작성하는 겁니다. 그리고 하나씩 실천하면서 작은 성취감을 느낄 수 있어야 합니다. 이런 과정을 오타니 쇼헤이는 '만다라트'라는 도구를 활용했던 것이고요. 목표를 이루고 싶다면 오타니 쇼헤이처럼 세부 과제를 작성하세요. 아주 구체적으로요. 눈에 띄는 곳에 붙여 놓고 수시로 보면서 달성 여부를 확인하세요. 머리로만 생각하지 말고 몸으로 느껴야 합니다. 실행하고 또 실행해서 성취감을 가져야 하니까요. 이렇게 한 걸음씩 나아가다 보면, 자신의 길이 더욱 뚜렷해질 겁니다. 그러니 지금 할 수 있는 것에 최선을 다하세요.

진로 계획을 세운다고 그 계획대로 다 잘 될까요? 인생이 늘 계획대로 되면 좋겠지만, 그렇지 않습니다. 영화 '기생충'에서 이런 대사가 나옵니다. "가장 완벽한 계획이 뭔지 알아? 무계획이야. 계획을 하면 모든 계획이 다 계획대로 되지 않는 게 인생이거든." 송강호 배우가 한 말이죠. 그렇다고 계획이 필요 없다는 말은 아닙니다. 계획을 수립하되, 원하는 결과가 나오지 않을 수 있다는 생각을 해야 한다는 것이죠. 계획 자체에 구속 받지 않고, 유연하게 대처할 수 있는 마음가짐을 갖아야 한다는 겁니다.

계획은 명확한 목표를 설정하고 구체적인 행동방향을 결정할 수 있게 도와줍니다. 또한 불필요한 낭비를 줄이고 중요한 활동에 자원을 쓸 수 있게 하여, 위기 상황에서 신속하게 대처하는데 도움이 됩니다. 즉 계획을 수립하는 과정에서 자신의 과거와 현재, 미래를 바라볼 수 있다는 것에 중요한 의미를 가지고 있습니다. 그래서 계획은 한 번 정했다고 끝이 아닙니다. 지속적으로 피드백하며 더욱 개선할 수 있도록 스스로 기회를 만들 필요가 있습니다.

그런데 계획만 세우고 실천하지 못하는 학생을 만날 때가 있습니다. 실행력이 떨어져서 그런 경우도 있지만, 너무 완벽하게 하려고 하다 보니 아무것도 못하는 경우도 있습니다. 일을 미루는 사람들 중 완벽주의자들이 종종 있다는 것이죠. 완벽주의는 불안감을 일으키게 되고 몸을 얼어붙게 만들죠. 그래서 계획은 잘 세우는데 행동으로 이어가지 못한다면, 불안감을 내려놓는 것이 먼저 선행되어야 합니다. 자신감이 떨어진 상태에서는 한 발짝도 앞으로 못 나아가니까요. 예를 들어 하루에 수학 100문제를 풀어야 하는 학생이 있는데, 자신감이 떨어져 있다면 문제 수를 줄여줘야 합니다. 작은 성취감을 반복적으로 경험하게 되면 자신감이 커질 것이고, 그래야 성공 경험을 바탕으로 더 큰 목표를 향해 나아갈 에너지를 충전할 수 있게 됩니다. 그리니, 원대한 목표와 함께 쉽게 성취할 수 있도록 작은 목표를 갖는 것이 필요합니다. 누구나 인정하는 대단한 성취도 처음에는 아주 작은 것부터 시작되었음을 기억해야 합니다.

ONE POINT LESSON

아래 양식에 맞게 '5단계 진로 로드맵'을 작성하세요.

우리 아이들의 꿈이 구체화되고, 이루어질 가능성이 높아질 겁니다.

구분	단기 목표		중기 목표		장기 목표
단계	1	2	3	4	5
기간					
진로 목표					
세부 과제					

※ 작성법

① 각 단계 별로 기간을 작성합니다. '2024~2025년'과 같이 구체적인 일정을 작성하거나 '고등학생 시기'와 같이 특정 시기로 작성해도 괜찮습니다.

② 각 단계 별 진로 목표를 작성합니다. (예 : OO대학 입학)

③ 각 단계 별 진로 목표를 달성하기 위한 세부 과제를 3개 이상 작성합니다.

④ 진로 계획을 수립했다면, 자신감을 가지고 실천합니다.

⑤ 지속적으로 점검하고 수정·보완하세요.

계획-실행-점검을 통해 수정·보완을 반복적으로 하다보면, 무엇을 해야 할 지 명확하게 보일 것이고, 원하는 꿈을 반드시 이루게 될 겁니다.

미래를 위한 준비 '배움'의 본질과 '경험'의 가치

배움의 본질 '자기주도학습'

진로와 교육은 적어도 10년 후를 내다보며 준비해야 합니다. 단기성과에 대한 불안함과 조급함으로 아이를 재촉해서는 안 됩니다. 학원 입시 설명회에서는 모두 고교학점제를 대비하려면 빨리 진로 목표를 정하라고 재촉합니다. 고등학교 1학년까지 공통과목을 배우고 고등학교 2학년부터 진로 관련 선택 과목을 배우지만 그 준비를 초등학교부터 시작해야 한다고 말합니다. 초등 의대 준비반, 초등 특목고(자사고) 준비반이 유행처럼 번지고 있고 서로 경쟁하는 공부를 시킵니다. 진로를 준비할 때 공부는 중요합니다. 하지만 공부에 대한 본질을 잘못 이해하고 잘못된 방식으로 준비하는 것은 위험합니다.

대다수의 사람들은 공부를 성공이나 대학 합격을 위한 수단 정도로 생각합니다. 그래서 최대한 좋은 대학에 합격하기를 원하며, 나중에 돈을 많이 버는 안정된 직업을 얻어야 자신 원하는 풍요로운 삶을 살 수 있다고 여깁니다. 이러한 인생관을 가진 사람 중에는 공부를 하기 싫어도 미래를 위해 참아야 하는 거라고 말하는 사람도 있습니다. 하지만 공부는 인간에게 매우 숭고한 가치와 의미를 지닙니다. 공부하는 과정 속에서 우리는 욕망을 이겨내고 마음을 수양하면서 인격을 기르게 됩니다. 단순히 성공을 위해 지식을 얻는 데 그치는 것이 아니라 내면을 연마하는 것입니다. 따라서 날마다 자신의 공부에 온 마음을 다해 노력하는 자세가 가장 중요하며, 그렇게 살아가는 삶이야말로 인간의 내면을 성장시키고 인격을 높일 수 있습니다.

가치 있는 삶, 성장하는 삶을 살기 위해 우리는 평생 배우며 살아야 합니다. 우리 아이가 배움의 가치를 알고 배움을 가까이 즐기며 성장하려면 스스로 공부하는 '자기주도학습' 경험을 쌓아야 합니다. 경쟁에서 이기기 위한 지나친 선행학습, 문제풀이 중심의 수동적인 숙제, 시험을 위한 공부는 배움의 즐거움을 느끼기 어렵습니다. 학교에서 배울 내용을 선행학습으로 미리 배우게 되면 배움에 대한 호기심은 사라집니다. 선행학습은 당연히 어려울 수밖에 없는데 주변에 나보다 쉽게 잘 따라가는 친구가 있으면 자신감이 떨어집니다. 이미 진 것 같은 패배감이 공부를 두렵게 만들기도 합니다. 선행학습보다 방학 때 다음 학기 교과서를 스스로 읽어 보는 예습이 훨씬 좋습니다. 완벽하게 공부하는 게 아니라 호기심이 생길 정도로만 예습해야 학교 수업에 더 집중합니다.

평생 배움의 시대, 배움의 본질과 가치, 즐거움을 아는 아이로 성장하길 바란다면 '자기주도학습'역량을 길러주세요. 사춘기를 지나면서 아이는 독립된 인격체로 크기 위해 자기의 의지대로 하고 싶은 욕구가 생깁니다. 자연스러운 과정이고 축하해야 할 일입니다. 일상생활뿐만 아니라 공부도 부모의 간섭 없이 하고 싶어지는 게 당연합니다. "알아서 할 테니 좀 내버려두세요"라는 말에 섭섭함을 느끼기보다 스스로 해보겠다는 마음을 격려하고 기회를 주세요.

자기주도학습은 공부를 위해 필요한 시간을 관리하고, 자신에게 맞는 공부법을 찾아 꾸준히 실행하고 성찰하는 과정으로 자신의 감정과 스트레스를 조절하는 능력까지 포함합니다. 처음 자기주도학습을 시작하게 되면 계획을 짜는 것도 어설프고 공부법도 잘 모르고 무엇보다 시간을 낭비하는 것 같아 불안할 수 있지만 이런 시간은 반드시 필요합니다. 고입과 대입 모두 자기주도학습 역량을 갖춘 아이를 뽑는다고 앞서 말한 바 있습니다. 중학교, 고등학교 최상위권 아이들은 모두 자기주도학습 역량을 갖추고 있습니다. 이 아이들에게 언제부터 자기주도학습을 했는지 물으면 대부분 초등학교 때부터 했다고 말합니다. 초등학교 공부부터 시작해 시행착오를 거쳐 자신만의 시간 관리 방법, 공부법, 자기 조절 능력을 찾아 완성한 것입니다.

자기주도학습을 하려면 자기주도적인 생활습관을 먼저 만들어야 합니다. 자신이 공부할 교재나 준비물을 챙기지 못하는 아이가 스스로 공부할 수 있을까요? 아침에 혼자서 일어나지 못하는 아이가 공부 시간 관리를 할 수 있을까요? 자기주도학습을 하려면 규칙적인 시간에 잠들고 스스로 일어나는 것부터 해야 합니다. 필요한 교재나 준비물을 스스로 미리 챙기는 것과 자기 방을 정리 정돈하는 것 역시 기본적인 생활습관입니다.

자기주도학습은 공부 분위기와 환경을 만드는 것도 중요합니다. 아이는 방에서 혼자 공부하는데 가족들은 모두 거실에서 휴대폰을 하거나 TV를 본다면 공부 의욕이 생기기 어렵고 집중이 안 되겠죠. 가족이 함께 공부하는 분위기를 만들면 공부에 대한 거부감이 사라집니다. 언젠가 TV에서 가수 자우림의 보컬인 김윤아 님의 집 저녁 풍경을 본 적이 있습니다. 저녁 식사 준비를 엄마 혼자 하는 게 아니라 아빠와 아이까지 온 가족이 함께 합니다. 저녁 식사를 마치면 치우는 것도 함께 하고요. 저녁 식사 후 가족이 함께 식탁에 앉아 각자 자기 공부를 합니다. 공부하는 엄마 아빠 곁에서 아이는 자연스럽게 공부 습관을 배운 겁니다.

자기주도학습을 시작할 때 가장 어려워하는 게 공부 계획을 세우는 것입니다. 시중에 찾아 보면 학생들이 사용하기 좋은 플래너도 많고, 플래너에는 작성법이 친절하게 설명되어 있습니다. 처음부터 완벽한 계획을 세울 수는 없습니다. 매일 세우다 보면 노하우가 생깁니다. 중요한 건 완벽한 계획이 아니라 매일 실천하고 성찰하는 경험입니다.

그 다음 어려워하는 건, 교재 선택과 공부법입니다. 학교 수업을 중심으로 예습과 복습만 잘해도 충분합니다. 교재는 교과서와 자습서가 기본입니다. 예습은 다음날 배울 과목을 전날 교과서로 읽고 가는 것이 좋습니다. 복습은 수업 시간에 배운 것을 까먹지 않도록 교과서와 프린트로 다시 반복하고 자습서를 활용해 추가로 알아야 할 내용까지 공부하는 게 좋습니다. 수능시험이 끝나면 수능 만점자가 발표되고 사람들은 만점자들의 공부법에 귀를 기울입니다. 그런데 늘 특별한 공부법은 없고 모두 같은 이야기를 합니다. "학원, 과외 없이 혼자서 공부했어요.", "교과서 중심으로 공부했어요." "학교 수업 시간에 집중하는 게 중요해요.", "예습과 복습은 꼭 했어요.", 너무 뻔한 말이라 생각합니다. 하지만 뻔한 그 말이 사실이고 진리입니다. 공부를 잘하려면 쉽게 공부하는 방법을 찾기보다 실제로 공부를 하는 게 중요합니다. 살을 빼려면 쉽게 살 빼는 방법만 찾을 게 아니라 이미 알고 두 가지 식단 조절과 운동을 하는 게 중요한 것처럼요.

부모는 아이가 자기주도학습의 가치를 이해하고, 실천할 수 있도록 적극적으로 지원하고 기다려야 합니다. 성적이 제자리걸음이라고 해도 조바심을 내서는 안 됩니다. 자기주도학습은 다양하고 끊임없이 변화하는 미래 사회의 요구에 효과적으로 대응할 수 있도록 준비하는 중요한 경험입니다. 이 경험은 아이가 지식을 넘어서 자신의 삶과 직업에서 중요한 의사결정을 내릴 수 있는 능력까지 키워줄 것입니다.

경험이 아이의 미래를 만든다.

진로결정이라는 여정에서 '경험'의 가치는 무엇과도 비교할 수 없습니다. 아이들에게 경험은 단순히 지식을 넘어선 자아 발견의 여정이며, 깊이 있는 인격을 형성하는 기초가 됩니다. 부모는 이 여정에서 아이가 의미 있는 경험을 통해 성장할 수 있도록 중요한 안내자 역할을 해야 합니다.

현대 사회는 변화의 속도가 빠르고, 다양성이 중시되는 시대입니다. 이제 기업과 대학은 더 이상 전통적인 학력이나 스펙만을 중요시하지 않습니다. 그들이 요구하는 것은 다양한 상황에 적응하고, 창의적으로 문제를 해결할 수 있는 능력입니다. 이러한 능력은 실제 경험을 통해서 키워집니다.

아이가 과학에 관심이 있고 과학자의 꿈을 꾸고 있다면 지금 당장 무엇을 하시겠어요?

중1 선빈이의 꿈은 의사였습니다. 왜 의사가 되고 싶은지 물으니 의사인 부모님 두 분 모두 그 꿈을 원해서라고 대답했습니다. 진로 상담을 받으면서 선빈이의 꿈은 과학자로 바뀌었습니다. 과학에 흥미가 있고 더 공부해보고 싶다고 했습니다. 꿈이 바뀐 후 선빈이는 어머님 손에 이끌려 과학고등학교 대비 학원에서 테스트와 상담을 받았습니다. 과학고등학교에 가려면 수학, 과학 모두 이미 중등 과정을 끝내고 고등 과정에 들어갔어야 하는데 진도가 너무 느리다는 이야기를 듣고 어머님은 불안했습니다.

겨울방학을 맞아 유럽 여행을 계획했던 어머님은 여행 계획을 취소하고 매일 아침 9시부터 밤까지 진행되는 과학 고등학교 대비 특강 수업을 신청했습니다. 선빈이는 울 것 같은 얼굴로 "선생님 저는 그냥 요즘 과학이 재미있고 공부해보고 싶다고 말한 건데, 꼭 과학고등학교에 가야 하는 건가요? 중간에 또 꿈이 바뀌면요? 유럽에 꼭 가보고 싶었는데… 이제 기회가 없겠죠?"

지금 아이가 선빈이처럼 과학자의 꿈을 꾼다면 과학 공부를 당장 많이 시키는 게 중요한 건 아닙니다. 방학을 맞아 과학관이나 박람회도 가보고, 관련된 책을 찾아 스스로 읽어 보기도 하고, 관련 분야 전문가의 영상을 보거나 다양한 활동을 통해 실제적인 경험을 쌓을 수도 있습니다. 이러한 경험은 단순한 지식 습득을 넘어서, 아이가 자신의 관심 분야에 대한 깊은 이해와 열정을 발전시킬 수 있는 기회를 만들기도 합니다.

"우리는 우리가 경험한 것들로 만들어진다."

_영화감독 스티븐 스필버그

경험이 우리 아이를 만듭니다. 공부도 중요하지만, 경험도 중요합니다. 여행을 통해 새로운 문화와 환경을 경험할 때 아이는 세상을 넓은 시각으로 바라보게 될 것이며, 다양한 사람들과의 교류를 통해 사회적 소통 능력과 공감 능력 또한 키울 수 있습니다.

> "어른들의 지나온 길을 연구해 보면, 그 길이 얼마나 자주 우연에 의해 결정되었는지 알게 되어 깜짝 놀랄 거예요."
>
> _알랭 드 보통, 『뭐가 되고 싶냐는 어른들의 질문에 대답하는 법』 중

직업 심리학자인 스탠퍼드대학교 존 크럼볼츠 교수는 "성공한 사람의 80%는 예기치 않은 우연한 사건으로 만들어졌다."는 이론을 발표했습니다. 대부분의 성공이 결국 우연이라는 이야기입니다. 하지만 존 크럼볼츠 교수가 말하는 우연은 '계획된 우연'입니다. 성공이라는 행운이 아무에게나 랜덤으로 가는 게 아닙니다. 삶에 대한 올바른 태도를 가진 사람에게 계획되어 간다고 합니다. 우연히 올지 모르는 행운을 가만히 앉아 기다릴 게 아니라 적극적인 태도로 경험의 기회를 많이 만들어야 좋은 우연을 부를 수 있습니다. 존 크럼볼츠 교수는 계획된 좋은 우연을 부르기 위해서는 다섯 가지 삶의 태도가 필요하다고 말합니다. 그것은 호기심, 낙관성, 끈기, 융통성, 위험 감수입니다.

모든 기회는 호기심에서 시작됩니다. 호기심이 없다면

배움의 기회도 잃게 됩니다. 인생을 살다 보면 좋은 일뿐만 아니라 나쁜 일도 겪게 됩니다. 이때 필요한 게 낙관성입니다. 무엇이든 포기하지 않고 끈기 있게 하면 결국은 성공합니다. 삶의 무수히 많은 변수를 지혜롭게 헤쳐 나가기 위해서는 융통성도 필요합니다. 무엇보다 기회를 얻기 위해서는 위험을 감수할 용기도 있어야 합니다. 아이가 직접 경험하고 학습한 것은 그 어떤 강요된 지식보다 강력합니다. 직접 경험을 통해 배운 지식은 아이들의 마음속에 오래도록 남아, 언제든지 그 지식을 활용할 수 있는 기반이 됩니다. 이것이 경험의 진정한 가치이며, 아이들이 직면할 미래를 준비하는 방법입니다.

아이가 두려움 없이 경험을 쌓을 수 있도록 호기심과 용기에 불을 지펴주세요. 누군가 '너도 할 수 있다'는 믿음의 불씨 하나만 넣어주면 '나도 할 수 있다'는 아이들의 마음이 더해져 불이 지펴집니다. 아이의 마음에 불씨를 넣어줄 사람은 바로 부모입니다.

"교육이란 들통을 채우는 일이 아니라 불을 지피는 일이다."

_시인 윌리엄 버틀러 예이츠

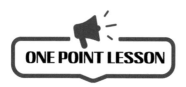

ONE POINT LESSON

1. 자기주도학습을 위한 환경을 만들어주세요.

아이를 믿고 아이가 자기주도학습을 할 수 있도록 적합한 환경을 만들어주세요. 학원이 너무 많다면 정리도 필요합니다. 집에서 공부에 집중할 수 있는 공간을 마련해 주시고 가능하다면 가족이 모두 함께 시간을 정해놓고 공부하는 분위기를 만들어주세요. 이런 분위기는 아이가 공부에 대한 긍정적인 태도를 형성하는 데 도움을 줍니다.

자기주도학습 역량 체크리스트		
①	나는 학습 목표를 스스로 설정한다.	□
②	나는 학습 목표에 따라 계획을 세워 공부한다.	□
③	나는 학습 목표와 계획에 맞게 잘 실행하고 있는지 매일 점검한다.	□
④	학교 수업 내용을 책이나 노트에 잘 필기한다.	□
⑤	수업 전 반드시 예습한다.	□
⑥	수업 후 당일 반드시 복습한다.	□
⑦	과목별 공부해야 할 교재를 알고 스스로 챙긴다.	□
⑧	나는 과목별 효과적인 공부법을 알고 있다.	□
⑨	나는 과목별 노트 정리를 하고 있다.	□
⑩	나는 현재 공부하고 있는 내용을 설명할 수 있다.	□
⑪	스스로 질문하며 공부한다.	□
⑫	이해가 안 되거나 모르는 내용은 질문하거나 스스로 찾아본다.	□
⑬	공부 시간과 쉬는 시간을 정해놓고 생활한다.	□
⑭	공부할 때 공부에 방해되는 물건(휴대폰)을 스스로 차단한다.	□
⑮	집중이 안 되거나 졸릴 때 나만의 방법이 있다.	□

⑯	시험 대비 계획을 세울 수 있다 .	□
⑰	문제풀이 후 스스로 채점하고 틀린 문제는 바로 고친다.	□
⑱	배움의 즐거움과 실력이 쌓이는 성취감을 느끼고 있다.	□
⑲	나는 공부 동기가 있다.	□
⑳	나는 스스로 공부할 수 있다는 믿음이 있다.	□

15개 이상 체크 : 자기주도학습 역량 '높음'
7개 ~ 14개 : 자기주도학습 역량 '보통'
6개 이하 : 자기주도학습 역량 '낮음'

2. 다양한 경험의 기회를 제공해주세요.

여행을 포함해 아이가 다양한 분야를 경험하고 탐색할 수 있도록 여러 활동에 참여할 기회를 만들어주세요. 캠프, 예술 수업, 스포츠 활동, 문화 이벤트 및 전시회 방문 등이 포함될 수 있습니다. 이러한 활동은 아이가 자신의 관심사와 열정을 발견하는 데 도움을 줄 뿐만 아니라, 협업, 문제 해결, 창의적 사고와 같은 중요한 능력을 발달시키는 데도 도움이 됩니다.

3. 독서를 통해 배움의 가치를 확장하도록 도와주세요.

배움의 가치를 확장하는 데 독서만 한 게 없습니다. 아이가 관심 있는 책을 스스로 선정해 매일 조금씩이라도 읽을 수 있도록 해주세요. 5분도 좋고, 10분도 좋습니다. 중요한 건 시간이 아니라 매일 읽는 습관입니다. 아이 혼자 읽는 것보다 가족이 함께 책 읽는 분위기를 만드는 것이 좋습니다. 책을 읽은 후에는 서로 소감을 공유하고 한 줄이라도 기록을 남겨두는 것이 좋습니다.

발목 잡기?
발판 딛기?

7세 집을 잃고 길거리로 쫓겨남

9세 어머니가 풍토병으로 사망

24세 주의회 선거에서 낙선

25세 사업파산

26세 약혼자 갑작스런 사망

28세 신경쇠약으로 입원

30세 주의회 의장직 선거에서 패배

32세 정·부통령 선거위원 출마 패배

35세 하원 의원 선거 낙선

40세 하원 의원 재선거 낙선

47세 상원 의원 선거 낙선

50세 상원 의원 출마 낙선

누구의 삶일까요? 정말 되는 일이 하나 없고, 심지어 정치적으로 실패자 같이 느껴지지 않으시나요? 공식적으로 27번의 실패기록을 가진 이 사람은 바로 미국의 에이브러햄 링컨 미국 대통령입니다. 24세부터 시작한 정치의 꿈은 52세에 대통령으로 결실을 맺습니다. 그는 무려 30년 가까이 자신의 삶 속에서 부정적인 영향을 미치는 '진로장벽'을 계속 만나왔던 겁니다.

진로장벽은 진로계획에서 진로목표를 방해하거나 가로막는 내적, 외적요인들을 말합니다. 진로 과정 중 뜻하지 않는 사건들이 발생합니다. 예상치 않은 상황에 접할 경우, '왜 나만 이런 상황을 겪을까?'라는 생각이 들면서 당황스럽고 억울하기도 하고 속도 상합니다. 때론 좌절하고 진로를 포기해버리는 선택을 하기도 합니다. 만약 잘 해결될 거라는 결과를 미리 알고 있었다면 어떨까요? 적어도 이 상황들을 견디는 힘은 가질 수 있습니다. 그렇기에 링컨 대통령도 긴 시간의 실패 속에서도 끝까지 해낼 수 있었습니다.

진로장벽을 극복한 사람들은 많습니다. 선천적 청각장애가 있지만 작가가 된 노선영 씨가 있습니다. "들리지 않아도 글을 잘 쓰면 너의 모든 마음을 잘 전할 수 있다"는 수

녀님의 말씀을 듣고 작가의 꿈을 꾸기 시작했다고 합니다. 청각 장애학교에서 일반 학교로 옮기면서 소외를 당하는 등의 많은 어려움을 겪었지만, 2014년 에세이북 『보이는 소리 들리는 마음』으로 데뷔합니다.

지금은 '유느님'이지만 유재석 씨도 자신감 부족으로 무대에 올라가지 못한 적이 있다는 거 아세요? 남매 뮤지션으로 활발한 활동을 하고 있는 악동 뮤지션도 부모님의 반대에 부딪혀서 한동안 아버지와의 관계가 멀어지는 어려움이 있었다는 것 아세요? 잡지모델 선발대회에서 대상을 받으며 1998년 연예계에 데뷔한 임수정 씨도 배우 오디션을 계속 탈락했습니다. 300번 가량의 오디션 탈락 후 2003년 신인상을 받게 되고 2012년에 청룡영화상 여우주연상을 받았답니다. 해리포터의 작가로 유명한 조앤 롤링도 이혼이라는 장벽을 통해 전세계적인 베스트셀러 작가가 되었습니다. 동대문 디자인플라자(DDP)를 디자인한 자하 하디드는 비난과 찬사가 공존하는 건축가입니다. 수많은 혹평들을 마주하며 자신만의 건축디자인을 만들어내어 여성 최초로 프리츠커 건축상을 수상했습니다. 20세기 최고의 발명가라 불리는 에디슨 역시 학교 부적응이라는 사회적 편견을 겪어야 했었죠.

진로장벽은 누구나 겪는 문제입니다. 정도의 차이는 분명 있겠지만 피할 수 없는 것들이죠.

만약 진로장벽을 만나게 된다면, 현실적인 부분을 제대로 인식하고 적극적으로 대응할 필요가 있습니다. 그러나 문제의 본질을 파악하지 못한다면, 혼란을 초래하게 될 겁니다. 서로 엮어 있는 감정들로 인해 현실을 왜곡하거나 부인하는 상황이 생길 수 있는 거죠. 또한 주어진 현상을 충분히 들여다보지 않고 성급하게 결정함으로써, 시간을 허비할 수도 있고요. 결국 남 탓이나 상황 탓을 하면서 후회만 하게 되거나 부정적인 자기인식이 강화되어 나아갈 힘을 잃게 됩니다.

우리는 벽을 만나면 어떻게 하나요? 우선 멈추고 이 벽이 무엇인지 그리고 얼마나 단단한지, 얼마나 높은지, 얼마나 넓은지 등을 파악합니다. 그리고 어떻게 할 것인지 선택하지요. 넘어갈 것인지, 부수어 버릴 것인지, 돌아갈 것인지, 새로운 길을 찾을 것인지 등을 말이죠. 진로 장벽도 마찬가지입니다. 어떤 장벽을 있는지 알아차리고, 해결방법을 찾아보고 가장 자신에게 적합한 방법을 선택하고 실행하는 것입니다.

진로에서 장벽은 크게 내적인 부분과 외적인 부분으로 나누어 볼 수 있어요.

내적으로는 자기이해가 부족하거나 낮은 자기효능감, 진로 경험이나 지식의 부족 등이 있습니다. 내가 무엇을 좋아하고 싫어하는지, 어떤 재능이 있는지, 무엇에 흥미를 느끼는지 등 진로 선택에서부터 어려움을 만나게 됩니다. 또한 자기이해가 되었다고 해도 '이건 내가 할 수 있는 것이 아닌 것 같아'서 진로를 정하지 못하는 경우도 있습니다. 진로에 대해 충분한 정보가 없다보니 진로과정에서 생각보다 진척이 없는 것이죠.

반면, 외적으로는 양육자와의 갈등, 경제적 문제, 사회적 인식 등이 있습니다. 미성년의 입장에서는 양육자와의 관계가 너무 중요하기에 원하는 진로가 다를 경우 큰 장벽이 됩니다. 더불어 경제적인 도움이 제공되지 않을 수 있는 상황도 장벽 중 하나입니다. 형편상 진학이 아닌 돈을 벌어야 할 수 있겠죠. 또한 성별, 인종, 장애, 학벌, 명예, 신분 등의 사회적 인식 또한 진로 과정에서 어려움을 줄 수 있습니다.

> 천재성에는 인종이 없고, 강인함에는 남녀가 없으며, 용기에는 한계가 없다.
>
> _데오도르 멜피 감독, 〈히든 피겨스〉 포스터 중

냉전의 시대인 1960년대, 미국과 소련이 첨예하게 우주 전쟁을 벌이던 시기였습니다. 인종차별과 성차별이 만연하던 그 당시, <히든 피겨스>는 미항공우주국 여성 과학자 3명의 실화를 바탕으로 만들어진 영화입니다. 본인들에게 어떤 장벽이 있는지 이미 알고, 끝까지 문제를 해결해 나가며 결국 성취하는 그들의 모습이 우리의 모습이길 바랍니다.

그렇다고 해서 모든 장벽과 맞짱을 뜨라는 건 아니에요. 상황에 맞게 선택을 해야 합니다.

첫 번째, 개인적인 능력이나 역량, 정보가 다소 부족한 경우는 장벽을 넘어설 수 있게 준비가 필요합니다. 내가 잘하고 좋아하는 일과 다소 잘되지 않고 싫은 일들을 구분하는 것부터 시작해야 합니다. 관련된 경험을 하거나 책을 읽거나 정보를 수집하면서 준비를 하세요. 그럼 높았던 장벽이 낮아지게 되고 훌쩍 뛰어넘을 수 있게 됩니다. 비슷한 경우로 양육자와의 갈등도 여기에 해당되는 경우도 있습니다. 사실 부모님들도 잘 모르고 자신이 없기에 그들의 경험에서 안정된 진로를 말씀하시거든요. 내가 준비가 되면 될수록 이 장벽도 같이 낮아집니다.

두 번째, 사회적 편견과 차별, 비합리적 인식이 강할 경우 멈추기보다는 긍정적으로 전환하는 것이 필요합니다. 고졸이지만 대기업 부회장의 경력을 가진 조성진 님, 남초라고 불리는 카레이서들 중에서 활약하고 있는 권봄이 님, 시각장애를 가지고 있지만 국어교사로서 아이들을 만나고 있는 강신혜 님, 네 손가락 피아니스트 이희아 님, 갑자기 찾아온 조현병을 예술로 치유하고 관련단체를 만든 이정하 님 등 학력, 성, 장애 등의 시선을 겪었지만 꿈을 이루고 있는 사람들입니다. 현실적으로 더 많은 불편함과 어려움이 있을 수 있기에 주위에서 말리는 경우도 많았을 겁니다. 그럼에도 자신을 믿고 긍정적으로 계속 도전하고 있는 모습에서 공통점을 찾을 수 있지요.

세 번째, 현실적으로 어려운 상황일 경우 장기적인 관점을 가지는 것이 도움이 됩니다. 개인의 역량이 너무 부족하거나 현재의 환경이 긍정적으로 보기엔 어려운 상황일 수 있습니다. 아버지가 술과 노름으로 재산을 탕진하여 기초 생활수급으로 지내던 매우 열악한 가정형편으로 인해 고등학교 때 일진이기도 했던 사람이 서울대 법과대학을 수석합격하고 지금은 변호사로 활동하고 있다면 어떤 생각이 드나요? 바로 『공부가 가장 쉬웠어요』의 저자로 유명한 장승수 님입니다. 내신이 형편없었기에 입시에서 번번

이 고배를 마셨습니다. 경제적 사정도 여유롭지 않으니 막노동을 하면서 수년간 공부를 지속해왔다 합니다. 때마침 내신이 폐지되고 비교내신제도가 생기면서 고등학교 졸업한지 5년 만에 서울대 수석입학을 했습니다. 운도 따르기도 했지요. 그렇지만 무엇보다 장기적인 관점으로 꾸준히 준비를 했다는 것이 가장 큽니다.

> 나는 천천히 가는 사람입니다.
> 그러나 결코 뒤로는 가지 않습니다.
>
> _미국 16대 대통령 에이브러햄 링컨

어떤 일이 내 발목을 잡는 장벽이 된다 생각되어 지세요?

다행히 이 장벽은 나만 겪는 게 아닙니다.

누구나 다 겪습니다.

어떻게 장벽을 대할지가 중요하지요.

어떤 상황인지, 어떤 선택이 나에게 도움이 될지 살피며 본인의 길을 나아가시길 바랍니다.

어느새 발목을 잡는 장벽이 아닌 도약의 발판이 되어 있을 거예요.

ONE POINT LESSON

진로장벽을 여러 영역으로 분류하여 보다 구체적으로 파악할 수 있는 '진로장벽 검사'를 해볼까요? 각 문항을 읽고 자신에게 맞는 점수를 체크하고, 어떤 유형의 진로장벽이 어려움을 주는지 알아봅시다.

1점 전혀 그렇지 않다/ 2점 거의 그렇지 않다/ 3점 대체로 그렇다/ 4점 매우 그렇다
*역채점 문항(4번, 24번) : 1점 매우 그렇다/ 2점 대체로 그렇다/ 3점 거의 그렇지 않다/ 4점 전혀 그렇지 않다

구분	번호	문항	점수	총합 / 평균
대인 관계 어려움	1	나는 인간관계가 좁은 편이기 때문에 직장 생활에서 어려움이 예상된다.	1 / 2 / 3 / 4	
	2	나는 직장 생활에서 일과 관련된 어려움보다는 사람들과의 관계에 있어서 어려움이 더 클 것이다.	1 / 2 / 3 / 4	
	3	나는 앞으로 직장 생활을 할 때 동료들과 잘 지낼 수 있을지 걱정이 된다.	1 / 2 / 3 / 4	
	4	나는 사람들과 잘 어울리기 때문에 직장 생활이 쉬울 것이다.*	1 / 2 / 3 / 4	
	5	나는 무슨 일을 하려면 몹시 긴장하기 때문에 직장 생활에 어려움이 예상된다.	1 / 2 / 3 / 4	
자기 명확성 부족	6	나는 우유부단해서 무엇인가를 결정하기가 어렵다.	1 / 2 / 3 / 4	
	7	나는 일반적으로 어떠한 결정을 내리는 것이 어렵다.	1 / 2 / 3 / 4	
	8	나는 일하는데 필요한 주장성이 부족하다.	1 / 2 / 3 / 4	
	9	나는 무엇인가를 결정 내리고 난 후 그 결정에 대해 후회하는 경우가 많다.	1 / 2 / 3 / 4	
	10	나는 어려운 일이 닥치면 피하고 싶다.	1 / 2 / 3 / 4	
	11	나는 내가 원하는 직업에서 필요한 기술들을 습득하는 능력이 부족하다.	1 / 2 / 3 / 4	
	12	나는 좋지 않은 성적 때문에 취업하기 어려울 것 같다.	1 / 2 / 3 / 4	
경제적 어려움	13	내가 원하는 진로와 목표의 성취를 위해 필요한 경제적인 지원이 부족하다.	1 / 2 / 3 / 4	
	14	내가 원하는 일을 할 수 없는 것은 돈이 없기 때문이다.	1 / 2 / 3 / 4	

경제적 어려움	15	경제적 문제로 인해 내가 원하는 일을 할 수 없다.	1 / 2 / 3 / 4	
	16	돈을 빨리 많이 벌어서 가정 형편에 도움이 되어야 한다.	1 / 2 / 3 / 4	
	17	나는 앞으로의 진로 선택에 있어서 경제적인 문제의 해결을 가장 중요하게 생각한다.	1 / 2 / 3 / 4	
타인과의 갈등	18	앞으로 나의 진로는 부모님의 반대나 간섭으로 인해 영향을 많이 받을 것이다.	1 / 2 / 3 / 4	
	19	나는 부모님이나 집안의 기대 때문에 내가 하고 싶은 일을 하지 못할 것이다.	1 / 2 / 3 / 4	
	20	부모님이 반대하시면, 내가 하고 싶은 일이라도 직업으로 결정하기 어려울 것이다.	1 / 2 / 3 / 4	
	21	나에게 중요한 사람들이 내가 생각하고 있는 진로에 동의하지 않는다면 취업을 결정하기가 어려울 것이다.	1 / 2 / 3 / 4	
	22	나는 부모님이나 이성친구가 나의 진로 선택을 좋아하지 않을까 봐 걱정된다.	1 / 2 / 3 / 4	
직업 정보 부족	23	나는 직업에 대한 정보를 어디서 얻는지 잘 모르겠다.	1 / 2 / 3 / 4	
	24	내가 선택할 수 있는 직업들에 대한 정보를 많이 알고 있다.*	1 / 2 / 3 / 4	
	25	내가 하고자 하는 일이나 교육 등에 대한 자료를 얻기 힘들다.	1 / 2 / 3 / 4	
	26	나는 여러 가지 직업분야에서 사람들이 실제로 어떤 일들을 하고 있는지에 대해서 잘 알지 못한다.	1 / 2 / 3 / 4	
	27	내가 잘 할 수 있는 직업분야가 무엇인지 아직 잘 모르겠다.	1 / 2 / 3 / 4	
나이 문제	28	나는 나이 때문에 진로에 대한 결정을 빨리 내려야 한다.	1 / 2 / 3 / 4	
	29	나는 나이 때문에 하고 싶은 일을 할 시기를 놓쳤다고 생각한다.	1 / 2 / 3 / 4	
	30	나는 나이 때문에 진로에 있어서 남들에게 뒤처질까 봐 걱정이 된다.	1 / 2 / 3 / 4	
	31	나는 나이 때문에 진로를 계획하고 행동으로 옮기는 데 있어 지장을 받을 것이다.	1 / 2 / 3 / 4	
신체적 열등감	32	내가 하고 싶은 일을 하기에는 나의 신체적 조건이 나쁘다.	1 / 2 / 3 / 4	
	33	신체적인 열등감이 나의 직업선택이나 계획에 영향을 준다.	1 / 2 / 3 / 4	
	34	나는 신체적인 열등감을 느끼고 있다.	1 / 2 / 3 / 4	
	35	나는 건강 때문에 직업선택에 어려움을 겪을 것이다.	1 / 2 / 3 / 4	

흥미 부족	36	앞으로 내가 선택한 직업에 종사할 때, 그 일에 흥미가 점점 없어질 것 같다.	1 / 2 / 3 / 4	
	37	앞으로 내가 선택한 직업에 종사할 때, 그 일이 점차 지루해질 것이다.	1 / 2 / 3 / 4	
	38	내가 지금 흥미를 갖고 있는 일은 시간이 흐르면 바뀔 것이다.	1 / 2 / 3 / 4	
	39	나는 흥미 있는 일이나 선택하고 싶은 직업이 없다.	1 / 2 / 3 / 4	
미래 불안	40	사회경제적 환경의 변화 때문에 나의 취업은 영향을 많이 받는다.	1 / 2 / 3 / 4	
	41	경기 불황으로 인해 일자리가 부족한 것이 나의 취업에 영향을 준다.	1 / 2 / 3 / 4	
	42	시대 흐름의 변화가 나의 진로에 대한 선택과 계획에 혼란을 초래하고 있다.	1 / 2 / 3 / 4	
	43	나는 앞으로 내가 하고 싶은 진로를 갖지 못할까 봐 불안하다.	1 / 2 / 3 / 4	
	44	나는 앞으로 진로에 대해 막연한 불안함이 있다.	1 / 2 / 3 / 4	
	45	나는 취업이 안 될 것이다.	1 / 2 / 3 / 4	

(출처: 김은영, 『한국 대학생 진로탐색장애검사(KCBI)의 개발 및 타당화 연구』, 이화여대, 2001)

진로장벽 순위 (가장 높은 점수부터 차례로 적어주세요)

1.
2.
3.
4.
5.
6.
7.
8.
9.

진로장벽을 극복할 수 있는 대안을 찾아봅시다.

내가 생각하는 진로장벽	대안
예) 몸이 약해서 강도가 센 직업은 어렵다.	주 3회 20분씩 운동을 하며 체력을 기른다. 강도가 세지 않은 직업정보를 찾는다.
1.	
2.	
3.	

나만의 재능을 디지털 세상과 연결하라.

반복이 만들어주는 최고의 기회

"재능은 누구에게나 있다. 문제는 어떤 재능인지 알아낼 때까지 시행착오를 반복할 수 있느냐 없느냐다."

_영화감독 조지 루커스

버나드 쇼는 "인생이란 자신을 발견하는 것이 아니라 자신을 만드는 것이다."라고 했습니다.

자신을 발견하는 것과 자신을 만드는 것의 차이는 과연 어떤 것일까요? 사실 우리는 자신을 발견하는 것에 매우 인색합니다. 내가 누구이며, 무엇을 좋아하고, 무엇을 잘하는지 그리고 타인을 위해 내가 할 수 있는 일이 무엇인지를 잘 모르고 살기 때문입니다.

누구나 새롭고 멋진 자신을 원합니다. 그런 자신을 생각하면 지친 어깨가 위로 올라갑니다. 하지만 가끔 우리는 슬프고 화난 자신과 마주합니다. 또는 모든 것을 다 내던져 버릴 만큼 좌절하며 포기하는 자신과 만나기도 합니다. 심지어 펑펑 울면서 도망치다 지쳐 쓰러진 자신을 보고도 못 본 척 그냥 지나쳐 버리기도 합니다.

살아가면서 발견하는 지친 나, 아픈 나 그리고 부족한 나는 아주 특별한 축복입니다. 세상 어느 곳에도 특별한 축복이 부족함으로 사용되는 예는 없습니다.

세상은 이렇게 서로 다른 '나'라는 존재가 경험하고 있는 것을 엮어서 모두가 인정하는 특별함으로 만들어갈 수 있도록 많은 시간과 관계를 허락합니다. 그러면서도 세상은 다양한 시도와 끊임없는 도전을 하면서 새로운 자신을 발견하라고 합니다. 결국, 그런 세상 덕분에 우리는 자신이 무엇을 좋아하는지, 무엇을 싫어하는지, 또한 무엇을 잘하는지와 무엇을 해야 가슴이 뛰는 지까지 알 수 있습니다. 무한 반복하면서 말입니다.

반복을 통해 최고의 기회를 잡는 사람을 우리는 성공자라 부릅니다. 대부분 사람은 반복을 생각하면 부족하다 느낄 수 있습니다. 하지만 반복은 부족해서 하는 것이 아니라 다른 것과 결합하기 위함입니다. 다른 사회 문화와 융합하기도 하며 다양한 사람들과 연합하기 위해 반복이 만드는 실력을 기대할 수 있습니다.

물론, 반복은 시도가 있었다는 증거입니다. 시도조차 하지 않았던 사람은 반복하지 않았을 테니 그 말의 진정한 의미를 알 수 없겠지요. 반복이 주는 우연한 만남은 성장할 기회를 고의로 계획하는 성공 자세를 갖추게 합니다.

우연에 적극적으로 관여하라.

> "성공하는 사람들은 행운을 부르는 사건과 자주 만나려고 일부러 의도적으로 계획하고 행동하려 한다. 그저 수동적으로 우연을 기다리는 게 아니라 우연이 자주 일어나도록 적극적으로 관여하고 노력한다는 것이다."
>
> _가미오카 신지, 『결국 재능을 발견한 사람들의 법칙』 중

페니실린, 포스트잇, 전자레인지의 발견에서도 알 수 있듯이 많은 시도와 도전은 우연을 만나 위대한 발명품이 되었습니다. 스탠퍼드 심리학부 존 크럼볼츠 교수는 1999년 '계획된 우발성의 이론'을 발표해 주목받았지요. 성공하는

사람들은 행운을 자주 만나려고 일부러 계획하고 행동합니다. 우리도 행운을 만나기 위해서 끊임없는 시도와 도전을 우연과 연결해야 합니다.

시도와 도전에는 차이가 있습니다. 시도가 생각을 행동으로 바꾸는 것이라면 도전은 열망을 행동으로 바꾸는 것을 계속해서 반복하는 것입니다. 결국, 이 무수히 많은 반복이 사람과 사람을 연결하고 나의 재능과 일을 연결하며 새로운 관계를 설정하는 행운을 만듭니다.

> "지금 힘든 순간을 지나고 있는가? 열심히 해오던 일에서 성과를 내지 못하고 있는가? 자포자기 상태에 이르면 상식을 뛰어넘어 재능을 폭발시킬 수 있다, 절망에 빠진 그 때가 성공할 기회다."
>
> _가미오카 신지, 『결국 재능을 발견한 사람들의 법칙』 중

자신을 발견하기 위해서는 시간과 공간을 이동해야 합니다. 낯선 곳이면 더욱 좋습니다. 가만히 앉아서 나만 홀로 지탱하는 내적 경험을 쌓아가기보다는 우연을 가장한 멋진 만남이 가득한 장소로 나를 힘껏 내몰아야 합니다. 특히 절망에 빠져있다면 절망이 주는 극한 낯섦에 빠지시길 바랍니다.

'나는 무엇을 위해 존재하는가?'

'타인을 위해 내가 무엇을 잘할 수 있을까?'

바로 이 부분에 대한 깊은 고민은 우리에게 만남이라는 깊은 실존을 경험하게 합니다. 사람들은 태어나면서부터 죽음으로 향하는 한정된 시간을 부여받습니다. 그 시간을 어떻게 하면 행복하게 채워나갈 수 있을까를 항상 고민해야 합니다. 낯선 사람과의 만남, 낯선 공간에서 맞는 새로움 그리고 사랑하는 사람과의 이별 등 이 모든 것들에 대해 자신이 부여하는 의미로 타인과 연결되고 설정 가능합니다.

디지털 시대 온라인으로 나를 증명하라.

디지털 시대는 온라인으로 나를 증명하며, 그 과정을 판매하는 즉 '프로세스 이코노미'로 새로운 가치전략이 거래되어 지속적 수익을 창출할 수 있게 합니다.

> "다양한 일을 포트폴리오로 만들 수 있어야 원하는 만큼의 돈을 벌 수 있다. 돈을 버는 다양한 방법을 알고 있다는 것은 내가 가진 능력의 한계를 시험 본 사람만이 가질 수 있는 기분 좋은 결과다. 하고 싶은 일이 있다면 무조건 도전해보면 된다."
>
> _조연심, 『나를 증명하라』 중

이 세상에 돈으로도 살 수 없는 것이 있다면 과연 어떤 것이 있을까요? 그것은 아마 시간과 관계일 겁니다. 한정된 시간과 우리를 세상에 태어나게 해준 부모와의 관계는 태어나는 순간 아무 값을 치르지 않고 그냥 부여받았으니 얼마나 감사한 일인가요? 누구나 시간과 관계의 자본은 일단 갖고 험한 세상과 마주합니다. 단 그것을 어떤 방식으로 사용하고 구성하느냐에 따라 격이 다른 어른으로 성장하게 될 것입니다.

21세기는 단순 육체노동자가 일하는 '블루칼라' 시대를 거쳐, 정보사회의 정신 노동자가 일하는 '화이트칼라' 시대를 지나, 지식 창조의 사회로 아이디어 노동자가 일하는 '골드칼라' 시대입니다. 이에 세상은 시간 감소와 관계 확장을 주도하는 인재를 원합니다. 그렇다면 시간을 줄이면서 관계를 확장할 수 있는 일은 무엇이 있을까요? 직접 만나고 보고, 먹어야 알고 신뢰했던 시대는 이제 다 지나가 버렸고 우리가 잠을 자는 시간에도 다양한 관계는 온라인을 통해 시공간을 초월하여 서로의 필요를 채우고 있습니다.

디지털 온라인 세상 속에는 자신의 필요를 채워주고 문제를 해결해 줄 전문가들이 정말 많이 존재합니다. 검색하면 전문가임을 증명하는 기록물을 확인할 수 있습니다. 그 이유는 전문가의 활동 기록이 데이터로 남아있기 때문입니다. 이는 신용평가 지수처럼 작용하며 사람들에게 깊은 신뢰도를 측정할 수 있는 관계를 형성합니다.

"미래에는 막대한 '관계자본'을 가진 기업들이 성공할 것이다."

적극적인 SNS 활동으로 연 매출 400만 달러의 와인 소매점을 5년 만에 5,000만 달러의 대형 와인 유통업체로 키워낸 미국의 기업가 개리 바이너척의 말입니다. 여기서 우리가 주목할 것은 SNS 활동과 관계자본과의 연관성입니다. 공간의 제약을 받지 않는 디지털 시대는 혼자서도 일을 기획하고 해내며 다양한 분야의 사업과 자유롭게 협업할 수 있습니다. 이는 보이지 않는 곳에서도 활동 기록이 존재하기 때문에 관계자본이 될 수 있다는 것을 명확하게 보여줍니다.

인터넷의 발달로 우리 삶은 다양하게 연결할 수 있고, 디지털 도구를 통한 다양한 소통으로 더욱더 흥미로운 삶이 가능해졌습니다. 이는 디지털 온라인에 기록하여 공유하는 것으로부터 시작합니다. 기록은 자신이 무엇을 좋아하는지, 무엇을 잘하는지를 아주 간단한 방법으로 적극적으로 세상에 알릴 수 있습니다. 자신의 재능과 일을 증명하고 알리는 데 있어서 시간은 줄이고 관계는 확장할 수 있는 최적의 일이기에 우리가 미처 상상하지 못한 일들은 온라인상에 계속 선물처럼 연결될 수 있습니다.

특히 시간과 관계에 대한 연관성을 학업과 병행하며 진로와 직업을 고민하는 청소년들은 더욱 중요하게 고민해야 합니다. 배워야 할 것들이 눈앞에 산처럼 쌓여있고, 또한 배운 것들을 표현할 길이 없어 해결해야 할 고민이 많은 청소년이라면 더욱 관심을 가져야 합니다. 청소년기에 잘하는 것이 미래의 직업과 일치되기 위해서는 자신의 능력을 증명할 수 있어야 합니다. 참 쉽지 않은 일이죠. 그래서 디지털 온라인에 기록하면서 세상과 연결하는 연습을 해야 합니다.

청소년은 많은 것을 만나고 경험하며 좌충우돌을 겪습니다. 그래야 제대로 된 꿈과 목표를 설정할 수 있기 때문이지요. 이 시기에 갖게 되는 흥미와 재미, 가능성은 다양한 시각에서 발견되는 성장을 향한 초석이 됩니다. 그러니 디지털 시대가 원하는 것, 바로 좌충우돌의 경험 기록이 실력이 될 수 있다는 것을 꼭 기억해야 할 겁니다.

독서를 통해 만나고 온라인에 기록하라.

시간을 아끼며 많은 경험을 할 수 있는 것은 독서뿐입니다. 책 속에서 만나는 자기 생각의 변화와 성장을 반드시 온라인에 기록하는 습관은 추후 자신의 주력 분야를 찾는 데 아주 큰 도움을 줍니다. 온라인 기록은 다양한 사람과 소통의 장을 열고 세상과의 연결 통해 자신의 쓸모가 담긴 디지털 온라인 포트폴리오를 완성할 수 있습니다.

책은 내가 좋아하는 일, 잘하는 일, 앞으로 어떤 일을 할지에 대한 우연한 만남을 제공해주기도 합니다. 이때 이를 통한 배움과 가치를 지속해서 온라인에 기록해야 합니다. 그 과정의 시간은 반드시 능력을 드러나게 하여, 많은 사람이 선호하여 함께 일하고 싶은 실력자로 자리매김할 겁니다.

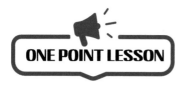

ONE POINT LESSON

재능을 발견하는 지름길은 낯선 세상으로 자신을 내몰아 내는 것입니다. 배움이든 커뮤니티 활동이든 자신의 인생을 풍성하게 만들 수 있는 성장의 기회를 일부러 계속해서 만들어나가야 합니다. 겸손한 자세로 배우고 깨달은 것을 온라인에 매일 기록하는 습관을 지니세요. 더 멋진 세상과 연결하는 당당한 실력을 갖추고 자신만의 아우라를 만들어갈 수 있을 겁니다.

꿈의 매몰비용

사람이 살아가면서 늘 고민하는 것 중에 하나가 '매몰비용'일 것입니다. 열심히 한 숙제가 나의 착각으로 다른 과제를 했다는 사실을 알아도, 다시 하기 힘들어서 그대로 제출했었던 어린 시절의 경험이 있을 겁니다. 결론적으로는 다시 하는 게 맞았음에도 과제하느라 노력했던 시간, 즉 '매몰비용'은 우리의 행동에 제약을 겁니다. 환불을 받을 수도 없는 과거에 얽매이는 의사결정을 하게 되는 것이죠.

학생이 되어 입시를 준비하면서도 이 매몰비용은 참 많은 고민을 만들어 줍니다. 단순히 부모님이 원하는 대학을 가기로 결정하고 입시를 준비해왔는데, 공부를 하다 보니 하고 싶은 진로가 생기고 그것이 기존에 준비하던 것과 다른 경우, 매몰 비용처럼 우리는 선뜻 노선을 바꾸기 힘들어집니다. 그동안 해 온 노력이 너무 아깝기 때문이죠. 하지만 선택에 대한 후회는 마치 복리이자처럼 갈수록 커집니다. 공부를 하면 할수록, 점점 가슴이 답답하고 이게 아닌데 하는 생각만 들게 됩니다.

내가 세운 목표가 잘못된 것이라면 시간을 질질 끌 것이 아니라 망설임 없이 목표를 바꾸는 것이 더 나은 방법입니다. 그것이 후회를 최소한으로 할 유일한 전략입니다. 더 빨리 결단을 내릴수록 우리는 새로운 목표를 향해서 새로운 복리의 마법을 시작할 수 있습니다.

시간은 복리와 같습니다.

간혹 30대의 직장인이 해고를 당한 경우, 마치 인생이 끝난 것처럼 절망하는 경우를 뉴스를 통해 접하기도 합니다. 하지만 또 다른 뉴스에서는 70대의 할머니가 공부를 시작하여 85세에 박사학위를 취득했다는 소식을 전달하기도 합니다. 뭔가를 시작하기 전의 우리는 이것을 깨닫기 어렵습니다. 사람은 대부분 자기 가슴속의 낙관적인 속삭임보다 비관적인 속삭임에 더 귀를 기울이기 마련입니다. 비관적인 속삭임은 끊임없이 발목을 잡는 이야기들을 속삭입니다.

'이제 시작해서 언제 정상궤도에 오를까?'

'남들은 벌써 다 시작했는데 난 너무 늦은 거 아니야.'

'지금 시작한다고 해도 또 예전처럼 실패하면 어떻게 하지?'

비관주의는 라틴어로 최악의 것이라는 단어에서 온 말로 세계를 개선 불가능하게 여기고 인간의 존재를 무의미하게 바라봅니다. 모든 것에 대해 앞으로의 일이 실패할 것이라는 가능성을 염두에 두고 있습니다. 어떤 현실적이거나 합리적인 이유가 아닌 일종의 믿음이나 기대에 불과합니다. 비관주의자에 비해 낙관주의자는 동기 수준이 더 높고 역경에 부딪혀도 더 잘 견디며, 더 높은 수준의 성취를 이루어냅니다. 반면 비관주의자들은 금방 포기해 버리고 반복된 학습으로 인해 무기력함이 덤으로 오게 됩니다. 걱정은 미래의 불행을 줄이는데 도움을 주지만 동기부여 측면에서는 여전히 낙관적인 생각이 훨씬 도움이 됩니다.

비관주의자들은 이렇게 얘기합니다.

"똑똑했기 때문에 성공했을 거야."

하지만 낙과주의자들은 다르게 말합니다.

"어려움을 이겨내며 포기하지 않았기 때문에 성공했을 거야.”라고요.

말의 알고리즘을 쓴 저자 노럼 박사는 성공을 위해서는 긍정적인 생각보다 부정적인 생각이 더 도움 된다고 말합니다. 이를 심리학에서는 방어적 비관주의라고 하는데, 방어적 비관주의의 가장 큰 특징은 무슨 일이든지 늘 최악의 상황을 예상하고 이에 대비하기 위해 수많은 경우의 수를 생각한다는 것입니다. 비관주의자들의 말이 적중할 때도 물론 있습니다. 다만 그런 경우 그들은 정서적 대가를 치른다는 점이 치명적입니다. 실패에 대해 염려하고 실패하지 않기 위해 애를 쓰다 보니 늘 신경이 날카롭고 불안해집니다. 중국의 사업가 마윈은 자신의 성공 비결 가운데 하나는 ‘부정적인 단어’를 쓰지 않는 것이라고 했습니다. 아무리 어려운 시련이나 고난이 닥쳐도 미래에 대해 결코 부정적으로 말하지 않았으며, 항상 스스로에게 성공할 수 있고 잘될 거라고 다독였습니다.

> 역경을 극복했기 때문에 역경을 긍정적으로 보는 것이 아니다. 역경을 긍정적으로 봤기 때문에 역경을 극복할 수 있었던 것이다.
>
> _김주환, 『회복탄력성』 중

비관주의는 아주 매력적입니다.

존 스튜어트 밀은 1840년대에 이렇게 말했습니다.
"내가 관찰한 바로는, 남들이 절망할 때 희망을 갖는 인물이 아니라 남들이 희망에 찰 때 절망하는 인물이 많은 사람들로부터 현자로 추앙받는다."

이러한 비관주의는 낙관주의자들을 뜬구름이나 잡는 허황된 사람으로 취급합니다. 세상이 발전하고 4차 산업혁명이 일어난 지금까지도 비관주의는 늘 그 자리에 있습니다. 이렇듯 비관주의가 가져오는 매몰 비용에 대한 이슈는 본능적인 것이기에 어쩔 수가 없는 듯합니다. 인류는 진화를 거쳐 오면서 기회보다는 위협을 더 긴급한 일로 취급하는 유기체이고 그러한 유기체들은 그렇지 못한 유기체보다 더 오래 살아남아 번식할 확률이 높았습니다.

어린 시절부터 우리에게 익숙한 라이트 형제의 이야기는 유명합니다. 1952년에 발표된 미국사 책에서는 라이트 형제에 대해 이렇게 이야기합니다.

"대중들은 라이트 형제가 도대체 뭘 하는 것인지 몇 년이 흐른 후에야 이해했다. 사람들은 비행이 불가능하다고 너무나 확신했다. 그래서 1905년 오하이오주 데이턴에서 라이트 형제가 나는 것을 목격한 사람들 대부분은 자신이 본 것은 틀림없이 어떤 속임수라고 판단했다. 마치 오늘날 텔레파시 시연을 본 대부분의 사람들이 했을법한 생각이었다. 라이트 형제의 최초 비행 이후 거의 4년 반이 흐른 1908년 5월이 되어서야 이들 형제가 하고 있는 일을 취재하기 위해 노련한 기자들이 파견되었고, 이들이 보내온 흥분된 속보를 노련한 편집자들이 온전히 믿기 시작했으며, 마침내 세상은 인간의 비행이 성공하였음을 깨달았다."

비행기에 대한 낙관적인 의견을 갖는 데 수년이 걸렸던 것처럼 사람들은 낙관적인 속삭임에 귀를 잘 기울이지 않습니다. 라이트 형제는 남들이 인정해주지 않았고 허황된 꿈을 꾸는 녀석들이라는 말을 들으면서도 결국 이루어 냈기 때문에 우리에게 많은 교훈을 주고 있습니다.

많은 사람들이 매몰비용에서 허우적대고 비관주의와 낙관주의 사이에서 허둥대다가 기뻐하기도 하고 슬퍼하기도 하면서 살아가고 있습니다. 어쩌면 내가 진로를 정하는 중이라면, 또는 진로를 정했다가 바꿔야 해서 고민 중이라면 아직도 우리에겐 많은 시간과 기회가 있다는 반증이기도 합니다.

낙관적 선택의 결과는 당연히 더디게 나옵니다. 그래서 사람들은 선택하기가 쉽지 않습니다. 그리고 사람의 마음은 긍정적 자극에 권태롭기 마련이라 자신이 세운 최상의 시나리오가 예상대로 이루어져도 별 감흥이 없게 됩니다. 비관주의는 기대치를 낮춰주기 때문에 그토록 매력적인 것일지도 모르겠습니다. 모든 게 내 생각대로 잘 안 될 것이라는 비관적 판단을 내리고 그것이 사실이 아니었을 때 우리는 더 크게 기뻐하기 마련이니까요. 아이러니하게도, 그렇기 때문에 우리가 낙관적으로 살아가야 하는 존재인 것입니다.

낙관적 마음을 계속 유지해가는 방법은 다양합니다.

자신이 정한 목표를 달성하기 위해 준비하고 달려가는 시간은 유독 느리게 흐르는 것만 같이 느껴집니다. 왜냐하면 언제 그것이 이루어질 지 알 수 없기 때문입니다. 시간은 모든 사람에게 동일하게 흘러가지만, 각자가 정한 목표에 도달하는 순간은 천차만별입니다. 함께 같은 꿈을 위해 시작한 일도 누군가는 벌써 성과와 결과가 나타나는가 하면 누군가는 한참 더디게 나타나기도 합니다.

그렇기에 누구나 그 과정의 길목에서 좌절하기도 하고

중도 포기하게 됩니다.

요즘 무척 흔하게 쓰이는 말로 '중꺾마'라는 말이 있습니다. '중요한 것은 꺾이지 않는 마음'이라는 뜻이죠. 연말에 하는 연예대상에서 연예인들의 수상 소감이 화제이곤 합니다. 오랜 시간 무명시절을 견뎌내 온 그들이 주는 메시지는 듣는 사람의 공감을 불러일으키며 많은 감동을 줍니다. 자신은 늘 같은 자세로 똑같이 노력하고 똑같이 살아왔는데, 어떨 땐 상을 받고, 어떨 땐 혹평을 당합니다. 그렇기 때문에 자신은 수상에 연연해하지 않고 늘 살아왔던 대로 노력하겠노라는 어느 배우의 말은 우리에게 많은 울림을 줍니다.

낙관적인 마음을 유지하기 위한 방법으로 많은 동기부여 전문가들이 동일하게 주장하는 것 중 하나가 자기 확신과 확언입니다. 매일 확언을 통해 스스로가 정한 꿈이 이루어질 것이라 믿고, 그 믿음과 확신으로 매일 새롭게 행동하라는 의미입니다. 단지 말로써 내뱉고 사라지는 것이 아닌, 말의 음파 진동을 통해 긍정적인 에너지를 나에게 불어넣어주면서 꿈에 도달할 때까지 원동력으로 삼으라고 합니다. 강력한 자기 세뇌를 통해 원하는 꿈을 디테일하게 머릿속으로 상상하고, 그 상상이 실제로 이루어질 방법을 찾고, 그 방법을 매일 실천하게 합니다. 전국의 많은 입시생과 취준생들에게 아주 각광받고 있는 방법이기도 합니다. 자기 확언의 효과를 높이는 방법으로 자신의 인생가치를 정의하라고 합니다. 인생의 가치는 다양합니다. 자기 실현일수도 있고, 가족의 안녕일수도 있고, 하는 일의 성공 또는 건강이나 행복일 수 있습니다. 자신이 정한 가치를 정의하고 그것에 대해 구체적으로 하나하나 적어 나가며 확언을 합니다.

그런데 확언을 하면서도 효과를 못 보는 경우가 많습니다. 그 이유는 스스로 그 확언에 대한 의심을 버리지 못하기 때문입니다. 확언을 하면서도 '과연 정말 이루어질까?' 하는 마음이 가장 큰 문제입니다. 자신의 가치를 실현시키기 위해 노력하고 그렇게 노력하는 나 자신을 객관적으로 보며 인정해주고 칭찬해주는 행위가 무엇보다 중요한 포인트라 할 수 있습니다.

실제로 내 꿈의 롤모델을 찾아보는 것도 좋은 방법입니다. 내가 원하고 이루고자 하는 꿈을 이미 이룬 사람의 인터뷰나 저서를 보며 나만이 할 수 있는 로드맵을 짜보는 것입니다. 여건이 된다면, 직접 찾아가 조언을 구하는 것도 좋습니다. 머릿속으로 상상만 하는 것보다 실제로 나의 롤모델을 눈으로 보며 구체적으로 연상한다면 시간을 더

줄일 수 있을 겁니다. 그들이 주는 조언을 귀담아들으며, 내가 생각하지 못한 새로운 로드맵을 찾을 수도 있습니다. 언제나 행운은 적극적으로 행동하는 사람에게 의도치 않은 선물을 주기 마련입니다.

꿈을 향해 가는 우리의 모습은
끝을 알 수 없는 마라톤과 같습니다.

누군가에겐 만족스러운 결과치가 누군가에겐 만족스럽지 못하듯이 우리는 누구나 꿈에 대한 매몰 비용에 따라 행동하게 됩니다. 모든 노력과 행동은 똑같이 존중받아 마땅합니다. 그렇기에 다른 사람과 비교하여 내 결과에 자책감을 갖거나 못마땅해 하지 말아야 합니다. 내가 꿈을 향해 노력하고 집중했던 그 모든 행위는 나부터 존중하고 인정하는 것에서 시작됩니다. 스스로의 작은 결과에 대책 없이 긍정적인 채점을 하라는 것이 아닙니다. 꿈을 이루려고 애썼던 과정과 그 다음으로 한 발을 더 내딛게 만들었던 나의 행위를 스스로가 먼저 칭찬해주세요. 나 스스로를 인정하는 존중과 칭찬은 그 모든 작은 점과 같은 것들이 모여 하나의 선을 만들어내고, 그 선은 내가 이루고자 하는 꿈으로 가는 다리가 될 것입니다.

ONE POINT LESSON

꿈을 이루는 과정에는 수많은 장애물을 만나게 됩니다. 고난과 시련이 눈앞에 나타나는 것이죠. 이럴 때, 어떠한 마음가짐과 자세로 대처하는지가 매우 중요합니다.

아래 질문은 우리 아이의 꿈을 이루는 데 도움이 될 겁니다.

학생과 학부모 각각 작성해보세요. 학부모는 자녀 입장에서 생각하고 작성합니다.

1. 현재 나의 꿈 매몰비용은 어떤 것이 있나요?

....

....

2. 내가 가지고 있는 낙관주의적 사고와 비관주의적 사고는 무엇인가요?

....

....

3. 나의 낙관적 사고를 유지하는 방법은?

....

....

함께
키워요!

엄마 뱃속에 아빠와 엄마가 기다리고 기다리던 아기가 생겨났습니다. 부모는 아기와 만날 날을 고대하는 열 달 동안 무슨 생각을 가지고 있을까요? 이 아이가 건강하고 예쁘고 멋지게 태어나기를, 똑똑하고 씩씩한 아기로 자라나기를, 그리고 착하고 기특한 아기로 성장하기를 간절히 바라겠지요. 그렇게 바라고 원하는 아기와 만나기 위해 부모는 함께 태교를 시작합니다. '태교'란 '태내 교육'의 준말이지요. 뱃속에 있을 때부터 아기가 태어나 행복하게 살아갈 수 있도록 미리미리 건강한 몸과 마음을 길러주는 과정이라고 할 수 있습니다. 엄마와 아빠의 부드러운 목소리로 태담을 하기도 하고, 음악을 듣기도 하며, 음식을 조절하기도 하고, 오감을 활용한 활동이나 자연 속으로 여행을 떠나기도 합니다.

그러나 정작 아기를 위한 태교보다 더욱 중요한 것은 부모 자신들의 준비입니다.

부모가 되기 위해 무엇을 준비해야 하고, 어떻게 자녀를 맞이할 것인가에 대해 깊이 고민해야 합니다. 부모는 자녀의 거울입니다. 자녀에게 모범이 되어야 한다는 말이죠. 그리고 자녀를 보호하며 가치관을 심어줄 수 있어야 하고 자존감을 높여주어야 합니다. 그러기 위해 부모가 되기 위한 마음수련이 필요하며, 관련 지식과 지혜를 배워야 합니다. 이제는 자신 혼자나 부부 둘만 챙겨야 하는 게 아니라 하나의 어린 생명체를 신체적, 정서적, 영적, 환경적으로 온전하게 돌보고 아름답게 길러내야만 합니다.

이제 열 달이 지나 그토록 기다리던 아기가 태어납니다. '응애응애', '꼬물꼬물', '방긋방긋', '요리보고', '조리보고'… 한 해 한 해 시간이 지날수록 아기가 노는 모습에서 점점 아이의 특성을 보게 됩니다. 조심스러운 아기인지 적극적인 아이인지, 특별한 이유 없이 징징 보채는 아이인지, 빙그레 잘 웃는 아이인지, 무관심한 아이인지, 호기심이 많은 아이인지, 이런 모습 하나하나에서 아이들의 성품, 재능, 특기 등을 알 수 있게 되지요. 이렇게 어린아이의 일상을 하루하루 따라가면서 부모는 시시콜콜한 여러 상황을 만나게 됩니다. 아이들이 잘 성장하다가도 어떤 문제가 포착되면 부부는 함께 고민하면서 교육적으로 어떤 의미와 효과가 있는지를 생각해 보게 되지요. 당면한 문제를 하나하나 해결해 나가면서 부모도 아이와 함께 성장하게 됩니다.

처음부터 완벽한 부모는 없습니다. 부모가 처음이라 모든 게 낯설고 실수투성입니다. 아이도 엄마 뱃속에서 목청껏 부르짖으며 나온 이 세상이 어리둥절하고 어색하기만 합니다. 그래도 엄마 아빠가 웃으며 손잡아주기에 아이는 부모를 의지하며 힘을 내어 걸어봅니다. 아이와 같은 보폭으로 걷고 아이의 눈높이에 맞추어 바라봐 주면 아이들은 세상에 겁먹지 않고 잘 자라나게 됩니다. 유아기 시절에는 진흙을 빚어 도자기를 만들 듯 부모가 빚는 대로 아이들이 달라집니다. 그러니 아이를 잘 관찰하고 이해하면서 아이와 함께 다양한 경험을 하며 아이들이 자신의 꿈을 잘 빚을 수 있도록 도와주세요. 온 마음과 온몸으로 아이와 함께 흠뻑 땀이 날 정도로 신나게 놀아주세요. 아이들은 놀이를 통해 세상을 만나고 규칙을 통해 세상을 배우게 되니까요.

부모는 아이들에게 세상을 바라볼 수 있는 안경이 되어 주며 더 크고 넓은 세상으로 나가는 문이 되어주어야 합니다. 그 문을 통과하여 아이들이 훨훨 날아갈 수 있는 드넓은 세상을 만나게 되기를 희망하면서요. 문밖에 대한 두려움은 내려놓아도 됩니다. 걱정 대신 아이들을 믿어주세요. 사실 아이들은 부모의 생각보다 훨씬 더 훌륭하게 자라납니다. 아이들의 영양제는 부모의 칭찬입니다. 칭찬은 고래도 춤추게 한다는 말 들어보셨지요? 하지만 주의할 것이 하나 있습니다. 칭찬을 남발하면 오히려 아이에게 독이 될 수도 있다는 사실입니다. 무조건적인 달콤한 칭찬은 아이가 오해하며 자기기만의 생각에 빠질 수도 있습니다. 그러므로 칭찬도 근거가 있을 때 적당한 타이밍을 맞추어서 해야 합니다. 그러면 아이들의 내적 자아존중감이 상승합니다.

부모가 아이들을 기다려주는 것이 중요합니다. 서툴지만 자신의 의견대로 무언가를 시도하려 할 때 기다려줄 줄 알아야 합니다. 부모가 아이의 속도를 답답해하고 먼저 나간다면 아이들은 쉽게 흥미를 잃어버립니다. 그리고 지나치게 독촉하는 행동은 결국엔 아이를 망치게 할 수 있습니다. 아이의 행동에 수정할 것이 보였을 때는 아이의 태도가 변하도록 요구하기 전에 부모가 먼저 변해야 합니다. 부모가 먼저 모범이 되어 직접 보여주며 태도의 변화가 왜 중요한지 실제 생활에서 알려주어야 합니다. 그러면 아이들은 부모를 이해하고 존중하며 스스로 생각과 태도를 수정하게 되고 자기 자신을 귀하게 여기게 됩니다. 자존감이 잘 세워진 아이들은 자신이 무얼 좋아하고 무얼 싫어하는지, 무엇에 관심을 두는지 잘 파악할 수 있습니다.

아이와 함께 생활 속에서 바른 습관을 만드는 일에 노력하세요. 바른 생활습관은 아이들의 긍정적인 정서를 심어주는 데 효과가 좋습니다. 그리고 날마다 대하는 식탁이 어떠하냐에 따라서 아이의 평생 건강이 달라집니다. 식탁을 무지개 빛깔로 차려 놓고, 아이들이 어렸을 때부터 자연스러운 색깔의 영양가 풍부한 천연 식재료를 부담 없이 즐길 수 있도록 도와주세요. 안전한 천연 먹거리가 우리 아이들의 건강을 책임집니다. 가장 중요한 습관 중 하나는 밤(night)의 환경을 만들어주는 것입니다. '꿀잠'은 수면의 질과 양을 충분히 누리는 달콤한 잠입니다. 꿀잠을 자야 생체리듬이 회복되고 면역력이 향상되며 감정이 안정화되고 집중력이 좋아집니다. 이런 좋은 컨디션일 때 아이들은 자신의 꿈을 마음껏 꾸고 펼칠 수가 있습니다.

그리고 일상에서 부모와의 소통이 잘 이루어지는 아이들은 생각을 확대하는 기회를 더 많이 얻게 됩니다. 곰곰이 생각하는 아이들은 더 많이 사고하는 방법을 배우게 됩니다. 그런 아이들은 배움을 넓히는 것을 즐기고, 분명하고 적극적으로 자신을 표현하는 방법에 익숙해지지요. 그러면서 자기 주도적인 학습을 탐구하기 시작합니다. 이럴 때 부모가 적극적으로 개입하여 아이의 방향을 잡아주는 것이 효과적입니다.

그렇게 가정 안에서 부모와 자녀가 충분한 교감이 형성되고 양육이 이뤄질 때 정서적인 안정감이 커집니다. 그러면 아이들은 자신의 행복을 위한 몰입을 잘할 수 있습니다. 자신의 삶에 만족하게 되면 아이들은 시키지 않아도 가족과 이웃의 행복에도 더 크게 관심을 두며 함께 행복한 세상을 만드는 일에 노력할 수 있다고 생각합니다. 그래서 진로의 시작은 유아기부터가 중요합니다. 태교부터 시작되는 아이들의 교육을 절대 가볍게 여겨서도, 놓쳐서도 안 된다는 사실을 꼭 기억하시기 바랍니다.

자연에서는 생존율을 높이기 위해 무리를 지어 사는 동물들이 많은데 무리 생활을 하는 종은 대체로 지능이 높은 편입니다. 동물 심리학에서 지능이란 문제를 해결하는 능력을 말합니다. 동물이 문제를 해결하는 능력은 다양한 환경에서 생존에 위협이 되는 상황에 부딪혔을 때 빛을 발합니다. 사회적 동물인 코끼리는 무리 생활을 하면서 어른 코끼리에게서 문제를 해결하며 살아가는 법을 배운다고 합니다. 어른에게서 보고 배운 것이 없다면 문제해결 능력이 현저히 떨어지게 된다는 걸 코끼리들도 알고 있다는 거겠지요.

'한 아이를 키우려면 온 마을이 필요하다.'라는 아프리카 속담을 들어본 적이 있으시지요? 우간다, 탄자니아 등 아프리카 각 나라에는 이에 관련된 속담이 여럿 있다고 합니다. '아이는 한 가정에서만 자라는 것이 아니다.', '아이는 부모나 한 가정에만 속한 것이 아니다.', '아이의 부모가 누구이건 양육의 책임은 지역 사회에 있다.', '어머니로부터 가르침을 받지 않는 사람은 세상에서 가르침을 받을 것이다.' 등등. 어떤 나라 어떤 상황이건 아이가 나고 자라는 데는 한 가정의 일만이 아니라 그 아이 하나를 함께 돌보고 사랑하는 '온 마을'이 필요하다는 말입니다.

한 아이를 키우려면 정말 온 마을이 필요합니다. 우리가 그랬습니다. 혹시 지난 어린 시절을 기억하시나요? 우리가 어렸을 때는 동네 할머니, 할아버지, 아주머니, 아저씨, 이웃 형, 누나, 언니 등등 온 동네 분들이 우리를 키워주셨습니다. 지나가는 아이들을 불러 칭찬도 하시고, 잘못한 것을 보시면 내 자식인 양 꾸중도 하시고, 또 먹을 것이 있으면 불러다 먹여주기도 하셨습니다. 저의 어린 시절 그렇게 온 동네 어른들이 저희를 함께 키워주셨던 것처럼, 우리가정의 두 아이도 9년 가까이 홈스쿨 단체에서 부모 모두가 아이들을 그렇게 함께 키웠습니다.

'조슈아 홈스쿨 아카데미'는 기독교 홈스쿨링 커뮤니티이기에 모임의 첫 순서는 늘 예배와 성품 교육입니다. 목사님께서 첫 시간에 설교를 통해 아이들과 부모님들의 영적인 건강을 케어하십니다. 그 후에 원장님께서는『로고스북』이라는 책을 통해 아이들의 성품에 대한 이론과 실제의 삶을 잘 이해하고 훈련받을 수 있도록 교육해 주십니다. 성실, 온유, 존중, 신뢰, 순종, 감사, 기쁨, 인내, 책임감 등 정말 우리가 살아가는 생활 속에서 꼭 기억하고 실천해야 하는 많은 성품들을 공동체에서 서로가 서로의 거울이 되어 훈련받은 대로 행하는 모습들이 참 귀하고 아름답습니다.

그 이후의 시간은 부모님들이 직접 교사가 됩니다. 영어학원 원장이었던 저는 중고등부 또래의 아이들에게 영어를 가르쳤습니다. 수학 강사인 저의 남편은 수학을 가르쳤습니다. 치과의사인 어떤 어머니는 실험까지 하면서 너무도 즐거운 과학 시간을 이끕니다. 독서를 많이 하시는 어떤 아버지는 아이들에게 국어 강의와 자기주도 학습을 할 수 있도록 코치가 되어줍니다. 역사에 능하신 어머니와 원장님께서는 세계역사와 기독교 세계관 강의를 합니다. 컴퓨터를 전공하고 컴퓨터 관련 회사에 다니시는 부모님께서도 아이들 수준에 따라 컴퓨터 기본 수업, 파이선과 코딩 등의 강의도 해줍니다. 어떤 어머니는 합창을 가르치시고, 미술 전공한 어머니는 다양한 미술 활동을 통해 아이들과 함께 작품도 만들어 봅니다.

홈스쿨로 성장한 아이들은 대학 입학 후 후배들을 위해서 봉사활동을 합니다. 성악을 전공하는 친구는 노래를 가르쳐주고 악기 전공한 친구는 악기를, 또 다른 음대 친구는 오케스트라 지휘를, NGO 공부를 한 친구는 아이들을 이끌고 '밥 한 그릇'이라는 단체를 결성했습니다. '밥 한 그릇'에서는 기아체험 캠프도 진행하여 그들과 같은 상황에서 굶주린 아이들의 마음을 간접적으로라도 경험해 보기도 합니다. 아이들이 직접 기금도 마련하여 필리핀에 가서 빈민가 아이들을 보듬어주고 교육비와 식비를 제공해주는 등 글로벌 시대에 반드시 필요한 아주 멋진 일들을 진행하고 있습니다.

물론 아이들이 홈스쿨을 하면서 시간 관리를 잘못하고 좌절감에 빠질 때도 있었습니다. 그럴 때 교사인 부모님들이 아이들에게 그들의 행동과 결과에 대해 확실한 피드백을 해주었습니다. 혹여 실수 또는 실패의 상황이 발생하면, 이를 통해 아이들에게 성장의 과정이 될 수 있도록 함께 문제 해결책을 찾고자 노력하였습니다. 부모님들이 함께 모여 상의를 하기도 하고, 질책이 필요한 상황에서는 따끔하게 훈계도 합니다. 하지만 자아가 다치지 않도록, 자존감이 무너지지 않도록 아이들의 감정을 보듬어주는 일에도 소홀하지 않습니다. 또한 칭찬을 할 때는 엄청 확실하게 합니다. 적극적으로 아이의 이름을 불러주며 극찬을 하기도 하고 공개적인 곳에서 상장과 선물을 주기도 합니다.

자식을 키우는 데는 오만 자루의 품이 든다고 합니다. 자녀를 키우는 일이 쉽다면 부모에게 오는 기쁨이 크게 다가오기는 어렵지 않을까요? 많은 수고와 애씀과 눈물이 필요한 일이지만 아이들의 각자 생긴 모습대로 존중하며 어른들이 힘을 모아 함께 바라보고 키울 수 있다면 자식 농사야말로 정말 풍년의 기쁨을 제대로 느끼는 최고의 분야가 될 수 있을 것입니다.

오로지 내 아이만 생각하고, 아이에게 경쟁에서 이겨야 한다는 성취적 행복에 몰입하도록 가르치는 부모들에게, 부모로서의 마음가짐을 살펴봤으면 좋겠다고 말하고 싶습니다. 아이가 온전한 행복을 추구하도록 가르치고 있는지를 스스로 점검해 보는 계기가 되었으면 하는 바람입니다.

부모는 세상에서 가장 아름다운 꽃을 가꾸는 농부라고 하는 말이 있습니다. 부모님들이 함께 힘을 모아 자녀를 키우며 그 꽃들을 함께 감상하고 감사할 수 있기를 바랍니다.

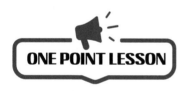

ONE POINT LESSON

태교부터 시작되는 부모님의 교육이 결국 아이들의 진로에 가장 큰 힘이 되어줄 수 있습니다. 자녀를 아낌없이 사랑하고 공감하고 이해하며, 믿고 격려한다면 아이들은 부모가 생각하는 것보다도 훨씬 더 크게 자랄 수 있습니다. 온전한 아이의 모습을 바라보며, 가족 그리고 이웃과 함께 상의하고 양육할 수 있다면 아이들은 훨씬 더 안정적이고 자신감 있게 살아갈 수 있을 것입니다. 내 아이만 최고인 세상에서 더 넓은 마음으로 이웃을 둘러보며 아이들을 함께 키웠으면 좋겠습니다.

'나다운 삶'을 살고 싶은 우리 모두에게

익준: "애들은 거짓말 안 해."

정원: "그럼, 어른들이랑은 다르지. 아프면 아프다고, 안 아프면 안 아프다고, 애들 솔직해. 근데 어른들은 아파도 안 아픈 척, 다 나아도 병원 더 있겠다고 아프다고 난리, 난리."

익준: "넌 어때?"

정원: "응?"

익준: "넌 거짓말 안 해?"

정원: "글쎄. 할 때도 있고, 안 할 때도 있고, 왜? (웃으며) 뭐야~"

익준: "너 '장겨울' 좋아하지? 신부 포기해야 하나 고민할 만큼 좋잖아. 난 그래서 겨울이가 잘 됐으면 좋겠어, 내 친구 정원이랑. 머리랑 가슴이 따로 놀 땐 (정원이의 가슴에 손을 얹으며) 여기가 맞아. 여기가 시키는 대로 해. 그럼, 후회 안 해"

_tvN, 〈슬기로운 의사생활 시즌2〉 중

얼마 전 방학을 맞아 '슬기로운 의사생활'을 봤습니다. '메디컬 전문 드라마'지만 평범한 삶에 대한 이야기를 다뤄서 더욱 인기가 많았던 작품입니다. 인기가 많았던 만큼 사람들의 마음을 움직였던 명대사들도 많았습니다. 특히 만능맨이며, 재치 있고, 유쾌한 '익준'과 신부님을 꿈꾸는 소아외과 전문의 '정원'의 대화가 제 귀를 사로잡았습니다. 정원이는 드라마의 배경이 되는 대학병원장의 아들입니다. 그런데 위로 네 명의 형제들이 모두 신부님과 수녀님인 특별한 가정환경이었습니다. 정원이 또한 신부님이 되고 싶지만 어머니께서 실망할 것을 알고 있기에 고민 중입니다. 그런데 어느 순간 병원에 함께 근무하는 '장겨울' 선생에게 마음을 빼앗기며, 병원에 계속 남을지에 대해 고민하게 됩니다. 눈치 빠른 익준이가 이런 정원이의 마음을 눈치 채고 마음이 시키는 대로 하라며 조언을 하는 장면입니다. 자신의 진로에 대해 고민하는 '정원이의 모습이 곧 우리들의 모습이 아닐까?'라는 생각이 들었습니다.

평생직장의 개념이 사라진 요즘, 우리는 어떻게 살아야 할 것인가를 더욱 고민하게 되는 것 같습니다. 예전 우리 부모님 세대에는 직장에 취직하고 나면, 퇴직할 때까지 한 직장에 머무는 것이 대부분이었습니다. 그것이 당연하다고 생각했던 시대였습니다. 그러나 요즘은 분위기가 많이 변했습니다. '자신의 삶'에 대해 진지하게 고민하는 사람들이 많이 늘어났습니다. 지금 나의 직업이 '정말 나에게 잘 맞는 것인지' 고민하며 이직하거나, 그만두는 경우가 많아졌습니다. 학창 시절 우리는 좋은 대학에 진학하기 위해 최선을 다합니다. 좋은 대학을 통해 좋은 회사에 취직하는 것은 거의 모든 학생들의 목표였을 것입니다.

그렇다면 여러분이 생각하는 좋은 대학은 어떤 대학인가요? 일명 SKY라고 불리는 학교를 좋은 학교라고 생각할 것입니다. SKY는 아니지만, 서울에 위치한 학교들도 실력있고, 좋은 학교라는 인식이 아직도 팽배하다고 생각됩니다. 예전에는 SKY를 졸업하고 나면, 좋은 회사에 취직하는 것이 공식처럼 느껴졌을 때도 있었습니다. 그러나 현대사회에서 좋은 대학은 이제 그 의미가 달라져야 한다고 생각합니다. 요즘 청년들은 취업난 때문에 졸업 전부터 많은 스트레스를 받는다고 합니다. 사회는 '소리 없는 전쟁터'로 변한 지 오래되었습니다. 이제는 내가 어느 학교를 나왔는지 보다는 어떤 능력을 갖췄는지가 더욱 중요해졌습니다. 우리가 무엇을 전공하든 사회에 나가면 취업을 하게 됩니다. 전공을 살려 취업하는 사람도 있고, 전공과 무관한 일을 하는 사람도 있습니다.

2023년 2월 '인크루트'가 직장인 886명을 대상으로 '직업

만족도'에 관한 설문을 진행했습니다. 응답 결과, 응답자의 84.3%가 '과거로 돌아간다면 직업과 전공을 바꿀 것'이라고 응답했습니다. 현재 직업 만족도를 조사한 결과, '업무와 처우가 모두 만족'이라는 응답은 15%로 나타났습니다. 그러나 '업무와 처우가 모두 불만족'이라는 응답은 38.6%로 높은 비율을 차지했습니다. '모두 불만족'이라고 응답한 가장 큰 이유는 낮은 연봉과 인상률(47.7%), 미래가 불안정한 직업(21.9%), 업무가 적성에 안 맞음(17.5%) 순으로 조사됐습니다. 현재 직업을 선택할 때 '본인 스스로 결정했다'라고 밝힌 응답자는 44.9%였고, 자신의 선택과 가족 그리고 지인의 조언을 받아 선택했다는 응답은 43,7%로 나타났으며, 내 의지보다 가족 또는 지인 등의 권유와 조언의 영향이 더 컸다고 응답한 사람은 9.5%였습니다.

우리는 삶을 살아가는 모든 순간 선택과 결정을 하게 됩니다. 그런데 선택의 순간 갈팡질팡 망설이며 결정하지 못하고 결국 타인에게 의존하는 경우들이 많습니다. 저도 대학에 입학할 당시 '왜 대학에 가야 하는지, 왜 그 학문을 전공해야 하는지' 스스로 결정하지 못했습니다. 시험 성적에 맞춰 부모님이 결정해 준 학교와 학과를 선택했습니다. 저는 타고난 성격이 낙천적이고 적응력이 좋아서 큰 불만 없이 학교에 다녔습니다. 그러나 대학교를 입학할 때와 다니는 중에도, 나의 미래에 대한 고민을 하지 않다 보니, 앞으로 어떤 일을 할 것인지 막막했습니다. 저는 이른 결혼으로 바로 취업하지 않고, 가정주부로서 삶을 살았습니다. 그런데 아이들을 조금 키우고 나니, 남편에게 의지하는 것이 아닌 '나 스스로 개척하며, 나답게 살고 싶다'라는 생각이 들었습니다. 그래서 사회복지라는 분야에 도전하여, 학위를 따고 대학 강사로서의 삶을 시작했습니다.

요즘 시대의 흐름을 따라가기 위해 페이스북과 인스타 등 SNS를 배워가고 있습니다. SNS를 하면서 느끼는 것은 연령에 상관없이 많은 사람들이 자신의 삶과 진로에 대해 고민하고 있다는 것입니다. '퍼스널 브랜드', '퍼스널 브랜딩', '온라인 퍼스널 브랜딩' 등 자신만의 색깔을 찾고, 그 색깔에 맞춰 나를 알리며 살아가고 싶은 사람들의 활동들이 매우 활발해졌습니다. 좋은 직장을 다니다가 진짜 자신이 원하는 삶을 찾아 퇴사하는 사람들의 이야기도 비일비재합니다. 직장을 퇴사한 사람들의 스토리를 보면, 남들이 부러워할 만한 좋은 직장에 다녔던 경우가 많습니다. 남들은 부러운 시선을 보내지만, 자신은 자신의 직업에 만족하지 못하는 경우가 많았습니다. 만족하지 못하는 많은 이유 중 가장 큰 이유는 바로 '나와 맞지 않기 때문'일 것입니다. 그런데 그 일이 나와 맞는가, 맞지 않는가를 고민하기에 앞서 이뤄져야 할 것은 바로 '내 존재의 의미'에 대한 고민이라고 생각합니다. 법륜스님의 『지금 이대로 좋다』라는 책에서도 존재의 의미에 대한 이야기가 나옵니다.

> "사람은 왜 살까? 사는 데는 이유가 없습니다. 그냥 삽니다. 다람쥐나 토끼는 의미를 찾아서 사는 게 아니라 그냥 삽니다. 천하 만물이 다 그냥 삽니다. 사는 데는 이유가 없어요. -중략- '왜'가 아니라 '어떻게'입니다. 이미 살고 있는데 즐겁게 살 건지, 괴롭게 살 건지, 그건 나의 선택입니다. 아침에 눈 떠서 살아있으면 '오늘은 어떻게 살면 좋을까'하고 생각해 보세요."
>
> _법륜, 『지금 이대로 좋다』 중

우리가 삶을 살아가며 삶의 이유, 존재의 이유에 집착하며 계속해서 '왜'라는 질문을 던지는 이유는 무엇일까요? 바로 타인의 영향력 때문입니다. 학교에 진학하고, 진로를 결정하고, 취업에 성공하면서도 우리 스스로 하는 결정보다는 타인에 의한 결정이 더 많습니다. 나의 삶인데도 불구하고 내가 한 선택보다는 타인의 선택으로 만들어진 삶을 살고 있는 경우의 수가 더 많다는 말입니다. 그러다 보니 내가 원하는 삶이 아닌 경우에는 내 주변의 소위 성공했다는 사람들의 삶과 비교하기 시작합니다. 그 비교를 통해 나 자신과 내 삶은 더욱 초라하게 느껴집니다.

저희 둘째 아이는 초등학교 3학년에 운동을 시작하여, 운이 좋게도 엘리트 코스를 밟았습니다. 초등학교, 중학교, 고등학교를 모두 프로팀에서 운영하는 학교를 다녔습니다. 대부분의 학생선수들이 꿈꾸는 그런 학교였습니다. 실력과 운이 있어야 들어갈 수 있는 특별한 학교였기 때문에, 그 학교를 다니는 아이의 자부심은 대단했습니다. 고등학교에 올라가고 감독 선생님이 바뀌면서, 주전 자리를 두고 고배를 마시기도 했습니다. 아이는 많이 실망했고, 그 시기 부상으로 몸도 마음도 힘들어했습니다. 그런 아이가 이를 악물고 주전 선수로 뛰겠다는 다짐으로 훈련하기 시작했습니다. 고등학교 2학년 2학기부터 주전으로 활약하며 팀의 승리에도 많은 기여를 했습니다. 그런 기여와 성적이 쌓여 아이는 명문대에 진학하게 되었습니다. 운동하는 학생 선수들의 경우, 주전 선수로서의 자리다툼이 매우 심합니다. 그래서 체력과 능력을 갖추지 않으면 주전 선수로 뛰기가 힘든 상황입니다. 또한 감독님과의 운동 스타일도 잘 맞아야 합니다. 아무리 잘하는 선수라고 하더라도 감독님이 선호하는 스타일과 맞지 않으면, 주전 선수 자리에서 밀리기 일쑤입니다. 아이는 운동선수로서의 삶을 선택하며 매 순간 주전 자리를 지키기 위해 고군분투하였습니다.

"엄마, 저 운동 그만두고 싶어요."

"갑자기 왜? 학교에서 무슨 일 있었어?"

"아니요, 오랫동안 고민했는데, 저는 제가 할 수 있는 최선을 다했어요. 더 이상 운동선수로 살고 싶다는 생각이 들지 않아요. 운동선수가 아닌 다른 삶을 살고 싶어요."

대학교 3학년이던 어느 날, 아이에게서 전화를 받았습니다. 그동안 걱정할 부모를 생각하며 혼자서 끙끙댔을 아이를 생각하니 가슴이 아팠습니다. 그런데 평생을 아이들의 뒷바라지를 하며 살아온 남편을 생각하니, '그래, 네가 원하면 운동 그만둬'라는 말도 나오지 않았습니다.

처음 둘째를 운동시킬 때 선수로서 성공할 것이라는 기대감을 갖고 시작한 것은 아니었습니다. 아이의 건강에 문제가 생길 기미가 보였고, 건강하게 살기 바라며 운동을 시작했습니다. 그런데 운이 좋게도 아이는 체격 조건이 좋아서인지, 테스트를 보는 팀마다 합격했습니다. 프로팀에서 키우는 학교로 전학 간 후 얼마 되지 않아, 전담 코치님도 오셨습니다. 그 코치님을 통해 아이는 기술을 배웠고, 연령 대표를 하기 시작했습니다. 우리가 기대했던 것 이상으로 아이는 너무나 좋은 성과를 내고 있었습니다. 상상하지 못했던 성과들로 저와 남편은 고무되기 시작했습니다. 아이가 국가대표라도 된 것 같은 기분이 들었습니다. 처음 건강을 생각하며 시작했던 마음은 '조금만 더 잘하면 프로팀에 갈 수 있다'라는 욕심으로 바뀌었습니다. 그랬던 아이가 대학에 가서 너무나 심각한 방황을 하기 시작했습니다. 중요한 대회를 앞두고 기숙사를 나오는 지경에까지 이르렀습니다. 우선은 아이의 지친 마음을 쉬게 하는 것이 중요하다는 생각이 들었습니다. 아이는 두 달을 계획하고 집으로 돌아왔고, 혼자만의 시간을 가졌습니다. 그때 마음속에 담아놨던 대화도 많이 나눴습니다. 아이는 당장 운동을 그만두고 지친 몸과 마음을 쉬고 싶다는 생각뿐이었습니다. 저와 남편은 아이를 설득해 어떻게든 운동을 다시 시키고 싶었습니다. 그동안 해왔던 노력과 성과들이 너무나 아깝다는 생각이 가득했습니다.

"운동을 그만두더라도 앞으로 어떤 일을 할 건지 정하고 그만두는 게 좋지 않을까? 앞으로 계획도 없이 덜컥 그만두는 것은 아닌 것 같아."
"엄마, 초등학교 3학년 때부터 지금까지 운동밖에 안 했는데, 갑자기 뭘 할 것인지 어떻게 계획을 세울 수가 있어요? 내가 좋아한다고 그 일을 잘할 수 있는지 확신이 없는데. 지금 당장은 뭘 해야겠다는 생각보다는 쉬고 싶다는 생각이 더 많아요. 매일 스트레스로 잠도 제대로 잘 수 없을 정도예요. 앞으로 할 일은 시간을 갖고 경험해 나가면서 결정해야 될 것 같아요."

아이의 말을 들으며 저는 '아차'하는 생각이 들었습니다. 저는 아이의 뜻을 존중해 주고, 자신이 하고 싶은 일을 찾을 수 있도록 돕겠다고 생각하며 살아왔습니다. 그런데 아이와 대화하는 저 자신을 돌아보니, 현재 아이의 조건을 포기하고 싶지 않은 제 모습을 발견한 것입니다. 아이의 행복이나 자기결정이 아닌, 지금까지 그 조건을 이루기 위해 노력했던 시간들만 생각한 것입니다. 남편과 저는 아이가 내려와 있던 두 달 동안 많은 대화를 나눴습니다. 어떻게 해야 아이에게 가장 좋은 결정이 될 것인지 생각하는 시간이었습니다. 또한 부모로서 가지고 있던 기대감을 버리고 아이가 원하는 삶을 응원할 수 있는 용기를 갖기 위한 시간이기도 했습니다.

아이는 어렸을 때부터 자신이 옳다고 생각하면 끝까지 밀고 나가는 뚝심이 있었습니다. 부모의 기준으로 옳지 않다는 생각이 들어도, 자신은 그 일을 해보지 않았기 때문에 옳지 않다는 생각이 들지 않는다며 주장을 굽히지 않는 아이였습니다. 그러나 그런 뚝심과 욕심 때문에 여러 가지 불리한 조건에서도 지금의 자리까지 올라왔는지도 모르겠습니다. 아이는 어려운 환경에서도 자신의 목표를 이루기 위해 꿋꿋이 이겨내 나가며, 높은 자존감을 갖게 되었습니다.

자존감은 타인과 자신을 비교하는 것에서 자유롭고, 자신을 있는 그대로 받아들이며 사랑하는 마음입니다. 자존감이 높은 사람들은 자신의 삶에서 '어떻게' 살 것인가에 대한 답을 알고, 자신을 있는 그대로 사랑하는 사람들입니다. 성공한 여자 가수 '아이유'가 말하는 자기애에 관한 내용들을 보면 자신에 대해 알아가는 과정에 대해 설명하고 있습니다.

> "누군가 아무리 저를 하찮게 봐도, 저보다 저를 하찮게 볼 순 없어요. 그거 하난 자신 있어요. 콤플렉스라면 콤플렉스겠지만, 반대로 그렇기 때문에 절대로 자만할 수가 없다는 건 좋죠."
>
> _가수 아이유

21살의 아이유는 스스로를 하찮게 여기는 것이 가장 자신 있다고 말하였습니다.

> "예전에는 '나 그렇게 밝은 사람 아닌데?' 혹은 '나 그렇게 어두운 애 아니야'라며 하나하나 해명하고 싶었지만, 인정하고 나니 되려 마음이 편해요. 꼭 하나를 꼽자면 '아이유는 독하다', '야망이 크다'라는 말이요. 저, 그렇게 강한 사람 아니거든요. 저는 사람들이 생각하는 것만큼 강하지 않은데, 겨우 제 자신을 지킬 만큼 무너지지 않을 정도예요."
>
> _가수 아이유

23살의 아이유는 조금씩 자신에 대해 인정하기 시작합니다. 스스로의 내면을 들여다보고, 자신의 약함을 드러낼 줄 아는 모습으로 바뀌어 갑니다.

> "사실 오랫동안 나를 별로 좋아하지 않았던 것 같아. 마음에 안 드는 것도 많았고, 그런데 최근 들어서 내가 되게 좋아졌어. '내가 너무 좋아', '최고!' 이런 것보다, 나는 다시 태어나도 꼭 다시 나로 태어나고 싶어. 내가 최고라기보다는 내가 이제 만족스러운 거 같아. 다시 태어나도 아이유로 태어나고 싶어."
>
> _가수 아이유

26살이 된 아이유는 이제 자신을 좋아하고 만족스럽다는 생각을 갖게 되었다고 합니다.

아이유가 생각하는 진짜 자신을 사랑하는 것은 '그냥 내가 나를 인정하는 것'입니다. '내가 짱이야', '내가 최고야'라는 말로 나를 추켜세우는 것도 좋지만, 나를 대단한 사람으로 바라보는 게 아닌 있는 그대로의 나, '나는 원래 요만한 사람이야'라고 인정해 주는 것이었습니다.

과도한 칭찬으로 나 자신을 대단한 사람으로 부각시키

다 보면, 내가 실수하거나 실패했을 때 더욱 과도하게 나 자신을 꾸짖고 몰아세울 가능성이 높습니다. 내가 어느 정도 수준의 사람인지, 나의 장점과 단점은 무엇인지, 내가 좋아하거나 싫어하는 것은 무엇인지, 내가 살고 싶은 삶은 어떤 모습인지 스스로 정답을 찾아야 합니다. 잘하면 잘하는 대로, 못하면 못하는 대로, 있는 그대로 나를 바라봐 줄 때 진짜 나의 존재 의미를 찾을 수 있고, 존재 의미를 통해 내가 가야 될 방향을 잡게 됩니다.

둘째 아이는 한 달 만에 고민을 끝내고 다시 팀으로 돌아갔습니다. '대학을 졸업하는 순간까지 최선을 다해 자신이 해왔던 축구 인생을 마무리하겠다.'는 것이 아이의 계획이었습니다. 아이는 자신의 계획대로 꾸준히 몸을 만들고 실력을 키워나갔습니다. 4학년 때는 대입 입학 후 처음 치러진 연고전에서 주전으로 활약하며, 팀을 승리로 이끌었습니다. 경기가 끝나고 승리를 만끽하기 위해 운동장으로 내려가 아이를 만났습니다. 땀에 흠뻑 젖어 상기된 얼굴로 두 팔을 벌려 아이가 가족들에게 달려왔습니다.

"엄마, 나 마지막까지 죽을 만큼 최선을 다했어. 이제 내 삶을 뒤돌아보면 축구에 미련이 남지 않을 것 같아. 너무 후련하고 뿌듯해."

아이의 얼굴에는 수많은 감정이 담겨 울컥한 모습이었습니다. 그 모습을 보니 그동안 보이지 않는 곳에서 아이가 얼마나 힘들었을지, 내가 상상할 수 없는 고통을 혼자서 감내했을 아이에게 감사하고 미안하다는 생각이 들었습니다. 결국 아이는 자신의 선택대로 축구 선수로서 졸업한 후, 약 1년간 자신만을 위한 시간을 가졌습니다. 지금은 국방의 의무를 다하기 위해 군 복무 중입니다. 군대에서 아이는 나답게 살기 위해서 무엇을 할 것인지 고민하고 있을 것입니다. 결국 '나답게 사는 것'의 해답은 다른 사람이 아닌 나 자신만 알고 있으니까요.

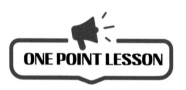

ONE POINT LESSON

① 내 아이가 진정으로 원하는 삶의 모습에 대해 함께 이야기 나눠보세요.
② 나의 생각과 아이의 생각은 다를 수 있다는 것을 충분히 이해하고, 부모로서 나는 아이에게 어떤 응원과 지지를 보내야 할지 생각해 보세요.
③ '나다운 삶'을 살아갈 내 아이의 미래를 생각하면 어떤 감정이 떠오르는지 생각해 보세요.

꿈을 포기하지 않고 노력했던 사람들

포기하지 않았던 사람 65세 KFC창업자 커넬 샌더슨

"현실이 슬픈 모습으로 다가올 때면, 그 현실을 보지 말고 멋진 미래를 꿈꾸세요. 앞만 보고 달려가세요. 인생 최대의 난관 뒤에는 인생 최대의 성공이 숨어있답니다."

_KFC창업자 커넬 샌더슨

'커넬 샌더슨'은 농부의 아들로 태어나 14세부터 미국 전역을 돌며 닥치는 대로 다양한 일을 하였습니다. 그는 수차례 사업 실패 후에도 계속 도전했습니다. 고생 끝에 '주유소', '자동차카페'에 이어 맛집 '샌더스 카페'로 유명해져 성공가도로 가는 듯 하였으나, 카페에 큰 불이 나면서 또 어찌할 수 없는 위기를 맞게 됩니다. 이제 그는 아무것도 남은 것이 없는 절망적인 상황에서도 고유한 자신의 조리법과 레시피를 가지고 자신의 프랜차이즈 사업 콘텐츠를 사 줄 사람을 찾아다니게 됩니다. 아무도 그의 조리법을 사려고 하지 않았습니다. 1008번의 거절을 당하였지만 포기하지 않았고, 결국 그는 1009번 째 방문한 식당에서 그의 조리법을 살 사업가를 만나게 됩니다. 샌더슨의 긴 고난이 끝나고 그의 나이 65세에 KFC 1호점이 탄생한 것입니다. 참 눈물겨운 감동스토리입니다.

제가 아는 이현 선생님은 커넬 샌더슨의 이야기를 읽고 큰 도전을 받는다고 하시면서

"커넬 샌더슨의 '1009번의 도전' 앞에 고개 숙여 깊은 존경을 표합니다."

라고 하십니다.

'이 현' 선생님 이야기

선생님은 어려서부터 이야기 책을 좋아했고 정이 많았습니다. 큰 언니로서 동생들에게 책 읽어주기, 친한 친구들에게 전날 밤새 읽었던 소설 재미있게 스토리텔링해주기, 동네 서점가서 책 제목 하나씩 읽어보기 등을 좋아했

습니다. 워낙 내성적이고 여린 성격이라 선생님의 친구들도 인정하는 얌전이였는데, 점심시간 친구들에게 지난 밤 읽었던 책 내용을 이야기해 줄 때에는 너무 신나서 큰 소리로 이야기하는 바람에 담임 선생님께서도 깜짝 놀라셨다고 합니다. 그의 장래 희망은 줄곧 '학교선생님' 이었습니다. 중학교에 들어가서도 '선생님' 이라는 장래 희망을 가지고 열심히 공부하였습니다. 대입을 치르고 전공을 정할 때, 아버지의 권유로 이현은 '선생님'이라는 꿈을 내려놓고 교육 대신 문학 전공으로 가게 됩니다. 졸업 후, 그는 사업이 어려워진 아버지의 사업장에서 일하게 되었습니다. 이현은 하고 싶었던 일을 하지 못하는 데에서 오는 내적인 갈등과 절망감이 가득했습니다. 이현의 20대는 안팎으로 힘겨웠지만, 자신이 하고 싶은 교육자로서의 꿈을 이루기 위해 밖으로 나오는 법을 알지 못했고, 가족과 주변의 상황을 보면서 주어진 환경 안에서만 열심히 살았습니다. 그러다가 우연히 교수님의 소개로 '기간제 교사' 라는 기회를 얻게 되었습니다. 혹시 몰라서 교직과목을 이수해 둔 것이 좋은 기회를 갖게 하였습니다. 너무 기뻤고 날아갈 듯 했습니다. 부모님께 용기 내어 말씀드렸고 짧은 기간이었지만 최선을 다하여 큰 보람과 기쁨을 얻었습니다.

임시 교사였지만 그 학교에서 인정을 받아 계속 근무할

수 있는 기회까지 생겼습니다. 꿈을 이루는가 싶었습니다. 그런데 결혼과 함께 남편의 지방근무 발령으로 인해 그는 교사로서의 첫걸음을 계속 이어가지 못했습니다. 아쉬움을 두고 지방에서 학원을 찾아 강사로서 일해보고자 애를 썼으나 그 당시엔 그 곳이 소도시이고 학원이 많지 않아 집에서 공부방을 하게 되었습니다. 서울과 다른 환경에서 아이들과 함께하는 즐거움으로 낯선 환경에 나름 적응할 수 있었습니다. 성심껏 가르치면서 학생들을 향한 애정과 그들의 진로에 대한 고민도 같이 하기 시작하였습니다. 몇 년 후 서울로 다시 이사 오게 되었고 학원을 오픈하여 본격적으로 학생들과 함께 공부하기 시작하였습니다. 또한 본인이 원하였던 교육대학원 공부도 시작 하였습니다. 사교육 현장에 있지만 늘 교육자로서의 마인드가 강하신 선생님은 학생들에게 꿈을 심어주고 학습동기를 불어 넣어줄 때가 제일 신이 나고 사명감으로 벅차오른다고 하십니다.

처음에 뜻한 대로 순탄하게 간 길은 아니었지만 이현 선생님은 시행착오를 겪으며 자신의 진로를 향해 삶 속에서 작은 도전들을 계속 하면서 한 걸음 한 걸음 나아간 경우입니다.

그는 평생 진로를 향해 끊임없이 내디디실 것 같습니다. 앞으로의 꿈을 여쭈었더니, 원래 어렸을 때부터 잘하고 좋아했던 독서 관련 공부를 다시 하고 싶다고 하십니다. 진로에 관한 공부도 더 깊게 전문적으로 하여 '아이들의 진솔한 성장 이야기'를 만들어 보고 싶다고 하십니다. '성장'이라는 핵심 가치로 타인의 성장을 돕는 것이 가장 즐겁고 가치 있는 일이라고 생각하십니다. 자신의 꿈이 처음부터 명확했지만 맏딸로서의 책임감으로, 주변 상황에 맞추느라, 배려하여 말 못하는 성격 때문에, 용기를 내지 못했다가 원래 원했던 자리로 돌아온 경우라 할 수 있습니다. 그의 재능은 삶의 고비마다 참고 견디며 노력하는 것이었기에 결국은 자신의 꿈을 향해 가는 행복한 인생이 된 겁니다.

성공한 사람들은 공통점이 있습니다.

그들은 구체적인 꿈을 갖고 이루기 위한 많은 시도와 도전을 멈추지 않습니다. 매일 목표를 마음속으로 그리면서 공부하고, 작던 크던 자신이 정한 목표를 향해 한 발 한 발 나아갑니다. 어려움이나 장애물을 만나도 그것에 넘어지지 않습니다. 오히려 넘어갑니다. 불평을 일삼지 않습니다. 감정대로가 아닌 굳은 태도를 가지고 '그냥 하는' 겁니다. 이룰 때까지…

'이렇게까지 해야 하나'라는 생각에 그만 하고 싶을 때가

올 수도 있습니다.

하지만 자신이 하고 있는 일에 의미를 부여하면서 끝까지 합니다.

너무나 유명한 '벤자민 플랭클린'을 알고 계시지요? 그는 평소에 자신의 실천덕목을 정하고 노트를 만들어 각 장마다 칸을 만들어 기간을 정한다음 한 가지씩 훈련하며 기록으로 남겼습니다. 그의 글 솜씨는 편집장 '퍼스'를 만나면서 더욱 향상되었습니다. 퍼스는 후에 이런 메모를 남겼다고 합니다.

> "나는 글에 대해 그렇게 대단한 사람은 아니다. 하지만 벤자민의 부탁을 받고 기꺼이 그 일에 충실하였고, 벤자민은 스스로 훈련한 것이었다."

그렇습니다. 다른 무엇보다도 주기적인 훈련이야말로 성숙한 사람이 되는 기본조건이었습니다. 누구나 인생의 방향과 목적을 가지고 능동적인 노력을 통해 성장해야 하는 것이 중요합니다. 자신에게 재능이 있더라도 노력하지 않으면 최고의 실력을 가질 수 없듯이 노력이야말로 재능을 키우는 것입니다. 이를 통해 누구나 꿈을 향해 끝까지 달려가는 탁월함을 가질 수 있는 것입니다.

무엇을 시작해야 할지 고민하신다면 당장 시작할 수 있는 유익한 습관인 독서훈련을 추천합니다. 독서훈련을 통해 내면의 성장과 정신적 성숙을 이룰 수 있습니다. 평소에 관심 있는 분야나 자신의 현재 일과 관련된 독서를 깊게 한다면 그 분야의 통찰력을 가질 수 있습니다. 날마다 결정해야 할 일이 많은 리더라면 바쁠수록 더욱 독서에 몰입해야 합니다.

미래에셋의 '박현주' 회장은 현재 금융업을 하고 있는 다른 사업자들의 방식을 따라 해서는 미래가 없다고 생각했습니다. 결국 회사가 나아갈 방향을 책 속에서 찾을 수밖에 없다고 보고 탐욕스러울 정도로 책을 읽었다고 합니다. 박 회장은 "누구나 젊은 시절은 고민스럽고, 저조차도 공포감이 있었다."며 "여러 책을 보면서 정리한 것은 '내 삶을 살아야겠다는 것'"이라고 했습니다. 이어 "다양한 책을 통해 많은 전략을 수립할 때가 있다"며 "새로운 산업에 대해 이해할 수 있다"고 강조했습니다.

그러면서 "책을 읽는다는 것은 고수하고 대화하는 것"이라며 "책을 읽을 때 한 번만 읽지 말고 충분히 소화할 수 있게 읽고 이해가 안 되면 시간이 지나도 또 볼 것"을 조언했습니다.

독서 몰입과 집중력이 성공의 승패를 결정합니다. 독서 훈련을 통하여 자신만의 보물도 찾고 자신의 일에서 성공의 기쁨도 누릴 수 있게 되길 바랍니다. 자녀가 있는 분이라면 사랑하는 자녀와 함께 하는 독서 시간은 가장 좋은 추억이자 유산이지 않을까요? 오늘 저녁부터 가족과 함께 책 세상으로 여행을 떠나시길 권해드립니다.

ONE POINT LESSON

① 자신의 꿈을 향해 끝까지 도전하는 힘이 진정한 성공을 부릅니다.
② 몰입의 시간은 두려움을 몰아내고 자신감을 채우는 행복한 시간입니다.
③ 독서를 통한 자기 성장은 나와 가족을 행복하고 의미 있게 만듭니다.

우리 아이들의 삶은,
우리 아이들의 선택으로 만들어집니다!

홍재기 : 인생에 정해진 모범 답안이 있을까요? 우리 아이들이 살아갈 미래는 어른들이 경험하지 못한 세상일 가능성이 높습니다. 기존의 성공법칙이 계속해서 통하지 않을 가능성이 있다는 것이죠. 그렇다고 교육 시스템을 무시하자는 얘기가 아닙니다. 지금 아이들이 해야 할 교과목 공부, 내신 성적, 입시 준비 등은 성실하게 준비해야겠죠. 하지만 반드시 잊지 말아야 할 것이 있습니다. 행복한 삶을 위한 진로 결정 역량입니다. 그래서 지금까지 진로 공부가 왜 필요한지, 진로를 결정하기 위해 무엇을 어떻게 해야 하는지, 또 어떤 정보가 필요한지, 그리고 행복한 삶을 위해 어떻게 살아야 하는지 등에 대해 함께 살펴봤습니다.

마지막으로 우리 아이들의 진로 선택과정에서 부모님께서 꼭 알았으면 하는 내용에 대해 전달하고자 합니다.

먼저 제가 드리고 싶은 메시지는 3가지입니다.

1. 우리 아이의 대체불가능성을 기억해주세요.

세상 모든 존재는 유일무이합니다. 우리 아이도 마찬가지고요. 우리 아이만이 잘하는 것이 반드시 존재합니다. 그러니 아이를 믿어주시고 강점을 바라봐주세요. 그럼 아이의 성장 가능성이 보이게 될 겁니다.

2. 자녀와의 적정한 거리를 유지해주세요.

너무 가까우면 아이의 자기주도성이 떨어집니다. 그렇다고 방치해두면 아이는 자의식이 높아져 남들에게 부탁을 못하게 됩니다. 모든 것을 혼자 해결하려고 하기 때문이죠. '우리 부모님은 내가 혼자 할 수 있도록 기다려주지만, 내가 필요 할 때는 언제든 도와주시려고 해.'라는 생각이 들 수 있을 정도의 거리면 괜찮습니다. 물론 말처럼 쉽지 않습니다. 그래서 부모는 두 번째 인생을 산다고 하는 거겠죠.

3. 자녀의 언어로 소통해주세요.

아무리 좋은 말도 아이에게 가닿지 않으면 소용없습니다. 소통이 잘되지 않을 때 아이와의 관계도 망치게 될 가능성이 높습니다. 따라서 아이의 언어로 다가갈 수 있도록 노력해주세요. 부모와의 대화가 즐거운 아이들이 자존감이 높습니다. 자존감이 높은 아이들은 자기주도성과 학업성취도도 향상됩니다. 그러니 경청하고 공감해주며, 아이가 이해할 수 있는 언어를 다가가주세요. 그렇지 않으면 우리 부모가 했던 말, “널 위해서 그런 거였지!”라고 반복할 겁니다.

그럼 다른 작가들의 마지막 메시지도 함께 살펴보겠습니다.

장미진 : 진로는 삶의 여정입니다. 우리는 모두 삶의 여정이 행복하고 의미 있기를 바랍니다. 행복하고 의미 있는 삶이란 자신의 가치관과 목표에 따라 자유 의지를 가지고 선택한 삶일 것입니다. 때로는 험난하고 어려운 삶의 여정에서 부모의 끊임없는 사랑과 지지는 자녀에게 큰 힘이 됩니다. 자녀가 어려움을 겪을 때, 언제나 곁에서 지지하고 격려해 주세요. 그들이 자신감을 가지고 꿈을 향해 나아갈 수 있도록 따뜻한 마음으로 함께 해주세요. 이 책이 자녀의 진로를 고민하는 모든 학부모님께 작은 도움과

위로가 되기를 바랍니다. 자녀와 함께하는 진로 탐색의 여정이 의미 있고 풍요로우며, 무엇보다 자녀의 행복을 위한 소중한 시간이 되기를 진심으로 기원합니다. 마지막으로 강조하고 싶은 세 가지 메시지를 전하며 글을 마칩니다.

첫째, 자녀의 목소리에 귀 기울여주세요. 자녀가 자신의 꿈과 목표를 찾는 과정에서 그들의 목소리를 듣고 존중해 주세요. 자녀가 진정으로 원하는 것이 무엇인지 이해하려 노력하고, 그들이 표현하는 꿈을 소중히 여겨 주세요. 자녀의 선택을 존중하고 지지하는 부모의 사랑이야말로 그들이 자신감을 가지고 나아갈 수 있는 가장 큰 원동력입니다.

둘째, 실패를 두려워하지 마세요. 실패는 성장의 일부입니다. 자녀가 실패를 경험할 때, 그들을 격려하고 다시 도전할 수 있도록 도와주세요. 실패를 통해 배운 교훈은 자녀를 더 강하고 지혜롭게 만들 것입니다. 실패를 두려워하지 않고 도전하는 용기를 키워 주세요.

셋째, 자기주도학습의 가치를 믿고 스스로 공부하는 아이로 성장할 수 있도록 도와주세요. 자녀가 스스로 학습하고 목표를 설정하며 실행하는 능력을 키우도록 기회를 주세요. 자기주도 학습은 공부를 넘어 삶 전반에 걸쳐 중요한 역량입니다. 자녀가 자신만의 학습 방법을 찾아가며 자립적인 삶을 살아갈 수 있도록 지원해 주세요.

황연정 : 진짜 나로서 살아간다는 것은 나를 믿고, 스스로 선택하고 책임진다는 것입니다.

진로는 자신의 길로 나아가는 것입니다. 주변에서 남탓이나 환경탓을 하는 사람들을 떠올려 보세요. 그들의 삶이 행복해보이나요? 성공했을 수는 있을지 모르나, 행복해 보이지는 않습니다. 오히려 불평 불만이 많습니다. 왜 그럴까요?

자신이 무엇을 원하는지도 모르거나, 알지만 부모나 타인의 말에 초점이 맞추어 그들의 인정 안에서 살기 때문입니다. 이럴 경우 '진짜 나'가 없습니다. 내 가슴의 소리와 주변의 소리가 다를 때 우리는 혼란스럽고 힘들어집니다. 커다란 진통을 겪는 첫 시기가 바로 사춘기이지요.

안타깝게도 이 혼란스러운 시기에 중요한 진로에 대한 결정도 이루어진다는 것입니다. 더군다나 입시제도로 인해 우리는 빠른 결정을 내려야 합니다. '나는 누구인가'에 대한 탐색시간이 충분치 않은데, 무엇을 기준으로 믿고 선택하고 책임질 수 있을까요?

1. 실제 경험해야 진짜 나를 압니다.

경험에는 좋고 나쁨이 없습니다. 그냥 경험일 뿐입니다. 어떤 경험이든 그 경험을 통해 우리는 배웁니다. 내가 무엇을 잘하고 못하는지, 어디에 마음이 끌리고 끌리지 않는지, 무엇을 힘들어하고 쉽게 하는지 등 '나는 이런 사람이야'라고 규정할 수 있습니다.

2. 사소한 성공을 자주 해야 자아효능감이 생깁니다.

신문에서 떠들썩거리는 성공만 성공이 아닙니다. 바늘귀에 실꿰기, 줄넘기 1개 넘어보기, 매일 스스로 일어나기, 신발끈 묶어보기, 책 1장 읽기 등 아주 사소한 것들을 계속 해내다보면 '할 수 있는' 나를 믿고 선택할 수 있습니다.

3. 안전한 한계 안에서 행동 선택권을 부여해야 책임감이 만들어집니다.

가족의 일원으로서 집안일을 함께 나누어야 하고, 삶의 주인으로서 기상시간과 취침시간을 정하는 것 등 일상에서 일어나는 행동들을 스스로 선택해보는 과정이 너무나 중요합니다. 그래야 이후 일어나는 결과들을 받아들일 수 있기 때문입니다.

어떤 경험이든 나에게는 배움입니다. 결과가 아닌 경험으로 삶을 나아가시길 바랍니다. 더불어 이 책을 읽고 계시는 부모님께 나누고 싶은 말이 있습니다.

나비 생태 연구가 찰스코언 박사가 말하길 나비가 고치에서 빠져나올 때 외부에서 고치의 구멍을 넓혀주면 그 나비는 결국 날지 못하고 죽어버린답니다. 힘이 들더라도 스스로 힘겹게 고치의 구멍을 빠져나와야 하늘을 자유롭게 나는 나비로 성장 가능합니다.

더 많은 경험을 가진 어른들의 입장에서는 아이들이 못미더울 수도 있습니다. 우리 아이는 아무 생각도 없는 것 같은데… 이 아이가 힘든 걸 겪어야 할까? 힘듦을 견뎌낼 수 있을까? 실패하면 자존감에 손상이 가는 거 아닌가? 내가 해주면 더 좋은 결과를 낼 수 있고, 아이도 편할텐데… 등등 여러 가지 이유로 참견을 합니다.

그런데 이거 아세요? 대신 일을 해주는 것만큼 무시하고 인정하지 않는 행동은 없습니다. 도와달라고 하지 않았는데 먼저 나서서 일을 대신 해주는 것은 "믿음이 안 간다."라는 뜻입니다. 부모가 자신의 일을 계속 대행해준다면, 자녀는 더 이상 그 일은 자신의 것으로 받아들여지지 않게 됩니다. 또한 일을 해낸 경험이 없으니 더 위축되어집니다.

우리 아이들은 해결할 수 있는 힘을 가진 멋진 존재들입니다. 그것을 믿어 주고, 기다려주며, 옆에서 응원해주세요. 마라톤 선수가 완주할 수 있다는 믿음으로 함께 해주는 페이스메이커처럼 말이죠! 그럼 우리 아이들은 고치를 박차고 나와 아름다운 날개를 활짝 펼치고 자신의 길을 멋지게 날아다닐 거예요.

임태은 : 한국의 아이들이 자신의 진로를 설레는 마음으로 신나게 준비할 수 있기를!

다가올 세상에선 아이들이 좀 더 행복하게, 그리고 주도적으로 자신의 진로를 정할 수 있기를 바라며 글을 썼습니다. 단순히 점수에 맞춰서 끝이 어디일지도 모를 진학을 결정하는 것이 아닌 자신의 꿈을 확고하게 상상하고 시뮬레이션해보기를 바랍니다. 진학이 목적이 아닌 진로를 위해 공부했으면 좋겠습니다. 대략 20년 전 저는 우연히 프랑스 선생님에게 프로아티스트 교육을 받은 적이 있습니다. 10개월이라는 교육시간동안 우리는 사적으로도 무척 친해질 수 있었습니다. 프랑스인이었던 오드리 선생님은 중학생 때부터 아티스트 교육을 본인이 직접 선택하여 성인이 된 지금까지 너무나 즐겁게 자신이 좋아하는 일을 하고 있었습니다. 게다가 프랑스에서는 미성년자여도 그 기간 또한 경력으로 인정을 해준다고 합니다. 그녀는 미스프랑스대회의 담당아티스트이자, 유명한 코스메틱 브랜드의 프로아티스트이기도 합니다.

그 이야기를 듣는데, 한국의 입시교육에서 자란 저는 자유분방한 그녀가 너무나 부러웠답니다. '나도 프랑스에서 자랐다면 저렇게 자유롭게 내가 좋아하는 것을 일찍 시작할 수 있었을 텐데…'

그때보다 더 나이를 많이 먹고 한 아이의 엄마가 된 지금의 저는 우리 아이가 입시에 치여서 자신의 꿈을 잊고 남들에게 보여주기 위한 점수와 학교에 열중하는 그런 삶을 살지 않기를 원합니다. 그런 마음으로 이 공저에 참여하게 되었습니다.

부디 이 책을 읽게 될 누군가에게도 자신의 꿈과 진로에 대한 열정과 희망이 다시 불꽃을 피울 수 있다면 그보다 행복한 일은 없을 것 같습니다.

조재숙 : 자녀가 자신의 진로를 찾고 다양성을 갖춘 멋진 어

른으로 성장하길 바라신다면 자녀가 원하는 방식에 귀 기울일 필요가 있습니다. 아이들이 자신의 진로를 스스로 고민하고 결정할 수 있도록 믿고 맡겨주세요. 부모가 자녀의 미래 모습을 상상하며 아이들을 대하면 그 아이의 장점을 바라볼 수 있어요. 부모 뜻을 투영하여 아이를 가르치려 하거나 간섭하려고 하지 마세요. 다만 어려서부터 함께 대화 나누고, 함께 생각의 폭을 넓히고, 함께 고민하는 시간을 충분히 갖는 것이 부모의 중요한 사명입니다. 아이를 부모의 한계 안에 가두려 하지 말고 넓은 세계를 바라볼 수 있는 세계관을 키우는 데 집중해 보세요. 자녀가 현재의 모습 그대로를 존중받으면 미래를 위해 자신의 태도를 바꿀 수도 있습니다.

장윤정 : 우리 각자의 삶은 독특하며, 마주하는 문제들의 해답도 다릅니다. 특히 자녀를 키우는 과정에서 부모의 경험과 지식을 그대로 적용하기보다는, 아이가 스스로 문제를 해결할 수 있도록 믿고 기다리는 것이 중요합니다. 아이를 바라보는 부모의 태도, 믿음과 인내 그리고 지지는 아이를 자신감 있는 독립적인 존재로 성장하게 합니다. 건강한 부모와 자녀 관계를 유지하는 것은 아이가 자신의 힘으로 성장

하고 발전할 수 있게 합니다. 결국 부모의 태도는 아이의 진로역량을 키우는 매우 핵심입니다.

마지막으로 우리 아이들의 진로 선택과정에서 부모님께서 꼭 알았으면 하는 내용에 대해 전달하고자 합니다.

먼저 제가 드리고 싶은 메시지는 3가지입니다.

1. 모두에게 맞는 '정답'은 없습니다.

인생에는 절대적인 '정답'이 존재하지 않습니다. 우리 각자의 삶은 독특하며, 그렇기에 우리가 마주하는 문제들에 대한 '해답'도 개인마다 다를 수밖에 없습니다. 무엇이 나에게 맞는지는 나만이 알 수 있습니다. 그러나 아이의 인생에 나의 정답을 대입하려고 하지 마세요.

2. 아이를 미숙한 존재로 보지 마세요.

아이는 성장하며 스스로 배우고 해결하는 과정에서 능력을 키워나가는 존재입니다. 하지만 많은 부모님들은 아이를 미숙한 존재로 여기며 모든 것을 도와주려 하곤 합니다. 중요한 것은 아이가 스스로 문제를 해결해 나가는 과정을 인내심을 가지고 지켜보는 것입니다. 부모의 믿음과 인내는 아이가 스스로를 믿고 도전할 힘을 길러주며, 이러한 지지와 신뢰 속에서 아이는 자신의 힘으로 성장하고 발전할 수 있습니다.

3. 아이가 자신의 생각을 충분히 말할 수 있도록 평가하지 말고 들어주세요.

아이들이 실수할 때, 평가 대신 이해와 포용으로 대하는 부모는 아이와 더 깊은 관계를 맺고, 아이의 성장을 촉진시킬 수 있습니다. 아이의 행동을 그대로 받아들이며, 실수로부터 배우고 성장할 수 있는 방법을 함께 고민하는 것이 중요합니다. 부모의 지지 속에서 자란 아이들은 자신감 있는 삶을 살아갈 수 있습니다.

진로(進路)는 산길과 같습니다.

정답(正答)보다는 해답(解答)을 선택할 수 있는 현명함이 필요합니다.

이 책을 통해 아이의 진로결정 역량이 향상되기를 바랍니다.

참고 문헌

가미오카 신지, 『결국 재능을 발견한 사람들의 법칙』, 글담, 2018
교육부, 『2022 개정 교육과정』, 2021
교육부, 한국직업능력연구원, 『2022년 초·중등 진로 교육 현황조사』, 2022
김은영, 『한국 대학생 진로탐색장애검사(KCBI)의 개발 및 타당화 연구』, 梨花女子大學校 박사학위논문, 2001
김주환, 『회복탄력성』, 위즈덤하우스, 2019
나희덕, 『그 말이 잎을 물들였다』, 창비, 1999
다나카 마치, 『독은 우리 몸에 어떤 작용을 하는가』, 전나무숲, 2022
다케우치 가오루, 마루야마 아쓰시, 『과학의 미해결 문제들』, 반니, 2015
도종환, 『해인으로 가는 길』, 문학동네, 2006
로먼 크르즈나릭, 『인생학교-일』, 쌤앤파커스, 2013
류윤식, 『서울교육-[진로]N잡러의 시대, 진로탄력성으로 미래를 준비하다』, 서울특별시교육청교육연구정보원, 2021 봄호(242호)
법륜, 『지금 이대로 좋다』, 정토출판, 2019
브로니 웨어, 『내가 원하는 삶을 살았더라면-죽을 때 가장 후회하는 5가지』, 피플트리, 2013
서울대학교, 『서울대학교 학생부종합전형 안내 책자』
서울특별시교육청, 『초등 진로교육 중심 교육과정 편성운영 지원자료』, 2020
세계경제포럼(WEF), 『미래 직업 보고서 2023-일자리 지형 전망』, 2023
아쇼카한국, 『청소년 체인지메이커들을 위한 가이드북』, 2016

알랭 드 보통, 『뭐가 되고 싶냐는 어른들의 질문에 대답하는 법』, 미래엔 아이세움, 2021
윤석만, 『챗 GPT·바드 인공지능이 바꿔놓을 핵심역량 4가지』, 가디언, 2023
이건희, 『생각 좀 하며 세상을 보자』, 동아일보사, 1997
이문환, 『나는 대한민국 물리치료사다』, 책과나무, 2016
이윤규, 『공부의 본질』, 빅피시, 2021
이혜정, 『서울대에서는 누가 A+를 받는가』, 다산에듀, 2014
이희영, 『페인트』, 창비, 2019
정호승, 『내가 사랑하는 사람』, 비채, 2021
제롬 글렌, 테드 고든 외 2명, 『유엔미래보고서 2045』, 교보문고, 2015
조연심, 『나를 증명하라』, 프레너미, 2017
천성문 외, 『대학생을 위한 진로코칭-전략과 실제』, 학지사, 2017
토드 로즈, 『평균의 종말』, 21세기북스, 2021
톰 피터스, 『톰 피터스 에센셜 인재』, 21세기북스, 2006
피터 드러커, 『피터 드러커 자기경영노트』, 한국경제신문사(한경비피), 2024
학연플러스 편집부 저, 카나, 모도로카 그림, 『14살부터 시작하는 나의 첫 진로 수업』, 뜨인돌, 2021
한국고용정보원, 『보도자료-AI와 로봇이 직업세계 미칠 영향』, 2016.03.25
허은영, 『묻고 답하는 청소년 진로 카페』, 북멘토, 2013

참고 미디어

DAUM 머니투데이, 〈의사도 위태롭다?…2023년 '생성 AI' 등장 후 사라질 직업들〉, 배한님 기자, 윤지혜 기자, 2023.01.29

EBS, 〈EBS 다큐프라임-아이의 사생활 4부〉, 2011

JTBC, 〈SKY 캐슬〉, 2018

JTBC, 〈말하는 대로-배우 허성태〉, 2016

KBS2, 〈해피선데이-남자의 자격_김국진 강연〉, 2012

MBC, 「설문조사-내 인생에서 가장 후회되는 일」

MBC, 〈나 혼자 산다-구성환 편〉, 2024

SBS, 〈낭만닥터 김사부 시즌1〉, 2016

tvN, 〈도깨비〉, 2016

tvN, 〈미생〉, 2014

tvN, 〈박성실씨의 사차산업혁명〉, 2021

tvN, 〈슬기로운 의사생활 시즌2〉, 2021

tvN, 〈알아두면 쓸데없는 신비한 잡학사전2〉, 2017

데오도르 멜피 감독, 〈히든 피겨스〉, 2017

롤랜드 에머리히, 〈투모로우〉, 2004

봉준호, 〈기생충〉, 2019

스파이크 존즈, 〈HER〉, 2014

우아한 형제들(배달의민족), 〈이게 무슨 일이야〉, 2022

존 파브로, 〈아이언맨〉, 2008

피터 위어 감독, 〈죽은 시인의 사회〉, 1990